Walter Nigg · Das mystische Dreigestirn

*Walter Nigg*

# *Das mystische Dreigestirn*

*Meister Eckhart*

*Johannes Tauler*

*Heinrich Seuse*

*Artemis*

Printed in Germany
ISBN 3-7608-0999-5

# *Inhalt*



## *Meister Eckhart*



## *Johannes Tauler*

*Heinrich Seuse*

## *Statt eines Vorwortes*

Ich kenne einen Menschen in Christo; vor vierzehn Jahren (ist er in dem Leibe gewesen, so weiß ich's nicht; oder ist er außer dem Leibe gewesen, so weiß ich's auch nicht; Gott weiß es) ... der ward entzückt in das Paradies und hörte unaussprechliche Worte, welche kein Mensch sagen kann.

*2. Kor. 12, 2–4*

Dort drin in meiner Seele strahlt ein Licht, das keine Welt faßt, dort klingen Melodien, die keine Zeit verschlingt, dort duften Wohlgerüche, die kein Wind verweht, dort schmecken Speisen, deren keine Sattheit satt wird, dort lacht ein Glück vereinter Liebe, dem ein Überdruß nicht folgt. Das ist es, was ich liebe, lieb ich meinen Gott.

*Augustin: Konfessionen, X, Kap. 6*

Ich gestehe: Das Wort hat auch mich besucht und – in Torheit sage ich es – mehrmals. Wenn es nun auch öfters zu mir kam, ich merkte nicht ein einziges Mal, wie es eintrat. Ich merkte, wenn es da war, ich kann mich erinnern, daß es da gewesen; zuweilen konnte ich es auch herausfühlen, daß es käme; merken konnte ich seine Ankunft nie, auch nicht einmal sein Weggehen.

*Bernhard von Clairvaux: Das Hohelied, Sermo 52*

Sie verlangen zu wissen, was man eigentlich durch die Mystik verstehe. Ich antworte: Das kann keiner recht sagen, oder er muß selbst ein Mystiker sein, und keiner gebührend verstehen, wo er nicht selbst auf dem Wege ist, ein solcher zu werden.

*Gerhard Tersteegen: Weg der Wahrheit, 6. Stück, Anhang*

*Meister Eckhart*

## *Der Mann, dem Gott nie etwas verbarg*

Meister Eckhart zitierte einmal das Wort von Seneca: «Man soll von großen und hohen Dingen mit großen und hohen Sinnen sprechen und mit erhabener Seele[1].» Diese Aufforderung ist besonders im Hinblick auf Eckhart durchaus richtig, denn er zählt zu den Großen der christlichen Geistesgeschichte. Von einer hehren Gestalt muß man mit ehrfürchtigem Respekt schreiben, jedenfalls wäre es töricht, sich einzubilden, man wisse mehr als sie, nur weil man in einem späteren Jahrhundert geboren wurde. Wie aber redet man in hohem Stil von einer überragenden Gestalt? Die Frage wird noch bedrückender, denkt man an Jacob Burckhardts Aussage: «Größe ist, was wir nicht sind[2].» Wie kann man von Hohem ebenbürtig schreiben, das man selbst nicht ist? Gleich zu Beginn sieht man sich nicht geringen Schwierigkeiten gegenüber. Will man nicht sogleich die Waffen strecken, besagt Senecas Wort, auf Eckhart angewandt, wohl nichts anderes als: gehe mutig an die Arbeit, «nimm alle Kraft zusammen, die Lust und auch den Schmerz», wie es in einer bekannten Ballade heißt. Über Eckhart «mit hohen Sinnen und mit erhabener Seele» zu schreiben, bedeutet, sich um eine größtmögliche Annäherung zu bemühen. Der Versuch darf gewagt werden, von dieser einmaligen Gestalt mit innerer Freude zu berichten. Denn Freude ist nach Eckhart uns nahe, und sie leitet uns an, mit aufrichtiger Liebe von diesem Meister aus Thüringen zu schreiben. Die begeisterte Schreibweise wird zwar von der strengen Wissenschaft mit argwöhnischen Blikken verfolgt, aber die teilnahmslose Gelehrsamkeit ist doch wohl ein modernes Mißverständnis der echten Objektivität.

Schon zu seinen Lebzeiten war Eckhart von einer seltsamen Fama umgeben. Er galt bei seinen Zeitgenossen als «der Mann, dem Gott nie etwas verbarg». Welch ungeheure Aussage! Natürlich hat sie nicht Eckhart selbst getan, das wäre in seinem Munde beinahe eine Blasphemie gewesen, deren sich der hochgemute Prediger nie schuldig machte. Seine Schüler haben einander das ungewöhnliche Gerücht zugeflüstert und haben damit ihr maßloses Staunen vor diesem ungewöhnlichen Manne ausgedrückt. Das Wort verrät, mit welch grenzenloser Ehrfurcht sie zu ihm emporschauten, ist es doch eine Behauptung, die man eigentlich nicht aufstellen darf. Man wiederhole nur einmal ruhig den Satz bei sich, und man wird sofort sein Übergewicht spüren. Es wird von Eckhart etwas gesagt, was von keinem anderen Manne im Mittelalter nur von entfernt berichtet wurde. Wie ist ein Mensch beschaffen, vor dem Gott nie etwas verbarg? Was für eine Seele hatte dieser Mann in sich, der in die tiefsten Geheimnisse Gottes eingeweiht war? Jedenfalls war er von einer geradezu unheimlichen Aura umwittert. Das unerhörte und übersteigende Reden kann man sich nicht ohne weiteres aneignen. Es weist jedoch eindeutig auf eine ganz einzigartige, faszinierende Persönlichkeit hin. In ihrer Unfaßlichkeit überragt sie den Historiker dauernd. Eckhart ist bis zum heutigen Tag ein Mysterium; auf Schritt und Tritt spürt man seine unerreichbare Größe. Nie bekommt man ihn in den Griff, ja er verweigert sich allen Zudringlichkeiten. Dies spürte auch der Verfasser der vielbändigen «Kirchengeschichte Deutschlands», Albert Hauck, der von Eckhart sagte: «Der Name bedeutet eine große Frage. Denn wir kennen Eckhart und kennen ihn nicht[3].» Diese Feststellung besteht noch immer zu Recht. Das Schülerwort vom Manne, dem Gott nie etwas verbarg, erweckte größte Erwartungen. Werden sie auch nicht enttäuscht werden?

Die Aneignung Eckharts ist nicht leicht, denn es gibt keine Vita über den großen Meister. Über Franziskus existieren mehrere von Zeitgenossen geschriebene Viten, so auch über Bernhard von Clairvaux und über Thomas von Aquin. Diese Lebensbeschreibungen sind von unterschiedlichem Wert, aber sie entwerfen doch von den betreffenden Persönlichkeiten ein mehr oder weniger gehaltvolles Bild. Eckhart dagegen fand keinen Biographen, offensichtlich wagte sich nach seinem tragischen Tod niemand an die damals nicht ungefährliche Aufgabe. Deswegen bleibt Eckhart eine geheimnisvoll verhüllte Gestalt. Nur einzelne Stadien seines Lebens leuchten zuweilen kurz auf und verschwinden sogleich wieder wie in einem undurchdringlichen Nebel. Aus diesem Grunde weiß man wenig von Eckharts Leben. Es geht nicht an, die großen Lücken mit der Phantasie auszuschmücken. Das Nichtwissen ist ehrlich zuzugeben. Sein Lebenslauf läßt sich nur in groben Umrissen notdürftig andeuten, und zudem ist man größtenteils auf Rückschlüsse angewiesen. Es gibt kaum nähere Einzelheiten aus seinem Dasein. Jedoch sind nur persönliche Erlebnisse und treffliche Anekdoten imstande, eine Biographie zu beleben. Da dieses Material fehlt, bleibt Eckharts Lebenslauf über weite Strecken im dunkeln[4].

Eckhart wurde 1260 in Thüringen geboren, in dem Land, aus dem auch Martin Luther und Johann Sebastian Bach stammen. Der Ort hieß Hochheim, allein, es gibt zwei Dörfer dieses Namens in Mitteldeutschland, und man weiß nicht, welches von beiden gemeint ist. Eine ritterliche Abkunft kann nicht nachgewiesen werden, aber der Adel des Geistes war ihm zweifellos eigen. Auch weiß die Nachwelt nichts über seine Jugend. Mit fünfzehn Jahren trat Eckhart in Erfurt in den Dominikanerorden ein, der etwa ein halbes Jahrhundert zuvor von seinem Stifter einen bedeutsamen Auftrag erhalten hatte. Damals erlebte der Orden eine Blütezeit. Die außerordentliche Intelligenz des Novizen fiel im Orden sofort auf; er wurde denn auch kräftig gefördert. Schon in jungen Jahren zum Prior im Erfurter Konvent ernannt, erlebte Eckhart einen steilen Aufstieg.

Er wurde zum Studium generale nach Köln geschickt. Ob er in der rheinischen Stadt noch den greisen Albert den Großen kennenlernte, ist nicht bezeugt, doch wäre es an sich möglich, gewiß aber hat man ihm viel über den bahnbrechenden Mann erzählt.

Schließlich sandte die Ordensleitung Eckhart zum weiteren Studium an die Universität Paris, wo er nach zwei Jahren den Magistertitel erwarb, Meister, wie man damals zu sagen pflegte. Er nahm die thomistische Lehre in sich auf, lernte aber auch die arabischen und jüdischen Philosophen kennen. Namentlich gewann auch der neuplatonisch eingestellte Proklus für ihn Bedeutung. Eckhart verfügte über ein umfangreiches Wissen; er war kein sich mit dem Pflichtpensum begnügender Student.

Seine nach verschiedenen Quellen ausgreifenden Bestrebungen legten die Grundlage zu einer Persönlichkeit von Format. In Paris begann er, Vorlesungen über die «Sentenzen» des Petrus Lombardus zu halten, wie es damaliger Sitte entsprach. Was er über die zu jener Zeit in Paris verbrannte Mystikerin Margareta Porete erfuhr, ist nicht zu ermitteln; daß es sich um eine bedeutende Frau gehandelt haben muß, beweist die neue Ausgabe ihres Buches «Der Spiegel der einfachen Seelen[5]».

Die Ordensleitung ernannte Eckhart bald darauf zum ersten Provinzial der neu gegründeten sächsischen Ordensprovinz. Fortan gehörte er eindeutig zu den Oberen des Dominikanerordens und war denn auch mit Leib und Seele ein Sohn des heiligen Dominikus. Wer dies nicht beachtet, deutet Eckhart schon im Ansatz falsch. Später übertrug man ihm noch das Amt eines Generalvikars über die verwahrloste böhmische Ordensprovinz. Er hatte die Aufgabe, deren Klöster wieder zur rechten Ordnung zurückzuführen. Sein Ansehen innerhalb des Ordens war so hoch, daß man ihm dies ohne weiteres zutraute. Er nahm diese Aufträge sehr ernst, und um all den Verpflichtungen nachzukommen, durchwanderte er zu Fuß große Teile Deutschlands. Es war den damaligen Bettelmönchen verboten, zu Pferd all die entlegenen Klöster aufzusuchen. Er zählt daher im wörtlichen Sinn zu den vielgewanderten Menschen, und er besuchte auch zahlreiche Stätten in den Niederlanden und die Klöster der baltischen Staaten, um seine Visitationen durchzuführen.

Ehe Eckhart auch das Amt des süddeutschen Provinzials antreten konnte, traf die Ordensleitung eine neue Entscheidung: Er wurde zum zweiten Male nach Paris abgeordnet, der Stadt, die damals die erste Universität in Europa besaß, an der ein lebhaftes Geistesleben herrschte. Das war eine hohe Ehre, die nur noch Thomas von Aquin zuteil geworden war. Der Ordensgeneral traute dem scharfsinnigen Kopf zu, daß er der Aufgabe eines akademischen Lehrers ohne weiteres gewachsen sei. Er hat sie denn auch zur Zufriedenheit der Obern erledigt. In Paris befand sich Eckhart mitten unter Gelehrten; er wurde zu einem Scholastiker. Es wäre töricht, von der Scholastik gering zu denken, denn in ihr haben die mittelalterlichen Geister um ernste philosophische Fragen gerungen. Den scholastischen Problemen gehörte Eckharts ganzes Interesse, wenn sie ihm auch, letztlich gesehen, nicht das neue Wort vermittelten, nach dem er unablässig Ausschau hielt. So urteilte Denifle im vergangenen Jahrhundert, Eckhart sei nur ein mittelmäßiger Scholastiker gewesen, der nie die Bedeutung eines Thomas von Aquin erreicht habe. Erich Seeberg doppelte nach: «Ich glaube nicht, daß Eckhart ein guter Professor war[6].» Beide Urteile entbehren nicht der Komik und bedürfen keiner Widerlegung. Eckhart war dem platonischen Denken zugetan, und deswegen ist er mit dem System des Thomas von Aquin, der Aristoteles verpflichtet war, nicht völlig in Übereinstimmung zu bringen. Eckhart war kein zweiter Thomas von Aquin. Ihn mit Thomas zu vergleichen, ist unangebracht. Eckhart ist immer Eckhart. Er ist der eigenständige Repräsentant einer anderen Haltung, für den die scholastischen und mystischen Fragen sich nicht gegenseitig ausschlossen, aber auch nicht identisch waren.

Während seiner scholastischen Tätigkeit verfaßte Eckhart auch einige lateinische Schriften. Sie wurden erstmals im letzten Jahrhundert von Denifle herausgegeben, eine Edition, über die freilich das Verdikt gefällt wurde: «Selten hat sich ein gewaltiges historisch-philosophisches Verdienst mit einer so völligen Unfähigkeit verbunden, eine große, geistige Gestalt in ihrer Einheit und Besonderheit zu begreifen[7].» Zwar schrieb Eckhart keine Summa, wenn er auch mit seinem «Dreigeteilten Werk» einen großen Wurf geplant hat – es ist ein Torso geblieben. Man stößt auch in seinem lateinischen Schrifttum immer wieder auf erstaunliche Ausführungen, es sei nur an einen Kommentar zum Johannes-Evangelium erinnert, wo es gleich zu Beginn heißt: «‹Ein mächtiger Adler mit weiten Fittichen, langgestreckten Gliedern, in buntem Gefieder kam zum Libanon und trug das Mark der Zeder davon. Den Wipfel ihres Laubes riß er ab und brachte ihn in das Land Kanaan› (Ezech. 17, 3).

Johannes der Evangelist ist es, ‹der den Horst›, von dem er ausschaut, betrachtet und predigt, ‹auf steiler Höhe baut›, ‹auf abschüssigem Gestein› und ‹unzugänglichem Felsen› (Hiob 39, 27)[8].» Ganz selten begegnet man einer ähnlich tiefen Erfassung des johanneischen Christentums. Es gibt denn auch verdienstvolle Forscher, wie Joseph Bernhart, Otto Karrer und Alois Dempf, die vorwiegend an die lateinischen Schriften anknüpften. Auch der jüngere Leopold Ziegler beschritt in seiner Eckhart-Darstellung diesen Weg, von dem er jedoch später selbst nichts mehr wissen wollte[9]. So verständlich all diese Bemühungen waren, sie vermochten mit ihrer Blickrichtung Eckharts Geheimnis nicht zu ergründen, zumal dessen schöpferische Begabung nicht auf metaphysischem Gebiet lag.

Die lateinischen Schriften Eckharts sind nach dem Inhalt und auch nach der Form zeitbedingt und gehören der abgeschlossenen Epoche der Scholastik an. Sie wiederaufzunehmen, führt nur zu einer Neoscholastik, die, wie alle angeblichen «Renaissancen», sich als eine wenig fruchtbare Epigonenarbeit erwiesen hat. Auch sind die Probleme des Hochmittelalters nicht mehr unsere Probleme, man kann sich nur durch ein geschichtliches Studium in sie einarbeiten, und sie interessieren heute einzig noch Philosophiehistoriker. Die Fragen haben sich allzu tiefgreifend verändert; die Schlüssel der Scholastik öffnen nicht die neuzeitlichen Tore. Deswegen sind uns auch Eckharts scholastische Ausführungen fremd – das Interesse des heutigen Menschen ist anders gelagert. Alle Versuche, auf dem Weg der lateinischen Schriften Eckhart für die Gegenwart lebendig zu machen, sind gescheitert.

Nach einiger Zeit erhielt Eckhart den Befehl, sich nach Straßburg zu begeben und dort die dominikanischen Frauenklöster geistlich zu betreuen. Diese Aufgabe war dem Orden ausdrücklich von der Kurie übertragen worden. Eckhart hat sie keine Stunde seines Lebens als untergeordnet empfunden, gehörte er doch nicht umsonst dem Predigerorden an. Die Predigt wurde bald zu seiner geistigen Leidenschaft, jedenfalls legte er stets seine ganze Seele in seine Ausführungen hinein.

Er gab sein Predigtamt auch nicht auf, nachdem man ihm die Leitung des Studium generale in Köln übertragen hatte. Nun war er zum Lesemeister geworden, der vom Katheder aus seine Studenten unterrichtete. Aber er wollte durchaus auch ein Lebemeister sein und fuhr deshalb fort, im dominikanischen Frauenkloster zu predigen. Ja, ihm war es viel bedeutsamer, ein Lebemeister zu sein, das heißt, eine Anweisung zum seligen Leben zu vermitteln, als ein gelehrter Lesemeister. Damit ist man bis zur Mitte von Eckharts zentralem Anliegen vorgestoßen.

Aus der Straßburger und Kölner Zeit liegen Eckharts deutsche Schriften vor. Freilich haben sie den Nachteil, daß Eckhart sie nicht mit eigener Hand aufgezeichnet hat, mit Ausnahme der Traktate. Nonnen haben seine Predigten nachgeschrieben, und wenn dabei auch gelegentlich ein Mißverständnis entstehen mochte, so hat Eckhart immerhin die Arbeiten kontrolliert. Sie sind eindeutig sein Hauptwerk, weil sie seine Mystik enthalten. Zwar ist das Wort «Mystik» etwas belastet, zu vielerlei hat man darunter verstanden, oft Dinge, die gar nichts mit ihr zu tun haben. Mystik ist Konzentration, ist ausschließliche Konzentration auf Gott, ist lebhafte Besinnung auf das Wesentliche und Verwirklichung des übernatürlichen Lebens. Nach Alois M. Haas sind die lateinischen Schriften dem wissenschaftlichen Interesse und die deutschen Schriften den pastoralen Absichten Eckharts zuzuordnen[10]. Das Schwergewicht liegt unbedingt auf den deutschen Schriften. Ihnen ist nicht nur eine viel größere Originalität eigen, sondern sie sind auch von einem zeitlosen Gehalt erfüllt. Frisch wie an dem Tag, da sie geschrieben worden sind, tritt in ihnen das Christliche als Existenzfrage in Erscheinung, die Eckhart auf den Nägeln brannte und dem Leser auch heute noch den Atem zu rauben vermag. Eckharts Herz schlägt in ihnen, und deshalb hat er damit auch dem Leser eine ungewöhnliche Dimension eröffnet, darob dieser nicht aus dem Staunen herauskommt. Ich halte es für sinnvoll, in der vorliegenden Darstellung ausschließlich auf die deutschen Schriften abzustellen. Um der Verständlichkeit willen ist diese

Konzentration geboten, und sollte dieses Buch deswegen geringschätzig als populärwissenschaftlich abqualifiziert werden, was tut's? Wenn nur Meister Eckhart den seelisch hungernden Menschen der Gegenwart dargereicht wird! Ganz gewiß bringen die deutschen Schriften seine Mystik am hellsten zum Leuchten, eine Erkenntnis, der auch ein so profunder Kenner Eckharts wie Hermann Kunisch zugetan war[11].

Nach diesem ersten skizzenhaften Überblick über Eckharts Leben komme ich auf die zu Beginn erwähnte Fama zurück: «Der Mann, dem Gott nie etwas verbarg.» Besteht die Aussage zu Recht oder nicht? Natürlich ist sie eine maßlose Übertreibung, denn keinem Menschen hat Gott alles gesagt. Jesus sagte in seinen Reden über die Endzeit ausdrücklich: «Von dem Tage aber und der Stunde weiß niemand, auch die Engel nicht im Himmel, auch der Sohn nicht, sondern allein der Vater[12].» Es sind dem menschlichen Wissen Grenzen gesetzt, was auch für Eckhart gilt.

Trotzdem steckt in der Fama ein Körnchen Wahrheit. Man muß es nur cum grano salis verstehen und darf sie nicht plump auffassen. Die Aussage bezeugt nur, daß die damaligen Menschen Eckhart nicht von entfernt zu fassen vermochten. Er stand in einer überdimensionierten Größe vor ihnen. Sie wußten nicht, was sie über ihn sagen sollten, und sagten deswegen das, was man im Grunde nicht sagen darf. Eckharts Mystik erweckt den Eindruck, dieser Mann sei in das tiefste Wesen Gottes eingedrungen. Sooft man sich mit ihm beschäftigt, spürt man die überragende Persönlichkeit. Eckhart war ein hinreißender Mensch, ein Mann voll Geist, Adel und unerreichbarer Hoheit. Er besaß eine ungewöhnliche Spekulationskraft und eine seltene charismatische Begabung, mit der es ihm gelang, in seinen Zuhörern die Glut christlichen Lebens zu entfachen. Aus der Feder des Meisters stammen die überaus kühnen Sätze: «Wenn die Seele im Innersten lebt, wo sie Gottes Ebenbild ist, so hat sie rechte Einung, und alle Kreaturen können sie nicht mehr davon trennen. Trutz Gott selber! Trutz den Engeln! Trutz allen Kreaturen! Sie können die Seele nicht mehr trennen von dem

Urbild, darin sie eins mit Gott ist! Das ist rechte Einung, und darin liegt die wahre Seligkeit[13].» Dieses «Trutz» zeigt den kühnen Geist Eckharts; ein solches Wort mußte streng kirchlich denkende Leute erschrecken. Man sieht unzweifelhaft, was in seinem Innern vorgegangen ist und zu welchen Aussagen dieser Mensch fähig war. Eckhart hegte Gedanken, die kein anderer mittelalterlicher Mensch bei sich erwog, überkühne, in geistiger Beziehung ungewohnte Gedanken. Zugleich darf man nicht übersehen, daß dieses «Trutz» zuletzt auch zur tiefsten Demut führen kann.

Vor allem erwies sich Eckhart als hinreißender Prediger. Er schwang das Schwert des Geistes mit einer Meisterschaft ohnegleichen, wußte wie wenige um die Kraft des Wortes und war überzeugt, «man könnte Wunder wirken mit Worten[14]». Das verkündete Wort war ihm ein Widerhall des ersten Wortes, das nach dem Johannes-Evangelium «im Anfang war» und dann Fleisch wurde. Eine Predigt ist nie bloße Buchstabenweisheit, da sie doch die Menschen zu verwandeln imstande ist. Wenn das ewige Wort im verkündeten Wort enthalten ist, dann muß diesem ein zeugnisablegender Wert zuerkannt werden. Eckhart entfaltete in seinen Predigten seine tiefsten Gedanken, und dies in deutscher Sprache. Er war sich über die Unzulänglichkeiten der Sprache durchaus klar, zumal der noch weniger entwickelten deutschen. Viele Begriffe fehlten, doch Eckhart bildete sie zuerst und erwies sich als ein genialer Sprachschöpfer, hierin nur mit Luther zu vergleichen. «Ich richte mein Augenmerk nun auf das Wörtlein ‹quasi›, das heißt ‹gleichwie›; das nennen die Kinder in der Schule ein ‹Beiwort›. Dies ist es, auf das ich's in allen meinen Predigten abgesehen habe[15].» Deswegen sprach er oft in Gleichnissen und Bildern, die ihm nur so zuflossen. «Die Seele erkennt sich nicht ohne Gleichnis, denn alle Dinge werden in Bildern und Gleichnissen erkannt[16].» Eckhart unterschied äußere und innere Bilder. Vor allem waren ihm die inneren Bilder wichtig, dies um so mehr, als es paradoxerweise «Gott widerstrebt, in Bildern zu wirken[17]». Von germanistischer Seite wurde die bedeutsame Sprachleistung Eckharts bereitwillig anerkannt: «Eine unerschöpfliche Kühnheit, Prägnanz und Fülle des Wortes, eine in deutscher Sprache bisher nie erreichte Sicherheit des Redens von dem, wofür es im Grund keine Sprache gibt, ist hier zu bewundern[18].»

Eckhart war der eigentliche Begründer der deutschen Mystik, obwohl ihm Mechthild von Magdeburg vorangegangen ist. Dieses Urteil ist weniger in nationaler als in sprachlicher Beziehung zu verstehen. Er vermochte die höchsten und innersten Fragen auf eine Art zu formulieren, daß sie nicht nur von einer elitären Minderheit, sondern auch von aufgeschlossenen Laien verstanden werden konnten. Es war für die deutschen Menschen ein starkes Erlebnis, von dem man sich gar keine rechte Vorstellung macht, das Evangelium zum ersten Male auf solche Weise in ihrer Muttersprache verkündet zu hören. Dies hat eine unbeschreibliche Freude ausgelöst. Eckhart erweckte den Eindruck, in die tiefsten Geheimnisse des christlichen Lebens eingedrungen zu sein. Wer sich mit dem Herzen und nicht bloß mit dem Intellekt in Eckharts Predigten vertieft und sich um sie bemüht, kommt nie wieder von ihnen los. Derartige Reden hatte man bis dahin in Deutschland nicht vernommen, jedenfalls kann man sich des Eindrucks nicht erwehren, ein wirklicher Mann Gottes habe sie geschrieben. Tatsächlich entfaltete Eckhart in seinen Predigten sein Innerstes: Es glänzt und leuchtet in ihm wie die Sonne im Wonnemonat Mai. Seine Seele erstrahlt in ihrer ganzen Schönheit. Die Predigten sind denn auch die wahre Vita Eckharts, denn sie sagen über ihn unendlich viel mehr aus, als es jede Lebensbeschreibung hätte tun können. Dabei wird dem Leser auch evident, daß die äußeren Stationen von Eckharts Leben gar nicht entscheidend sind. Bedeutsam ist vor allem der Weg, den seine Seele zurückgelegt hat. Dieser innere Pfad liegt dem nachdenklichen Leser seiner Predigten unerwartet und klar wie ein tiefer Bergsee vor Augen, in dem sich das Ewige in überirdischer Schönheit spiegelt.

## *Ungewöhnliche Tischgespräche am Abend*

Früher stellte man sich die Heiligen gerne als ehrwürdige, in langen Kleidern daherschreitende Männer vor. Dieses fromme Klischee ist längst überwunden. Ein ähnlich falsches Bild zeichnete man von den großen Mystikern. Gewiß waren sie nicht wie unsereiner. Fraglos ist ihre Bedeutung nicht leicht faßbar. Aber sie erstarrten jedenfalls nicht in ihrer Würde. Die wirklich Großen des Glaubens waren bei aller Geistesmächtigkeit doch wiederum ganz natürliche Menschen, die es gar nicht auf Esoterik abgesehen hatten. Die Mystiker verhielten sich zu ihren Nächsten ebenso schlicht wie menschlich, und gerade ihre Bescheidenheit unterstreicht ihre innere Größe.

Auch Eckhart war alles andere als unnahbar. In Erfurt, wo er als Prior wirkte, pflegte er am Abend mit seinen «geistlichen Kindern», das heißt mit seinen jüngeren Ordensbrüdern, beisammen zu sein. Zwar ist in den Klöstern nach neunzehn Uhr Silentium geboten, doch der Prior erteilte Dispens. Man saß um einen Tisch und führte ungezwungene Gespräche. Nie war es ein bloß zeitvertreibender Plausch, denn der Prior achtete darauf, daß wesentliche Fragen behandelt wurden. Er hielt das Gespräch in den Händen, so daß es nicht im Uferlosen versandete. Die Novizen – Eckhart nannte sie liebevoll «Kinder» – waren ebenfalls nicht zu allen Torheiten aufgelegte junge Leute. Sie hatten das weltliche Kleid schon abgelegt und trachteten bewußt nach einem religiösen Leben. Aus diesem Grunde waren sie doch in den Dominikanerorden eingetreten. Bei dem abendlichen Zusammensein brachten seine jungen Mitbrüder ihre Fragen vor, und Eckhart antwortete ihnen eindeutig und aufschlußreich, ohne je einer Frage auszuweichen.

Eckhart schrieb hernach in seiner Zelle seine Antworten nieder, überdachte die Formulierungen und verfaßte so seine «Unterweisung», eine Arbeit, die von ihm selbst stammt und keine bloße Nachschrift darstellt. Auf diese Weise entstand Eckharts erstes Buch, das zunächst als Traktat bezeichnet wurde. Im Laufe der Zeit aber rief das Wort «Traktätchenliteratur» ein unangenehmes Frösteln hervor, so daß man heute besser von Eckharts Frühschrift spricht. Die aus zwanglosen Gesprächen hervorgegangenen Ausführungen sind in loser Folge aneinandergereiht, und es liegt ihnen keine strenge Komposition zugrunde[19]. Eckhart gab dem Buch den Titel: «Reden der Unterweisung». Wohlgemerkt: nicht «Unterhaltung», denn sie versandet im Unverbindlichen. Vor den Augen seiner staunenden Zuhörer entwickelte er eine konkrete Anweisung zum christlichen Leben. Die schriftliche Fixierung der abendlichen Tischgespräche hört sich wie eine seiner späteren Lesungen an. Die vorliegende Darstellung ist keine phantasievolle Erfindung zum Zweck, die allzu dürftigen Nachrichten über Eckharts Vita auszumalen. Sie stützt sich auf die Einleitung zu den «Reden», in der es wörtlich heißt, daß «Bruder Eckhart» solche Gespräche mit seinen «geistlichen Kindern geführt hat, die ihn zu diesen Reden nach vielem fragten, als sie zu abendlichen Tischgesprächen beieinander saßen[20]».

Diese Frühschrift Eckharts ist beachtlich; sie ist das bezaubernde Präludium zu seiner späteren Melodie. Wohl spricht nicht der vollendete Eckhart aus ihr, denn auch er ist nicht als gemachter Mann auf die Welt gekommen, sondern hatte seine Entwicklungsphasen durchzumachen, bis er zu abgeklärter Reife gelangte. Und doch hat er zwar nicht alle, aber schon viele Themen seiner Mystik berührt. Freilich fehlte noch der spekulative Einschlag. Zunächst war der Traktat noch vorwiegend praktisch ausgerichtet. Er kann im vorliegenden Zusammenhang unmöglich in seiner ganzen Fülle entfaltet werden. Es seien deshalb nur einige Themata herausgegriffen. Der beste Weg zu Eckhart führt über seine freien Tischgespräche, denen intensiv zu lauschen eine Wonne ist.

Eckhart pries, sich darin als echter Dominikaner erweisend, den wahren Gehorsam als «eine Tugend vor allen Tugenden[21]». Der Gehorsam spielt im Mönchsleben eine bedeutsame Rolle. Ohne ihn vermag ein Kloster auf die Dauer kaum zu bestehen. Als erwachsener Mensch während des ganzen Lebens zu gehorchen, ist eine schwere Verpflichtung. Gewöhnlich wird der tägliche Gehorsam unterschätzt, erfordert er doch viel innere Kraft. Doch darf der Gehorsam nicht nur als eine mönchische Tugend aufgefaßt werden, besonders nicht bei Eckhart, der damit keinen Verdienstgedanken verband. Schon im Alten Testament finden sich die Worte: «Gehorsam ist besser denn Opfer[22]», und im Neuen Testament heißt es: «Christus war gehorsam bis zum Kreuz[23].» Auch Bruder Klaus räumte bei einer Befragung dem Gehorsam den ersten Platz ein. Der religiöse Mensch ist verpflichtet, dem göttlichen Befehl zu gehorchen, selbst wenn es ihn Verzicht und Selbstüberwindung kostet. Am Anfang von Eckharts Unterweisung steht eine harte Forderung, die man nicht schnell übergehen darf, nur weil sie heute nicht zeitgemäß ist.

Eckhart sprach schon damals vom «ledigen Gemüt», das er für unbeirrbar hielt und das deshalb für ihn bedeutsam war. Mit dem durch keine Kreatur gebundenen Gemüt verband er die wichtige Einsicht: «Darum fang zuerst bei dir selbst an, und laß dich![24]» Diese Erkenntnis ist die erste Stufe zum Eintritt in das Wesentliche. Solange man die anderen anklagt oder an sie Forderungen stellt, verharrt man im Unfruchtbaren. Die andern richten sich doch nie danach; der Mensch kann nur bei sich selbst beginnen. Eckhart dachte stets konkret und zupackend, wußte auch, daß man bei sich selbst anfangen muß, und wenn man dies nicht tut, wird überhaupt nie begonnen. Nur uns selbst haben wir in der Hand, und dies nicht einmal ganz. Trotzdem: bei uns selbst beginnt der wahre Ernst.

In der vierten Unterweisung führte Eckhart seine zentralen Themen aus: «So weit du ausgehst aus allen Dingen, so weit, nicht weniger und nicht mehr, geht Gott ein mit all dem Seinen[25].» Der Leser stutzt und denkt vielleicht, er verstehe dies nicht. Warte noch ein wenig, Eckhart wird dies in seinen späteren Predigten noch weit angriffiger ausführen, so daß man nicht mehr von Schwerverständlichkeiten reden kann. Vorläufig fährt er weiter: «Die Leute brauchten nicht soviel nachzudenken, was sie tun sollten; sie sollten vielmehr bedenken, was sie wären. Nicht gedenke man Heiligkeit zu gründen auf ein

Tun; man soll Heiligkeit vielmehr gründen auf ein Sein. Denn die Werke heiligen nicht uns, sondern wir sollen die Werke heiligen[26].» Damit hat Eckhart die Position bezogen, die er nie mehr verlassen wird: Es kommt auf das Sein an. Natürlich ist es auch wichtig, was der Mensch denkt, aber entscheidend ist, daß er das auch verkörpert, was er bei sich überlegt und ausspricht. Dauernd zu fragen: «Was sollen wir tun?» führt zu nichts, zumal es schon im Alten Testament heißt: «Es ist dir gesagt, o Mensch, was gut ist und was Gott von dir fordert[27].» Ebensowenig genügt ein bloßes Postulieren, gilt es doch zu verwirklichen, was man zu wollen vorgibt. Auf das Realisieren kommt es an; Heiligkeit gründet sich tatsächlich auf ein Sein. Der Heilige ist eine Seinsgestalt, das ist gerade das Ungewöhnliche an ihm. Wenn man das persönliche Sein nicht ernst nimmt, verflattert alles wie Spreu vor dem Wind.

Dann mahnt Eckhart, daß «des Menschen Gemüt gänzlich zu Gott gekehrt sei. Darauf setze all dein Studieren, daß dir Gott groß werde[28].» Dies ist der entscheidende Satz; Eckharts Geist beginnt das Feuer zu entfachen, daß Funken sprühen. Und sollte alles, was man von Eckhart liest, wieder aus dem Gedächtnis entschwinden, eines darf man nie, nie mehr vergessen: «daß dir Gott groß werde»! Vieles entfällt einem im Leben, aber diese eine Zielsetzung muß man unbedingt festhalten. Sie gehört zum zentralen Anliegen Eckharts, eine Aufforderung, mit der die Menschen nie zu Ende kommen. Sie stellen sich Gott gerne und immer wieder in menschlicher Weise vor, mögen sie sich das eingestehen oder nicht, es ändert nichts daran. Sie reden von Gott, als wäre er ein kleiner Gott, schon die gedankenlose Rede vom «lieben Gott» grenzt gewöhnlich an einen Mißbrauch seines Namens. Unsere Rede von Gott verrät meistens nur unsere geringe Ahnung von ihm. Der lebendige Gott kann zuweilen einen Menschen überfallen, daß er den Ewigen als wahre Qual erlebt. Jedenfalls geht es in der Beziehung des Menschen zu Gott immer um das Sein oder Nichtsein – anders hat noch niemand die Unmittelbarkeit Gottes erlebt. Die engen Gedanken und kleinlichen Vorstellungen halten die Christen gefangen. Dabei gälte es doch, die ganze Kraft daran zu setzen, von Gott stark zu reden, und redete man groß von ihm, ist es immer noch nie groß genug. Denn solange der Mensch meint, Gott mit seinem Wissen einfangen zu können, so lange ist er noch von Gott entfernt. Der Christ hat alle Gottesbegriffe und Gottesformulierungen beständig zu überschreiten, weil nichts davon Gott wirklich entspricht. «Der Mensch soll sich nicht genügen lassen an einem gedachten Gott; denn wenn der Gedanke vergeht, so vergeht auch Gott. Man soll vielmehr einen wesenhaften Gott haben, der weit erhaben ist über die Gedanken des Menschen und alle Kreatur[29].» Wertvoll ist einzig die persönliche Gotteserfahrung, sie allein überwindet alle Zweifel und bringt den Menschen zum inneren Beben. Der wesenhafte Gott ist der lebendige Gott, für den der brennende und doch nie verbrennende Dornbusch ein Gleichnis ist. Das ganze theologische Studium und die ganze scholastische Bemühung, denen sich die jungen Dominikaner unterziehen müssen, hat wenig Wert, wenn ihnen Gott nicht groß und flammend wird, so daß daneben alles andere versinkt. Dazu muß freilich das menschliche Gemüt ledig werden und sich gänzlich zu Gott kehren. Gott, und Gott allein, ist bedeutsam, alles andere hält daneben keinen Vergleich aus. Nur der glühende Geist entspricht dem Absoluten und dem Unbedingten, eine Gottesleidenschaft, von der Eckhart absolut erfüllt war.

Die ausschließliche Hinwendung zu Gott hatte bei ihm zur Folge, daß die Kirche nicht die erste Stelle in seinem Denken einnahm. Natürlich sagte Eckhart nie ein Wort gegen die Kirche. Das wäre ihm nicht im Traum eingefallen, hätte dies doch ohnehin gegen die dominikanische Denkweise verstoßen. Auffallend ist es jedoch, daß er ganz selten von der Kirche spricht. Sie war ihm ein Wegweiser zu Gott, aber nicht Gott selbst, und die Kirchengeschichte setzte er nicht der Gottesgeschichte gleich. In ihrem empirischen Dasein ist die Kirche eine vorübergehende Größe[30], sie ist eine soziologisch notwendige Institution, und manchmal bereitet ihre gewalttätige Geschichte dem Gewissen des Historikers schwere Anfechtungen.

Eckhart verblieb mit seiner Kirchenauffassung durchaus im biblischen Raum, in dem die Propheten ebenfalls den Opferkult ablehnten und wo vor den Leuten gewarnt wird, die da schreien: «Hier ist der Tempel des Herrn, hier ist der Tempel des Herrn![31]»

Im stärksten Gegensatz zu der beinahe furchtbaren Gottesauffassung kam es Eckhart gleichzeitig darauf an, daß der Mensch sich an allen Stätten Gott nahe fühle. Diese beiden Gotteserfahrungen sind scheinbare Widersprüche, aber ohne Paradoxe kann man vom Ewigen gar nicht reden. Eckhart betonte nachdrücklich: «Der Mensch soll Gott in allen Dingen ergreifen und soll sein Gemüt daran gewöhnen, Gott allzeit gegenwärtig zu haben im Gemüt und im Streben und in der Liebe[32].» Die lapidare Formulierung «Gott in allen Dingen ergreifen» wiederholt Eckhart auch in seinen späteren Predigten noch und noch. Mit dieser bedrängenden Erkenntnis entfaltet Eckhart eine ganz neue Sicht. Der Christ darf nicht nur beim Besuch der Kirche oder beim Lesen der Bibel das Gefühl haben, mit Gott verbunden zu sein, sondern Gott ist auch gegenwärtig in der täglichen Arbeit und in der Feierabendstunde, im Leiden und in den Freuden, in der Stunde der Liebe und im bitteren Sterben. Es gibt schlechterdings nichts, wo Gott nicht wäre. Eckhart durchbricht die Trennung von sakraler und profaner Sphäre, die die Christen immer zu einem zwiespältigen Verhalten verurteilt. Bei dem Thüringer ist das Heilige inmitten des Alltags, und auch das Gewöhnliche ist in Gott. Mit der kühnen Losung, «Gott in allen Dingen zu ergreifen», wird das ganze Leben geheiligt, das ganze Dasein in die Gottesbeziehung hineingenommen, und nichts bleibt von Gottes Gegenwart ausgeschlossen. Diese fürwahr umfassende Einstellung hängt mit der Bemühung, «daß dir Gott groß werde», eng zusammen. Dem Meister war der gegenwärtige Gott wichtig, denn Gott ist drinnen und draußen. Und nicht genug damit: «Das Wichtigste ist, daß der Mensch durch alle Dinge hindurch – und über alle Dinge und aller Dinge Ursache hinausgehen muß[33].» Die Parole, «Gott in allen Dingen zu finden», ist die christliche Haltung schlechthin. Dafür stehen Eckhart starke Worte zur Verfügung: «Wer Gott so, im Sein, hat, der nimmt Gott göttlich, und dem leuchtet er in allen Dingen; denn alle Dinge schmecken ihm nach Gott, und Gottes Bild wird ihm aus allen Dingen sichtbar[34].»

Eckharts wuchtige Gottesauffassung wurde vielfach des Pantheismus bezichtigt. Früh schon erwachte dieser Verdacht, und er hat sich hartnäckig gehalten. Ganz unschuldig daran ist Eckhart nicht, liebte er es doch, gewisse Aussagen zu überspitzen. Trotzdem beruht diese Pantheismus-Verdächtigung auf einem fatalen Mißverständnis. Wenn Eckharts Mystik als Ganzes überschaut wird, kann davon nicht die Rede sein. Dies ist aus seiner wirklichen Einstellung zur Kreatur ersichtlich, die für ihn stets eine Schöpfung Gottes und nicht etwa Gott selbst war. «Wer weiter nichts als die Kreaturen erkennen würde, der brauchte an keine Predigt zu denken, denn jegliche Kreatur ist Gottes voll und ist ein Buch[35].» Folglich war die Kreatur für Eckhart ein Buch Gottes, in dem der Mensch staunend von Gottes Schöpfertaten lesen kann. Gleichzeitig sagte Eckhart, alle Kreaturen seien zu gering, als daß sie Gott offenbaren könnten. Zwar ist Gott «in allen Dingen», aber: «Je mehr er in den Dingen ist, um so mehr ist er außerhalb der Dinge; je mehr er drinnen ist, um so mehr ist er draußen[36].» Damit ist eindeutig gesagt, daß Eckhart nie Gott mit der Kreatur identifizierte; seine lodernde Gottesbeziehung läßt jeden verschwommenen Pantheismus weit hinter sich.

Eckharts Denken kreiste ausschließlich um Gott, was ihm den Vorwurf eintrug: «Von der breiten bunten Oberfläche des Lebens weiß er nichts zu sagen, nichts von Ehe, Gesellschaft, Erziehung, Kunst, Bildung, nichts von allem, was wir Kultur nennen[37].» Dieser Einwand ist unbegründet, weil Eckhart all diese Güter nicht verneint, sondern sie lediglich auf den zweiten Platz verweist. Seine verzehrende Gottesleidenschaft führte ihn nicht zu einer Weltablehnung. Ausdrücklich schrieb er: «Dies kann der Mensch nicht durch Fliehen lernen, indem er vor den Dingen flüchtet und sich von der Außenwelt weg in die

Einsamkeit kehrt; er muß vielmehr eine innere Einsamkeit lernen, wo und bei wem es auch sei. Er muß lernen, die Dinge zu durchbrechen und seinen Gott darin zu ergreifen[38].» Eckhart war kein Weltflüchtiger – weltflüchtig war auch der Dominikanerorden nie. Sein Stifter wollte doch, daß seine Söhne zu den Menschen gingen, um ihnen zu helfen, sich von ihren falschen Ideen freizumachen. Der Prior von Erfurt predigte vom Durchbruch zu Gott und sprach nicht von der Flucht aus der Welt. Ihm war es außerordentlich bedeutsam, daß der Mensch durch alle Vorurteile und Hemmnisse hindurchbreche, um zuletzt in die Arme Gottes zu fallen. Nur in der inneren Einsamkeit steht er unmittelbar vor dem Ewigen. Schon in dieser frühen Aufzeichnung bemühte sich Eckhart, das Wesentliche von außen nach innen zu verlegen.

Bei all diesen wie Quellwasser sprudelnden Tischgesprächen blieb Eckhart der gute Seelsorger. Er sagte seinen jüngeren Zuhörern: «Gott ist ein Gott der Gegenwart. Wie er dich findet, so nimmt und empfängt er dich, nicht als das, was du gewesen, sondern als das, was du jetzt bist[39].» Es hat wenig Sinn, sich mit den Vergangenheitssünden allzu lange herumzuquälen. Eckhart wußte, daß auch Leute, die es zu Großem gebracht hatten, irgendwie einmal fehlgetreten waren. Dann galt es Buße zu tun, die im Gedenken an Christi Leiden vollbracht wurde. Nie aber sollte sich der Mensch «als fern von Gott ansehen, weder wegen eines Gebresten noch wegen einer Schwäche noch wegen irgend etwas sonst... Denn darin liegt ein großes Übel, daß der Mensch sich Gott in die Ferne rückt; denn, ob der Mensch nun in der Ferne oder in der Nähe wandele: Gott geht nimmer in die Ferne, er bleibt beständig in der Nähe[40].» Eckharts Gott ist das Gegenteil des «fremden» oder «fernen» Gottes. Eckhart errichtet auch keine unübersteigbare Distanz zwischen Gott und Mensch, die jede Beziehung praktisch aufheben würde; im Gegenteil, er verkündet den nahen Gott, der allein dem kraftvollen, helfenden Glauben entspricht. Einzig der nahe Gott ist der lebendige Gott des Neuen Testamentes[41]. Wer die Nähe Gottes spürt, findet ihn auch in allen Dingen. Gott ist dir näher, als du dir selbst bist. Unaufhaltsam rührt er an deine Seele, bis du dich ihm bedingungslos ergibst. Wahrhaftig, Eckharts Botschaft von Gott ist eine hinreißende Rede – man kann sich gar keine elementarere Unterweisung vorstellen. Man darf sich den unmittelbaren Gott nicht abpredigen lassen, zumal der Ewige bei den Menschen wohnen will. Dabei räumte Eckhart auch ohne weiteres ein, daß nicht alle Menschen auf dem gleichen Weg zu Gott kommen. Es gibt verschiedene Möglichkeiten. Das Beispiel der Heiligen ist zu lieben, nicht aber zu kopieren. Die Menschen sollten Christus «je auf eigene Weise nachfolgen[42]». Eckhart trat schon damals für die Mannigfaltigkeit der Wege zu Gott ein.

Ferner ermahnte Eckhart die jungen Ordensbrüder, alle Sonderlichkeiten in Kleidung, in Speise und in Worten zu vermeiden und über solche nebensächlichen Fragen erhaben zu sein. Wer sich durch auffälliges Gebaren bemerkbar machen will, gerät auf eine schiefe Bahn, denn er sucht den Schein und nicht das Sein. Ebenso machte er ihnen klar, daß es für sie «kein Stehenbleiben bei irgendeiner Weise» gebe, und riet ihnen: «Der Mensch muß jeweils nur eines tun, er kann nicht alles tun[43].» Die Gefahr, zwei, drei Dinge auf einmal zu unternehmen, droht besonders den begabten Leuten, die noch nicht eingesehen haben, daß sich in der Beschränkung der Meister zeigt. Das Vielerlei führt nur zur Zerstreuung. Eckhart versuchte, in den Novizen den Mut und das Vertrauen zu wecken: «Gott ist nicht ein Zerstörer irgendeines Gutes, sondern er ist ein Vollbringer. Gott ist nicht ein Zerstörer der Natur, sondern ihr Vollender. Auch die Gnade zerstört die Natur nicht, sie vollendet sie vielmehr[44].» Eckhart hat mit diesen Worten seinen Novizen beste thomistische Weisheit weitergegeben. Der die Natur vollendende Gott ist eine überzeitliche Wahrheit. Auch war Eckhart nie ein Tugendprediger; nach ihm muß der Christ über die Tugenden hinausschreiten, zumal sie nur eine Mittelposition zwischen Laster und Vollkommenheit einnehmen.

Kurt Ruh, dem wohl die beste Eckhart-Biographie zu verdanken ist, wies darauf hin, daß in der «Unterweisung» – die kein

System war – die Keuschheit nicht erwähnt werde. «Auch im übrigen Werk fehlt jegliche Thematisierung der Keuschheit wie das entsprechende Eifern gegen die Sinnlichkeit, das schon die Kirchenväter mit Leidenschaft geübt hatten[45].» Der Haß des Asketen auf den eigenen Körper rückt ein falsches Ideal in den Mittelpunkt. Eckhart vollzog hierin wortlos die notwendige Korrektur, und er tat es ganz unspektakulär aus einer tieferen Unschuld heraus, die dem Mystiker eigen war. Die Unkeuschheit ist nicht das einzige Laster; der Ehrgeiz, die Machtsucht, der Geiz usw. können einen Menschen ebenso seelisch zugrunde richten. Nie hat Eckhart die gotterschaffene Sinnlichkeit disqualifiziert. Dies hat nur der in das Christentum eingedrungene Manichäismus getan, der dem Evangelium widerspricht. Eckhart hat auch hierin wieder die ursprüngliche Rangordnung hergestellt und betont, die Mystik dürfe nicht mit Moralismus gleichgesetzt werden, womit er ein Vorurteil der Jugend gegenüber dem Christentum ausgeräumt hat. Ja, Eckharts Mystik ist auch ein Wort an die Jugend – wer hätte dies gedacht, und wie könnte dies auch anders sein?

Man möchte die dominikanischen Novizen wegen der substantiellen Unterweisung, die sie erhielten, beinahe beneiden. Derartige Lehrer wären für die studierende Jugend vonnöten, damit sie eine feste Orientierung bekäme und nicht allen Zeitströmungen wehrlos ausgeliefert wäre. In dieser Weise unterhielt sich Eckhart mit seinen Klosterbrüdern am Abend bei Tische. Dauerten die Gespräche bis zehn Uhr oder gar bis Mitternacht? Wir wissen es nicht. Eines aber steht fest: damals sprach Eckhart so köstlich, eindringlich, wegweisend zu den Novizen, und selbst heute noch redet er nicht weniger helfend zu den Lesern, die sich verlangend in seine «Reden der Unterweisung» vertiefen. Sie zu lesen ist ein Grund zum Jubilieren, und jubilieren heißt, dem wahren Gott stets aufs neue zu begegnen.

## *Es kann seine Predigt niemand verstehen*

Über Eckhart gab es schon zu seinen Lebzeiten verschiedene Urteile. Eines davon habe ich zu Beginn erwähnt: «Der Mann, dem Gott nie etwas verbarg.» Dies spricht für eine hohe Anerkennung, aber es kursierten auch andere Meinungen über ihn; negative, wie dies aus der Überschrift dieses Kapitels hervorgeht. Ganz unbegreiflich ist die Klage nicht. An sich wandte sich Eckhart nicht an ein Allerweltspublikum und schon gar nicht an Herrn Omnis, der davon doch nichts versteht. Eckhart interessierte sich nicht für unübersehbare Massenversammlungen, wie man sie heutzutage etwa in den Fußballstadien findet. Ausdrücklich sagte er: «An euch wende ich mich, Brüder und Schwestern, die ihr Gottes liebe Freunde und bei ihm heimisch seid[46].» Trotz dieser Anrede fragt man sich bei der Lektüre seiner Predigten unwillkürlich: Haben dies die guten Nonnen auch verstanden, oder hat er ihnen zu anspruchsvolle geistige Kost zugemutet? Gewiß haben ihn nicht alle verstanden, denn sonst wäre nicht der bedauerliche Vorwurf des Nichtverstehenkönnens aufgekommen. Mochten auch nicht alle alles begriffen haben, eines haben sie ganz bestimmt gespürt: dieser Prediger plauderte nicht etwas daher, was ihm gerade in den Sinn gekommen war. Im allgemeinen unterschätzen die Diener des göttlichen Wortes gerne ihre Zuhörer, denn sonst würden sie sich mehr Mühe geben mit ihren Predigten und länger daran arbeiten. Selbst wenn der Predigtbesucher zuweilen nicht alles versteht, so merkt er doch unfehlbar, ob eine Predigt innerlich erarbeitet ist oder nicht. Jedenfalls ist es völlig unangebracht, die Nonnen zu unterschätzen. Es gab damals, und es gibt sie leider auch heute noch, Vertreter der Kirche, die kurzerhand sagten: «Diese Frauen trachten danach zu wissen, was ihnen nicht zukommt[47]» – ein unmögliches, ja frivoles Urteil, entstanden aus männlichem Hochmut. Aller Wahrscheinlichkeit nach wußten diese Männer nichts von der hochstehenden Frauenmystik des Mittelalters, etwa einer Hildegard von Bingen, einer Mechthild von Magdeburg, einer Gertrud der Großen oder

Birgitta von Schweden und noch etlicher anderer Nonnen. Eckhart hatte über die Frauen seine eigenen, damals einzigartig dastehenden Gedanken: «Darum muß der Mensch Magd sein, Jungfrau, die den magdlichen Jesus empfangen soll ... Soll er fruchtbar werden, so ist es notwendig, daß er Weib sei. ‹Weib› ist der edelste Name, den man der Seele zulegen kann, und ist viel edler als ‹Jungfrau›[48].» Die Aussage: «Weib ist der edelste Name» bedarf einer sorgfältigen Entfaltung im Geiste Eckharts. Gemeint ist: Bei der Verkündigung verhielt sich die Jungfrau Maria vorbildlich: «Mir geschehe, wie du gesagt hast.» Die Erfüllung der Weissagung geschah an Weihnachten, als Maria den Sohn gebar und dadurch zum Weibe wurde, so daß das Wort «Weib» für alle Zeiten geheiligt ist. Eckhart läßt alles, was üblicherweise über Frau und Mann gesagt wird, weit hinter sich. Eine andere Sicht beginnt: Die menschliche Seele muß sich weiblich gegenüber Gott verhalten; sie hat eine empfangende Haltung einzunehmen, weil sie von ihm beschenkt wird. Nie hat es Eckhart für unter seiner Würde gehalten, «nur» vor Frauen zu predigen, vielmehr entwickelte er gerade vor ihnen seine tiefsinnigsten Gedanken. Eckharts Zuhörerinnen saßen aufmerksam unter seiner Kanzel und haben sich während oder nach der Predigt Notizen gemacht. Wenn sie nichts verstanden hätten, wären sie dazu nicht fähig gewesen.

War der Vorwurf, «es kann seine Predigt niemand verstehen», berechtigt oder nicht? Waren seine Predigten, nach Form und Inhalt betrachtet, tatsächlich unbegreiflich? Gewiß nicht, diese Behauptung ist auf alle Fälle ein Pauschalurteil, das wie alle andern auch nicht trifft. Doch besteht an sich ein Problem des Predigtverständnisses, und bei Eckhart noch im besonderen. Die Frage nach dem Verstehen ist nicht zum voraus abzuweisen, sondern verlangt nach einer Antwort.

Eckhart vernahm den Einwand der Unverständlichkeit auch. Darauf angesprochen, zitierte er, ohne unwillig zu werden, das Wort aus den «Konfessionen» Augustins: «Was kann ich dafür, wenn jemand das nicht versteht?[49]» Man kann doch Augustins Autobiographie, deren Worte wie Orgelklänge rauschen, nicht der Unklarheit bezichtigen. Auch die Bibel enthält schwerverständliche, nicht jedermann zugängliche Abschnitte. Eckhart stellte in seinen Predigten Anforderungen an seine Zuhörer. Es ist nicht möglich, ihnen zu folgen, wenn man zerstreut im Kirchenraum herumguckt. Gelegentlich rief er seiner Klostergemeinde zu: «Nun hört mir genau zu![50]» Er verwahrte sich dagegen, von Dingen zu reden, die nur auf einer hohen Schule erörtert werden sollten. Nach Eckhart sind seine Worte durchaus geeignet, auch auf dem Predigtstuhl vorgetragen zu werden, zumal etliche Ungelehrte ihm das brachten, was lauter und klar ist[51]. Er sagte einmal zum Eingang einer Predigt: «Ich bitte euch um der Liebe Gottes willen, daß ihr diese Wahrheit versteht, wenn ihr könnt. Versteht ihr sie aber nicht, so bekümmert euch deswegen nicht[52].» Das war doch ein gütiger Zuspruch, der die weniger Begabten versicherte, wegen ihres Unverständnisses nicht ausgeschlossen zu sein. Nicht alle Menschen können alles verstehen. Man darf nicht traurig sein, wenn man etwas nicht begreift. «Wer es fassen kann, der fasse es», sagte auch Christus, und die es nicht fassen können, sind deswegen nicht weniger wertvolle Menschen. Verstanden einige Schwestern etwas nicht, brauchte dies weder den Prediger noch die Zuhörer zu irritieren, weil sie trotz allen Nichtverstehens wenigstens etwas vom ewigen Mysterium zu ahnen begannen, das größer war als sie. Dieselbe Predigt schloß Eckhart mit den begütigenden Worten: «Wer diese Rede nicht versteht, der bekümmere sein Herz nicht damit. Denn solange der Mensch dieser Wahrheit nicht gleicht, so lange wird er diese Rede nicht verstehen. Denn es ist eine unverhüllte Wahrheit, die da gekommen ist aus dem Herzen Gottes unmittelbar[53].» Das richtige Verständnis fordert eine Übereinstimmung des Zuhörers mit der Wahrheit, und wenn diese nicht besteht, vermag er die Wahrheit nicht zu erkennen. Das Verstehen ist an diese Voraussetzung gebunden, weil die göttliche Botschaft letztlich nur im Tun begriffen wird.

Darum redete Eckhart gelegentlich über Dinge, von denen er selbst vermutete, sie würden den geistigen Horizont seiner

Zuhörerinnen übersteigen, wie beispielsweise über die Unterscheidung zwischen Gott und Gottheit. Hätte er dies nicht besser unterlassen? So argumentiert gewöhnlich der Mensch, der übersieht, daß der große Meister unter einem höheren Predigtzwang sprach. Eckhart bekannte sich einmal freimütig und offen zu seiner inneren Nötigung: «Wer diese Predigt verstanden hat, dem vergönne ich sie wohl. Wäre hier niemand gewesen, ich hätte sie diesem Opferstocke predigen müssen[54].» Das großartige Geständnis spricht sein inneres Müssen deutlich aus, das ganz unabhängig davon war, ob ihm viele oder wenige Leute zuhörten. Solange der Prediger auf die Zahl der Zuhörer schaut, predigt er ohnehin nicht vom lebendigen Gott. Eckhart hatte bei seiner Verkündigung keine freie Wahl. Er mußte predigen, selbst wenn es in einer leeren Kirche vor dem bloßen Opferstock gewesen wäre; seine Botschaft war ihm aufgetragen, und es ging deshalb nicht an, sie für sich zu behalten. Hierin war er keine singuläre Gestalt. Der Prophet Jeremia berichtet, daß das göttliche Wort in seinem Herzen wie brennendes Feuer wurde, als er es in sich zurückbehalten wollte[55]. Es stand nicht in Jeremias Belieben, das göttliche Wort zu verkündigen oder nicht. Die Botschaft war ihm aufgetragen, und er mußte seiner Sendung nachkommen, der er sich nicht entziehen durfte. Ganz ähnlich war Eckhart von einem göttlichen Müssen getrieben. Dies ist seinen Predigten deutlich anzuspüren, und wer das nicht fühlt, dem geht ein wichtiges Sensorium ab.

Mit diesem Hinweis ist der Vorwurf, «es kann seine Predigt niemand verstehen», noch nicht erschöpfend beantwortet. Das Problem des Verstehens weist mannigfache Aspekte auf. Es ist einmal an die damalige Predigtsituation zu denken. In der mittelalterlichen Kirche wurde verhältnismäßig wenig gepredigt, und öffentlich meistens nur zur Advents- und Fastenzeit und an den Festtagen. Zudem war damals die deutsche Sprache unvollkommen: Sobald es darum ging, subtilere Dinge auszudrücken, entstanden Schwierigkeiten. Hier griff Eckhart ein. Er war eine ungemein sprachschöpferische Persönlichkeit, die viele neue Begriffe prägte. Diese ungewohnten Worte verstanden im ersten Moment nicht alle Leute. Sie blickten ihn deswegen während der Predigt etwas hilflos an. Dazu kam noch, daß Eckhart sich gerne der Paradoxie, der Antithese, der Verbindung von Position und Negation usw. bediente, was einfachere Gemüter befremdete. Auch stand er bei seinem sprachlichen Talent gerade mit der Sprache selbst in einem gewissen Spannungsverhältnis, da Gott doch unaussprechlich ist und sich vorwiegend im tiefsten Schweigen mitteilt. Von Gott zu reden, der doch mit keinem Wort erreicht wird, ist fürwahr eine Schwierigkeit über alle Schwierigkeiten, die Meister Eckhart stark empfand. Im Überschwang seines Herzens fand er oft nicht genügend Worte und türmte sie förmlich übereinander auf. Wegen seiner sprachschöpferischen Begabung sind heute die Germanisten hinter Eckhart her, weil dies ein überaus lohnendes Feld für sie ist. Zu Eckharts Zeiten aber war seine Sprachgewalt eher ein befremdendes Element. Das ist die eine Ursache des Nichtverstehens von Eckharts Predigten. Dieses Problem liegt aber noch auf einer anderen Ebene.

Zu allen Zeiten gab es in der Kirche mehrere «Sprachen». Im vierzehnten Jahrhundert herrschte immer noch die scholastische Sprache vor, die sich mit ihren Begriffen vor allem an den Verstand wandte. Eckhart kannte sie nicht nur, sondern er beherrschte sie auch meisterlich, wie dies aus seinen lateinischen Werken hervorgeht. Die scholastische Terminologie war eine legitime Sprache, die dazu den großen Vorteil in sich barg, in ganz Europa verstanden zu werden. Doch wurde sie ausschließlich von den Gelehrten angewendet, und die Laien gingen dabei leer aus. Eckhart empfand dies als einen Mangel. Selbst bei der heutigen theologisch-dogmatischen Literatur bleiben die Laien wegen der Fachsprache ausgeschlossen.

Zudem verhielten sich die meisten Kollegen gegenüber Eckhart ablehnend. Das spürt man aus seinen gelegentlichen Äußerungen über «die großen Pfaffen». Das Wort «Pfaffe» hatte damals noch einen guten Klang, frei von jedem abschätzigen Sinn. Trotzdem merkt man doch das leise Lächeln, das Eckharts

Lippen umspielte, wenn er in seinen Predigten über die Selbstzufriedenheit der Theologen sagte: «Nun wundert's mich bei manchen Pfaffen, die recht gelehrt und große Pfaffen sein wollen, daß sie sich's so schnell genügen lassen[56].» Gelegentlich spottete er sogar über sie: «Ein großer Pfaffe kam neulich nach Paris, der war dagegen und schrie und tat gar aufgeregt[57].» Eckhart stieß sich an ihrer allzu dinglichen Metaphysik und sprach davon, daß sie «die Dreieinigkeit wie drei Kühe betrachteten». Diese hohe Thematik verträgt keine massive Primitivität. Doch ließ Eckhart sich in kein Streitgespräch mit ihnen ein, da ein Mystiker Wichtigeres zu tun hat, als zu disputieren. Er scheute sich nicht, ganz offen zu sagen: «Hierüber kommen manche Pfaffen zum Hinken[58].» Nach Eckhart können diese hinkenden Pfaffen nicht begreifen, wie nahe die Seele mit Gott verwandt ist. Die scholastischen Theologen vermochten Eckhart nicht zu verstehen, zumal wenn ihnen ihre Gelehrsamkeit genügte.

Neben der scholastischen Sprache gab es in der Kirche noch die mystische Sprache, die von ganz anderer Beschaffenheit ist. Eckhart beherrschte sie wie kaum ein anderer Meister. Nicht daß er sie erfunden hätte. Sie ist vielmehr so alt wie das Christentum selbst. Im Johannes-Evangelium wird sie angewendet, und Eckhart liebte das vierte Evangelium über alle Maßen und zitierte immer wieder daraus. In einer Predigt riet er: «Wir sollen Gottes Bild in uns tragen, und sein Licht soll in uns leuchten, wenn wir ‹Johannes› sein wollen[59].» Ebenso bediente sich Paulus teilweise der mystischen Sprache, und keineswegs nur in seinem Hohenlied. Paulus war für Eckhart bedeutsam. Im Gegensatz zu Luther griff er nicht einseitig die Rechtfertigungslehre heraus, die dem Wittenberger Mönch in seiner seelischen Notlage die Paradiesespforte öffnete. Eckhart legte großes Gewicht auf den Mystiker Paulus, den man freilich nicht versteht, wenn man nicht von seinem Geist getroffen wird. Dem Apostel wurde vor Damaskus ein ganz gewaltiges mystisches Erlebnis zuteil, bei dem ihn das Licht von oben zu Boden schleuderte und er erschütternde Worte vernahm, von denen seine Begleiter nichts hörten. Paulus war auch der Mann, der später von sich sagte: «Ich kenne einen Menschen in Christo; vor vierzehn Jahren (ist er in dem Leibe gewesen, so weiß ich's nicht; oder ist er außer dem Leibe gewesen, so weiß ich's auch nicht; Gott weiß es) – ward derselbe entzückt bis in den dritten Himmel[60].» Unaussprechliche Worte hörte er, die kein Mensch sagen kann. Demzufolge kannte Paulus die Verzückung, die in der Mystik vielfach auftritt. Auch die paulinische Formulierung «in Christo» deutet auf die Mystik hin, wie dies Albert Schweitzer in «Die Mystik des Apostels Paulus» trefflich dargelegt hat, wenn er auch dessen Rechtfertigungslehre etwas vorschnell als bloßen Nebenkrater bezeichnete. Merkwürdig bleibt, daß diese tiefe mystische Erfahrung des Paulus von so vielen Bibellesern stillschweigend übergangen wird, als wäre sie gar nicht vorhanden. Sie lag aber ganz auf Eckharts Linie, und er berief sich mehrfach auf das Paulus-Erlebnis. Er erwähnte auch noch andere Väter, wie Augustinus, Dionysius, Bernhard, und bewies damit, auf welch große Tradition die mystische Sprache innerhalb der Christenheit zurückblickt. Unbegreiflicherweise ist sie heute zum großen Schaden der Kirche ganz in den Hintergrund gedrängt worden.

Ob man nun Eckharts mystische Sprache versteht oder nicht, hängt zuletzt von etwas ganz anderem ab. Das Verständnis ist gar nicht durch den Intellekt bedingt. Eckhart selbst wies darauf hin: «Es gibt viele gelehrte Leute, die das nicht begreifen, und es dünkt sie gar schwer. Es ist aber nicht schwer, es ist vielmehr ganz leicht[61].»

Eckhart fand seine Verkündigung leicht und nicht schwer. Seltsamerweise ist aber beinahe die ganze Sekundärliteratur über ihn wegen ihrer belastenden Gelehrsamkeit für Laien unleserlich. Die meisten Publikationen machen das Thema noch um einiges unverständlicher und blockieren damit den Zugang zum Meister. Wie soll man sich das erklären? Die Systemdenker treten mit abstrakten Voraussetzungen an Eckharts Lebensanweisung heran, vermengen dauernd seine lateinischen und deutschen Schriften und schaffen eine Unklarheit, durch die das Schwere noch schwieriger wird, was wenig sinnvoll ist. Die Gedankengänge des Mystikers sind für sie intellektuelle Probleme, während sie doch dem Erfahrungsbereich des Menschen angehören. Die Aufgabe liegt darin, Eckharts Anliegen so einfach wie möglich darzulegen, weil nun einmal Einfalt das Kennzeichen des Göttlichen ist. Die Dinge einfach beschreiben heißt nicht, sie simplifizieren. Es gibt keine Rückkehr ins Primitive, wohl aber tut Klarheit not. Denkt man lange genug darüber nach, findet man zuletzt immer das schlichte und richtige Wort, das die geistig hungernden Leser auch verstehen. Ganz gewiß hat die wissenschaftliche Erforschung von Eckharts Gedankenwelt auch ihre Berechtigung, das steht außer Diskussion. Doch darf das gelehrte Interesse am Meister nicht Selbstzweck werden, und vor allem muß es seines Auftrages eingedenk bleiben: die Botschaft von Eckharts Mystik der heutigen Generation verständlich weiterzugeben.

Bleiben wir noch ein wenig bei Eckharts Aussage: «Es ist nicht schwer, es ist vielmehr ganz leicht.» Tatsächlich haben viele studierte Leute Eckhart gelesen und ihn unverstanden beiseite gelegt. Es gibt aber auch ganz einfache Menschen, die seine Predigten begeistert lesen. Ob sie alles verstanden haben, bleibe dahingestellt. Jedenfalls fühlten sie sich vom Inhalt beglückt, und seine Worte klangen in ihnen wie Musik. Soll man hier an die Worte Christi erinnern: «Ich preise dich, Vater, Herr des Himmels und der Erde, daß du dies vor Weisen und Verständigen verborgen und es Unmündigen geoffenbart hast[62].» Das wahre Verstehen hängt allein vom Sensorium für das Göttliche ab. Es ist beinahe in allen Menschen vorhanden, meist zwar ungepflegt und verschüttet. Ist das Gottesgefühl im Christen aktiv, versteht man Eckharts Predigten intuitiv – fehlt es, begreift der Leser nichts, trotz aller wissenschaftlichen, technischen und merkantilen Intelligenz. Eckhart will mit dem Herzen, nicht bloß mit dem Verstand gelesen werden. Das Herz versteht die unmittelbar aus dem Herzen Gottes kommenden Worte von der ersten bis zur letzten Zeile. Das ist des Rätsels Lösung, was die so verschiedene Aufnahme dieses großen

Predigers aus dem Mittelalter betrifft. Hat man dies eingesehen, wird man nicht mehr über die schwere Verständlichkeit Eckharts jammern, sondern die Klage, «es kann seine Predigt niemand verstehen», ins Gegenteil umkehren und sagen: Es kann seine Predigt jeder verstehen, der sie mit dem Herzen und mit einem teilnehmenden Gemüt liest. So haben sie auch die damaligen Nonnen verstanden, die sie beglückt und ein wenig benommen nachschrieben, untereinander austauschten und sie der Nachwelt überlieferten. Ohne ihre hingebungsvolle Arbeit kennte man heute das Bedeutsamste von Eckhart nicht. Tatsächlich schuldet man neben dem Meister auch den dominikanischen Schwestern bleibenden Dank; jedenfalls fühlt man sich mit ihnen über die Jahrhunderte hinweg verbunden.

## *Der Gott allen Trostes*

Unter den Traktaten Eckharts nimmt der «Liber benedictus» einen hervorragenden Platz ein. Er umfaßt zwei eigenhändig geschriebene Werke: «Das Buch der göttlichen Tröstung» und die Predigt «Vom edlen Menschen». Der Traktat erfreute sich großer Beachtung, was ohne weiteres verständlich ist.

«Das Buch der göttlichen Tröstung» ist Königin Agnes von Ungarn gewidmet. Sie war eine hochgestellte Frau, die schwere Schicksalsschläge zu ertragen hatte: Früh verlor sie ihren Gatten, bei Königsfelden wurde ihr Vater ermordet, und bald darauf starb auch ihre Mutter. Nach so viel Leid ließ sie an der Stätte der Ermordung ihres Vaters, nahe Brugg in der Schweiz, ein Kloster erbauen, in das sie allerdings selbst nicht eintrat. Sie wohnte außerhalb des Klarissinnenklosters, besaß aber das Privileg, jederzeit im Konvent ein und aus zu gehen. Von Königsfelden aus besuchte sie oft das Kloster Töss, in das ihre Stieftochter, Prinzessin Elisabeth, eingetreten war. Wahrscheinlich – es ist jedoch nicht sicher bezeugt – begegnete sie bei solchen Besuchen auch Meister Eckhart, der den Nonnen in Diessenhofen, Töss und Zürich gepredigt hat. Bei einer solchen

Gelegenheit mag sie dem berühmten Manne ihr unsägliches Leid, das sie zu tragen hatte, geklagt haben. Jedenfalls sah sich Eckhart veranlaßt, für sie «Das Buch der göttlichen Tröstung» zu schreiben, wenn er auch die Königin namentlich nicht erwähnt hat. Er wollte ihren Schmerz nicht mit einer hochgemuten Spekulation überfliegen; sollte die Schrift ihren Zweck erfüllen, mußte sie ganz konkrete Antworten enthalten.

Doch war dies nur der unmittelbare Anlaß, der zur Entstehung der Schrift führte. Das Leiden ist ein Thema, das alle Menschen ohne Ausnahme beschäftigt; mannigfach ist seine Gestalt, mag es nun in einer unheilbaren Krankheit, im Verlust eines nahen Angehörigen oder in materieller Not auftreten. Man kann gar nicht alle Möglichkeiten aufzählen. Das Leiden in der Welt ist schwer und unermeßlich wie der Sand am Meer; es bildet eines der ungelösten Probleme im Leben der Menschen. «Solange du Leid in deinem Herzen hast um irgend etwas, und sei's selbst um Sünde, so lange ist dein Kind nicht geboren. Hast du Herzeleid, so bist du noch nicht Mutter, du bist vielmehr noch im Gebären und nahe der Geburt[63].» So flüstert Eckhart den Weinenden leise ein erstes Wort der Erleichterung zu.

Ebenso ist gewiß, daß man am Leiden nicht kalt und gefühllos vorbeigehen darf. Dem leidbetroffenen Menschen gehört unsere Teilnahme, das versteht sich von selbst. Das Trostbedürfnis ist tief in der menschlichen Seele begründet, es ist so alt wie sie selbst. In der Bibel, diesem Trostbuch der Menschheit, ist deshalb so viel von Trost die Rede. Freilich steht im Buch Hiob auch ein kräftiges Wort des Unmutes gegen die «leidigen Tröster[64]», die das Leiden mit salbungsvollen Sätzen überkleistern wollen. Einen leidgeprüften Menschen wirklich trösten zu können, ist ein seelsorgerliches Charisma. Wenn moderne Schriftsteller den Trost verspotten, ist das nichts anderes als Zynismus, hinter dem sich die Unfähigkeit versteckt, den Menschen ein helfendes Wort zu sagen.

Eckhart dagegen wußte um das mannigfache Leiden der Menschen und versuchte, sie aus christlichem Herzen zu trösten. Echter Trost ist himmlischen Ursprungs, und ihn zu vermitteln ist eine der schwersten und zugleich schönsten Aufgaben, die dem Menschen gestellt sind. Eckhart sah dieses Problem und bewies damit, daß es ihm nicht um «logische Untersuchungen» nach Philosophenart ging. Allezeit blieb er ein mit dem Erdenleben verbundener Mensch, der die schwierigen Daseinssituationen zu meistern versuchte. Der Thüringer wollte die Königin Agnes trösten in all ihrem Ungemach, Trübsal und Leid.

Zunächst bemüht er sich, dem Leid mit rationalen Überlegungen zu begegnen. Er erinnert den Leser des Traktates daran, daß «kein Schaden bloßer Schaden ist», wie es im ersten Augenblick gewöhnlich zu sein scheint; er hat immer auch eine unerkannte, zum Guten dienende Nebenwirkung[65]. Eckhart schreibt weiter, daß man im Ungemach «des Guten und des Gemaches gedenke, das du noch hast und behältst[66]». Trostbedürftige Menschen sollten jene «vergessen, denen es besser geht, und gedenk immerzu derer, die übler dran sind[67]». Weiter argumentiert er ganz rational: «Sintemalen dem Menschen alles das, was gut oder tröstlich oder zeitlich ist, ihm auf Borg geliehen ist, was hat er dann zu klagen, wenn der, der es ihm geliehen hat, es zurücknehmen will?[68]» Das sind durchaus vernünftige Worte, und man hört solche bis zum heutigen Tag. Aber es bleibt fraglich, ob sie dem Menschen, der wie Hiob auf dem Misthaufen sitzt, wirklich helfen, seinen Jammer zu überwinden. Setzt man einem vom Unglück geschlagenen Menschen diese rationalen Worte auseinander, wird er höchstens antworten: «Von der Vernunft aus gesehen, hast du ganz recht», und die Tränen werden ihm weiter über die Wangen fließen.

Erwähnenswert bleibt, daß Eckhart den Gedanken, das Leiden sei eine Strafe für begangene Sünden, mit aller Entschiedenheit ablehnt. Er schrieb von der «Grobsinnigkeit der Leute», denen «der Wahn einfällt, daß es von der heimlichen Sünde jener herkomme[69]». Die Zurückweisung der Verbindung von Sünde, Strafe und Leiden war um so angebrachter, als es sich um eine volkstümliche Anschauung handelt, die seit den Tagen des Alten Testamentes bis in die moderne Zeit virulent ist. Gewiß gibt es auch durch Selbstverschulden verursachte Leiden. Diese Wahrnehmung darf jedoch niemals verallgemeinert werden, da sonst vielen Leidenden bitteres Unrecht angetan wird. Es gibt auch ein unschuldiges Leiden, ein Leiden, dessen Gründe der Mensch nicht einsieht.

Eckharts rationale Überlegungen vermitteln einen menschlichen Trost. Mit rein vernünftigen Argumenten vermag man jedoch das Leiden nicht zu meistern, denn der Schmerz ist mit dem Gefühl verwandt, nicht mit dem Verstand. Der menschliche Trost genügt nicht, das wilde, sich aufbäumende Leid zu besänftigen. Das Gemüt hadert weiter, fühlt sich unverstanden, und der Schmerz tut nach wie vor weh.

Wie der Apostel zwischen der «göttlichen Traurigkeit, die Seligkeit bewirkt» und der «weltlichen Traurigkeit, die den Tod bewirkt»[70] unterscheidet, so schlägt auch Eckhart einen kühnen Bogen von der menschlichen zur göttlichen Tröstung. Er beginnt nun, die Frage tiefer anzufassen, und argumentiert ganz neu: «In Gott ist weder Traurigkeit noch Leid noch Ungemach. Willst du alles Ungemachs und Leids ledig sein, so halte dich und kehre dich in Lauterkeit nur zu Gott. Sicherlich, alles Leid kommt nur daher, daß du dich nicht allein in Gott und zu Gott kehrst[71].» Damit hat Eckhart mit einem Schlag das Problem von der bloß rationalen Ebene auf die Höhe des Religiösen gehoben, die der Christ ahnt, über die er jedoch nicht verfügen kann. Der Schritt in die andere Dimension entspricht einer inneren Notwendigkeit. Ob ihn der Mensch in seinen Alltagsschwierigkeiten auch nachvollziehen kann, ist wiederum eine andere Frage. Es gibt Leute, die es können, und es gibt solche, die beim besten Willen dazu nicht fähig sind. Die ausschließliche Hinwendung zu Gott ist auch keine menschliche Veranlagung, sondern reine Gnade. Eckhart wies auf das Höchste hin, doch vermag nicht jedermann, die Dinge von diesem sittlichen Aspekt aus zu betrachten. Ob die Menschen dazu imstande sind oder nicht, der Blick ist auf die göttliche Tröstung eingestellt; man hat in diese Richtung zu schauen, denn «alles andere hilft dir nicht».

Nun beginnt Eckhart, seine Einsicht energisch zu vertreten: «Solange dich die Kreatur tröstet und zu trösten vermag, findest du niemals rechten Trost. Wenn dich aber nichts zu trösten vermag als Gott, wahrlich, so tröstet dich Gott und mit ihm und in ihm alles, was Wonne ist[72].» Dieses grandiose Verstehen ist aus Eckharts tiefstem Glauben hervorgegangen. Es weist auf die allein richtige Leidbewältigung hin und vermag den Menschen von seinem elementaren Schmerz zu befreien. Eckhart setzt das Problem des Leidens ganz unmißverständlich in Beziehung zu Gott. Die Bibel sagt ausdrücklich: «Gott ist bei den Menschen in Not[73].» Eckhart schrieb: «Daß Gott mit uns im Leiden ist, heißt, daß er selbst mit uns leidet[74]», freilich leidet er ohne Leiden. «Sein Leiden ist ihm so wonniglich, daß Leiden für ihn nicht Leiden ist[75].» Damit hat Eckhart das Leidensproblem in seine Mystik hineingenommen. Der Meister vertrat eine Leidensmystik von unsagbarer Tiefe: Wo Leiden ist, da ist Gott. Der Allmächtige befindet sich nicht im Glück, sondern in der Betrübnis. Er ist nicht bei den Siegreichen, sondern bei den Unterlegenen. Deswegen hungerten so viele Heilige nach Leiden, was nur eine verwirrte Psychologie als verkappten Masochismus verdächtigt. Leiden sühnt, Leiden erlöst, Leiden verbindet mit Gott; das alles ist vernunftgemäß nicht zu begreifen, weil es ganz dem Geheimnis Christi verhaftet bleibt. Gottes Gegenwart im Leiden gewiß werden, das ist ein erster Beitrag zum Leidensproblem, der göttliche Tröstung genannt zu werden verdient.

Der Meister fügte noch hinzu: Gott hat einen Willen, und daß der göttliche Wille im Himmel und auf Erden geschehe, ist eine Bitte, um deren Erfüllung der Christ im Unser Vater betet. Nun geschieht nichts ohne den Willen Gottes – auch das dem Menschen auferlegte Leid stammt von ihm. Eckhart bat: «Gib mir den Willen, nach deinem Willen zu wollen![76]» Er führte in seinen Predigten aus: «Du hast weder Krankheit noch irgend etwas, Gott wolle es denn[77].» Nach ihm haben «die Gerechten überhaupt keinen Willen; was Gott will, das gilt ihnen alles gleich, wie groß das Ungemach auch sei[78]». Eckhart versucht den Menschen dahin zu bringen, daß er «gleichmütig stehe in Liebe und Leid, in Glück und Unglück[79]». Immer wieder kommt er auf dieses Thema zurück: «Liebe Gott in allen Dingen gleich, das heißt: liebe Gott ebenso gern in Armut wie im Reichtum, und hab ihn ebenso lieb in Krankheit wie in Gesundheit, hab ihn ebenso lieb in Versuchung wie ohne Versuchung und ebenso lieb im Leiden wie ohne Leiden[80].» Dies darf nicht als Stoizismus mißverstanden werden, denn eine solche Haltung erfährt und erlebt der Mensch nur im Glauben. Dem Thüringer war es daran gelegen, alles, wirklich alles, von Gott anzunehmen. «Wer Gott in rechter Weise nehmen soll, der muß ihn in allen Dingen gleicherweise nehmen, in der Bedrängnis wie im Wohlbefinden, im Weinen wie in Freuden; überall soll er dir gleich sein[81].» Eckhart strebte die völlige Ergebung in Gottes Willen an. Keinem Geschehen Trotz bieten, alles aus Gottes Hand hinnehmen, ist der letzte Sieg über das Leiden. Freilich ist es dem Menschen kaum möglich, das von sich aus zu vollbringen. Er muß zu Gott flehen um diese Gnade, und wenn sie ihm geschenkt wird, erlangt er die Einswerdung mit dem göttlichen Willen, was der Unio mystica gleichkommt, nach der Eckhart unablässig strebte. Sie zählt zum innersten Kern seiner Mystik. Eckhart hat damit den zweiten Weg der Leidbewältigung verkündet. Man sage nicht, daß dies unmöglich sei. Die heilige Hedwig hat nach dem Tod ihres Lieblingssohnes zu dessen Gattin gesagt: «Es muß uns gefallen, was Gott gefallen hat zu tun.» Dabei hat sie ihren Sohn nicht weniger geliebt als die Schwiegertochter ihren Mann.

Die Einswerdung des menschlichen Willens mit dem göttlichen Willen ist der Kern von Eckharts innerster Religiosität. Seine Frömmigkeit war keine abstrakte Theorie, sondern christlicher Lebensinhalt, der sich im täglichen Dasein bewährte. Mit seiner Ergebung, die nichts mit Fatalismus zu tun hatte, verkündete er überaus eindrücklich den Gott allen Trostes. «Du mußt aber wissen, daß die Freunde Gottes nie ohne Trost sind; denn was Gott will, das ist ihr allerhöchster Trost, sei's nun Trost oder Untrost[82].» Er durfte wirklich seinen Traktat

«Das Buch der göttlichen Tröstung» nennen, hat er doch damit den Menschen den Weg zum wahren Trost gezeigt.

Eckhart verfaßte kein harmloses Trostbüchlein. Er wollte den Menschen das Leid nicht auf billige Weise ausreden. Der Meister wußte um die Qual, ob der der Mensch in gewissen Situationen verstummt. Seine kostbare Trostbegründung verstanden die Inquisitoren mit all ihrer Theologie nicht und verurteilten in ihrer Blindheit zwei Sätze aus dem «Buch der göttlichen Tröstung». Wie hat Königin Agnes auf dieses Buch reagiert? Fühlte sie sich nach der Lektüre getröstet, oder schüttelte sie verständnislos den Kopf? Die Nachwelt hat darüber keine Kenntnis. Dies aber darf man bestimmt sagen: Eckharts Mystik ist allezeit seelsorgerliche Mystik, und deswegen ist sie nicht nur für eine elitäre Gruppe bestimmt; sie enthält ein überaus wichtiges Wort auch für den ganz einfachen Menschen. Er ist darüber zu einem der großen Seelsorger der Christenheit geworden, hat nie den pastoralen Aspekt in seinen Arbeiten aus den Augen verloren und wußte stets, dem Menschen ein helfendes Wort auf seinen Lebensweg zu geben.

## *Martha und Maria*

Im Lukas-Evangelium wird eine Begebenheit aus dem Leben Jesu erzählt, in der von zwei Frauen die Rede ist: «Es begab sich aber, da sie wandelten, ging er in einen Markt. Da war ein Weib mit Namen Martha, die nahm ihn auf in ihr Haus. Und sie hatte eine Schwester, die hieß Maria; die setzte sich zu Jesu Füßen und hörte seiner Rede zu. Martha aber machte sich viel zu schaffen, ihm zu dienen. Und sie trat hinzu und sprach: ‹Herr, fragst du nicht danach, daß mich meine Schwester läßt allein dienen? Sage ihr doch, daß sie es auch angreife!› Jesus aber antwortete und sprach zu ihr: ‹Martha, Martha, du hast viel Sorge und Mühe; *eins* aber ist not. Maria hat das gute Teil erwählt; das soll nicht von ihr genommen werden›[83].»

Jesu Einkehr bei Martha und Maria hat von jeher die Aufmerksamkeit auf sich gezogen. Tintoretto hat diese Szene überaus eindrucksvoll gemalt. Die beiden weiblichen Gestalten waren natürliche Menschen aus Fleisch und Blut, doch werden sie seit Origenes' Auslegung als Typen einer bestimmten Lebenshaltung bewertet. Die geschäftige Martha verkörperte das aktive und die lauschende Maria das kontemplative Leben. Man diskutierte in der Christenheit eifrig über diese unterschiedlichen Daseinsweisen.

Dem Text entsprechend hat man im Mittelalter eindeutig die kontemplative Haltung übergeordnet, hatte doch Christus deutlich gesagt: «Maria hat das gute Teil erwählt; das soll nicht von ihr genommen werden.» Keine Zerstreuung in atemloser Geschäftigkeit, sondern Besinnung auf das eine, was not tut, forderte der Herr – das war auch die allgemein anerkannte Auffassung in der Kirche.

Erst in der modernen Zeit erfuhr die Vita activa eine starke Aufwertung, indem sie immer mehr an die erste Stelle gerückt wurde. Diese Verschiebung entsprach dem neuzeitlichen Lebensgefühl. Es begann der Aktivismus, der unmerklich in die heutige Hektik überging und leicht im Leerlauf endigt.

Überraschenderweise scheint Eckhart diese neue Wendung vorweggenommen zu haben, doch hatte sie bei ihm einen anderen Sinn. In seiner Auslegung kommt Maria schlechter weg als Martha: «Wir hegen den Verdacht, daß sie, die liebe Maria, irgendwie mehr um des wohligen Gefühls als um des geistigen Gewinns willen dagesessen habe[84]», erlaubt sich Eckhart über die vorbildliche Maria zu sagen. Auch nimmt Eckhart die Worte Marthas zu Jesus: «Herr, sage ihr doch, daß sie es auch angreife!» nicht ganz ernst. Er nennt sie lediglich «eine liebenswürdige Neckerei[85]», mit der Martha die gemütlich dasitzende Schwester in Bewegung habe bringen wollen. Zwar macht sich Eckhart Gedanken darüber, daß Christus zweimal sagte: «Martha, Martha», und deutet «das Beim-Namen-Nennen» als eine Bezeichnung aus dem ewigen Wissen. Christi Worte richteten sich an Martha und nicht an Maria, was beachtet sein will. Zu Martha sprach er: «Eins ist not.» Was heißt das?

«Eines ist not, nicht zwei. Ich und du, einmal umfangen vom ewigen Lichte – das ist Eines. Das ‹Zwei-Eine› aber ist ein brennender Geist, der da über allen Dingen und doch noch unter Gott steht am Umkreis der Ewigkeit[86].» Eckhart fährt in seiner Predigt fort: «Lausche denn auf das Wunder! Wie wunderbar: draußen stehen wie drinnen, begreifen und umgriffen werden, schauen und zugleich das Geschaute selbst sein, halten und gehalten werden – das ist das Ziel, wo der Geist in Ruhe verharrt, der lieben Ewigkeit vereint[87].» Dieses Ziel aber hat Martha erreicht, und deswegen ist sie, nicht Maria, Eckharts Vorbild. Er verherrlichte Martha mit den Worten: «Martha aber stand in gereifter, wohlgefestigter Tugend und in einem unbekümmerten Gemüt, ungehindert von allen Dingen. Daher wünschte sie, daß ihre Schwester in den gleichen Stand gesetzt würde, denn sie sah, daß jene noch nicht wesentlich dastand[88].» Deswegen stellte Eckhart eindeutig Martha über Maria. Unmißverständlich hat er verkündet: «Auch Maria ist erst eine solche Martha gewesen, ehe sie die reife Maria werden sollte; denn als sie noch zu Füßen unseres Herrn saß, da war sie noch nicht die wahre Maria: wohl war sie's dem Namen nach, sie war's aber noch nicht in ihrem Sein; denn sie saß noch in Wohlgefühl und süßer Empfindung und war in die Schule genommen und lernte erst leben. Martha aber stand ganz wesenhaft da[89].» Eckhart reicht nicht der lauschenden, introvertierten Maria, sondern der tätigen Martha die Palme. «Maria und Martha jedoch sind keine Gegensätze, sie gehören vielmehr zusammen wie Potenz und Akt, wie Anfang und Ende, wie Knospe und Frucht, wie Werden und Sein», schreibt Josef Quint[90]. Der entscheidende Satz lautet: «Auch Maria ist erst eine solche Martha gewesen, ehe sie die reife Maria werden sollte[91].»

Die Frage erhebt sich: Liegt hier eine jener Textverdrehungen vor, an denen die Geschichte der Exegese so reich ist? Die Theologen haben sich in dieser Beziehung viel geleistet, man denke nur an das «Nadelöhr» in der Geschichte des reichen Jünglings, in dem sie zuletzt noch ein kleines Tor in der Stadtmauer von Jerusalem entdeckten, durch das sich zur Not doch noch ein Kamel hindurchzwängen konnte. Mit solch fadenscheinigen Deutungen entschärfte man Christi Wort über die Gefahr des Reichtums. Wohin haben uns doch schon die Exegeten geführt! Zu oft schon haben sie mehr unbewußt als bewußt ihre eigenen Anschauungen in den Text hineininterpretiert, was die Kommentare fragwürdig macht. Darum ist sowohl das erschreckende Christus-Wort «Wehe euch, ihr Schriftgelehrten» als auch Franziskus' Losung «ohne Glossen, ohne Glossen» von uns Theologen ganz anders ernst zu nehmen, als es gewöhnlich geschieht.

Niemand wird wohl Eckhart beschuldigen wollen, es habe ihm lediglich Spaß bereitet, das Gegenteil dessen zu sagen, was bis dahin alle Welt gesagt hatte. Widerspruch um des Widerspruchs willen ist immer wertlos. Zu Eckharts Auslegung müßte man zunächst feststellen, daß er die historische Frage des heutigen Bibellesers noch gar nicht kannte. Niemand fragte: «Was steht da? Was wollte der Schreiber dieser Bibelstelle damit sagen?» Im Mittelalter war das historisch-philologische Gewissen noch nicht erwacht. Man betätigte damals bedenkenlos die Exegese vom vierfachen Schriftsinn. Dies geschah in guter Treue und in bester Absicht – niemand hatte dabei ein schlechtes Gewissen. Hierin ist Eckhart zunächst nur der damals üblichen Bibelexegese gefolgt, wenn er auch langsam begann, in der Bibelauslegung eigene Wege zu gehen: «Dies ist immerfort und meine ganze Klage, daß grobsinnige Leute, die Gottes Geistes bar sind und nichts davon besitzen, nach ihrem groben menschlichen Verstand beurteilen wollen, was sie hören oder lesen in der Schrift, die gesprochen und geschrieben ist vom und im Heiligen Geiste[92].» Sie erforderte ein ganz anderes Verständnis.

Eckhart kam zur Umwertung von kontemplativem und aktivem Leben, weil man die Mystiker immer wieder des religiösen Egoismus bezichtigte. Man warf ihnen vor, sie würden nur an ihr eigenes Seelenheil denken, und alles andere sei ihnen gleichgültig, was eine grobe Verkennung ist. Zwar dachte Eckhart, wie alle Mystiker, der Mensch müsse zuerst sein eigenes Inneres in Ordnung bringen, bevor er in der Welt zu wirken beginne. Der Christ muß sich in seelischem Gleichgewicht befinden, und er muß sich über die bedeutsamen Probleme des Lebens klargeworden sein, ehe er seinen Mund öffnet. Häufig ist dies jedoch nicht der Fall. Der Mystiker aber wartet, wartet oft sehr lange, bis er sich zu Wort meldet. Viele aktivistisch veranlagte Menschen sind dazu nicht fähig. Leute, die zu früh mit ihrer Arbeit beginnen, erleben gewöhnlich Schiffbruch, indem ihnen vorzeitig der Atem ausgeht. Eckharts feste Überzeugung war: Zuerst kommt das Innere und dann das Äußere.

Er selbst nahm sich der Mitmenschen an und bemühte sich, ihnen mit seiner Verkündigung einen Weg aufzuzeigen. Nie hat er sich der Verantwortung entzogen, sondern war stets sozial eingestellt, wie das heutige Schlagwort heißt. Das echte Christentumsverständnis war immer auch auf den Nächsten ausgerichtet. Deswegen hat er in seiner Predigt über den Lukas-Text dem Zuhörer eine Maria vorgestellt, deren Weg über Martha führte.

Auch der mystische Mensch bewährt sich nach Eckhart in der Welt. Dies hat er schon in seinen abendlichen Tischgesprächen deutlich betont: «Wäre der Mensch so in Verzückung, wie's Sankt Paulus war, und wüßte einen kranken Menschen, der eines Süppleins von ihm bedürfte, ich erachtete es für weit besser, du ließest aus Liebe von der Verzückung ab und dientest dem Bedürftigen in größerer Liebe[93].» Im Mittelhochdeutschen heißt es «suppelins»[94], ein Wort, das sich dem Eckhart-Leser unauslöschlich einprägt. Er kann es nicht mehr vergessen, daß auch für Meister Eckhart stets der Dienst an einem hilfsbedürftigen Menschen aller mystischen Entrückung vorgegangen ist.

Nun dürfte Eckharts Einschätzung des Problems von Vita contemplativa und Vita activa klar sein. Er spielte nicht die eine Auffassung gegen die andere aus, denn damit würde man in der bloßen Diskussionsphase verbleiben, die häufig im Uferlosen versinkt. Für den Meister war die Einheit von Vita contemplativa und Vita activa entscheidend, womit er eine Lösung gefunden hat, die für alle Zeiten gültig ist. Eine Vita contemplativa ohne Vita activa bleibt gerne im Bereich des Egoismus, und umgekehrt geht die Vita activa ohne Vita contemplativa leicht in eine bloße Betriebsamkeit über. Pflegt jedoch der Christ beide Viten gleicherweise, dann besitzt er jene vorbildliche Einheit, für die Eckhart eingetreten ist.

Die Frage der Vita contemplativa oder Vita activa scheint heute nicht mehr aktuell zu sein. Der moderne Mensch hat sich eindeutig für die Vita activa entschieden und huldigt ihr, bis er einem Herzinfarkt erliegt. Endlos geht es auf diesem Weg nicht weiter. Es hätte wahrscheinlich wenig Aussicht, an diese Einseitigkeit zu erinnern, wohl aber ist es sinnvoll, auf Eckharts Losung von der Einheit von Vita contemplativa und Vita activa hinzuweisen. Der Mensch bedarf beider Werte, wenn er das Leben wirklich meistern will. Er muß von Zeit zu Zeit Ruhe und Besinnung einschalten, sonst treibt er Raubbau an seiner Gesundheit, wenn er aber allein der tiefsinnigen Beschauung lebte, würde dies zu einer unfruchtbaren Innerlichkeit führen.

Das Streben nach der Einheit von Vita contemplativa und Vita activa dokumentierte Eckhart nochmals am bedeutsamen Problem der Armut, das im Mittelalter die Gemüter stark beschäftigte. Es nahm eine zentrale Stellung ein, da es mit einer ernsthaften christlichen Lebensführung eng verknüpft ist.

Hundert Jahre vor Eckhart lebte Franz von Assisi. Er war der große Gegenspieler des scholastischen Intellektualismus und eine einmalige Verkörperung dessen, was das Evangelium in die Worte faßte: «Wenn ihr nicht werdet wie die Kinder.» Der seraphische Heilige hat den Weg der Nachfolge in den Mittelpunkt gestellt und wurde dabei von einer Sehnsucht nach einem armen Leben erfüllt, die sich bei ihm bis zu einer mystischen «Vermählung mit der Frau Armut» steigerte. Auch das Geheimnis des herzenseinfältigen Franziskus kann man nur spüren und nie in adäquaten Worten ausdrücken.

Auch Eckhart hatte bei seinem Eintritt in den Dominikanerorden Armut gelobt, zumal der Stifter des Predigerordens seine Söhne darauf verpflichtete, damit ihre Verkündigung glaubwürdiger sei. Eckhart teilte das dominikanische Armutsverständnis. Deutlich sagte er: «Es gibt eine äußere Armut, und die ist gut und sehr zu loben an dem Menschen, der sie mit Willen auf sich nimmt aus Liebe zu unserem Herrn Jesus Christus, weil der sie selbst auf Erden gehabt hat[95].» Daneben gibt es aber noch eine andere Armut; Eckhart nannte sie die innere Armut oder die Armut des Geistes, welche der Herr in den Seligpreisungen erwähnt[96], auf die sich der Thüringer ausdrücklich beruft: «Das ist ein armer Mensch, der nichts will und nichts begehrt[97].» Er bewertete es als eine subtile Versuchung, sich allzu stark mit der äußeren Armut, überhaupt mit äußeren Werken abzugeben.

Wiederum wäre es falsch, die äußere und die innere Armut in einen Gegensatz zu rücken. Eckhart ging es auch in dieser Frage um die Einheit von äußerer und innerer Armut – sie allein entspricht seiner Verkündigung. Doch ist sie an eine Voraussetzung gebunden: «Wenn ihr dieser Wahrheit nicht gleicht, so könnt ihr mich nicht verstehen[98].» Eckharts überhöhtes Armutsideal wird nur verständlich, wenn man es auch lebt.

## *Vom Adel des Menschen*

Als Eckhart einmal von den vier Themen sprach, die er in seinen Predigten zu erörtern pflege, nannte er «zum dritten, daß man gedenke der großen Edelheit, die Gott in der Seele angelegt hat[99]». In der Tat kommt er immer wieder auf die Edelheit des Menschen zu sprechen, und zwar so, daß man spürt, wie außerordentlich wichtig ihm das war. Er tat es auf eine Art, die den damaligen Hörer und den heutigen Leser seiner Predigten zum Aufhorchen zwingt. Leidenschaftlich sprach er vom edlen Menschen, dem Thema, das ihm ganz besonders am Herzen lag. Er hat darüber eine Predigt geschrieben, die dem «Liber benedictus» beigegeben ist.

Eckhart war es ein besonderes Anliegen, über die Seele des Menschen nachzudenken. Zwar schrieb er, «was die Seele in ihrem Grunde sei, davon weiß niemand etwas». Die Seele ist das große Geheimnis, das die Menschen seit Jahrhunderten umkreisen, und doch gelingt es ihnen nie, es zu enträtseln. Auch Eckhart versuchte es zu ergründen, zwar nicht mit Hilfe der Tiefenpsychologie, denn damals wußte man noch nichts davon, dafür aber umkreiste er dieses Thema mit äußerster religiöser Intensität. Hier scheint eine der großen Entfernungen zu bestehen, die den heutigen Menschen von Eckhart trennen. Der moderne Mensch ist vor allem an seinem Körper interessiert; er will ihn durch Sportübungen leistungsfähiger machen oder durch eine überlegte Nahrungsaufnahme gesund erhalten. Wahrscheinlich ist dies eine Reaktion auf die ins Christentum eingedrungene falsche Leibfeindlichkeit. Heute ist man so stark mit der Körperkultur beschäftigt, daß der Mensch darüber seine Seele ganz vergißt. Jedenfalls ist sie bei vielen Zeitgenossen völlig in den Hintergrund gedrängt, und wenn sich die Seele bei gewissen Geschehnissen, wie beim Liebes- oder Todeserlebnis, geltend macht, steht der Mensch gewöhnlich hilflos da und weiß nicht, was er sagen soll. Anders, total anders, verhielt sich Eckhart, bei dem die Seele mitten im Zentrum seines Denkens stand. Er sprach von der Edelheit des Menschen, weil der Mensch eine Seele hat. Für die meisten Menschen ist die Seele noch immer die große Unbekannte, trotz oder vielleicht wegen der Psychoanalyse. Sie hat es bei all ihren Verdiensten nicht mit der Seele, sondern mit dem Unterbewußtsein zu tun, das so viel Vergessenes und Verdrängtes in sich birgt. Die Seele aber ist nach der biblischen Erzählung der Lebensodem, den der Ewige dem Menschen einhauchte, damit er zu einem lebenden Wesen würde. Sie ist das Göttliche im Menschen, und deswegen war auch Theresia von Avila von der Schönheit der Seele so entzückt. Eckhart war es gegeben, gleichsam durch den menschlichen Leib hindurch die Seele zu sehen, weswegen er nicht müde wurde, von diesem Himmelsgeschenk zu reden, über das so viele Leute gedankenlos hinweggleiten.

Nach Eckhart ist «die Seele ganz und ungeteilt vollständig im Fuße und vollständig im Auge und in jedem Glied[100]».

Sie durchdringt den ganzen Menschen von oben bis unten. Wenn man die Seele nach ihrer Einfalt und Lauterkeit benennen will, findet man keinen Namen für sie. Frühere Meister haben sie «ein Feuer wegen ihrer Kraft und ihres Glanzes» oder «ein Fünklein himmlischer Natur» genannt[101]. Eckhart hat sich widersprüchlich über sie geäußert: «Je mehr sich die Seele gesammelt hat, um so enger ist sie, und je enger sie ist, um so weiter ist sie[102].» Das klingt nicht nur paradox, es ist es auch tatsächlich, und gerade darum entspricht es der Wahrheit. Eine ernsthafte Konzentration auf die Seele schränkt zunächst die Blickrichtung ein, aber durch die Fixierung auf diesen einen Punkt öffnet sich der weiteste Horizont. Eckhart schlug hierin beinahe übermütige Töne an: «Wisset, meine Seele ist so jung, wie da sie geschaffen ward, ja, noch viel jünger! Und wisset, es sollte mich nicht wundern, wenn sie morgen noch jünger wäre als heute![103]» Nach ihm altern die Kräfte der Seele, im Unterschied zu jenen des Leibes, nicht. Die Seele befindet sich in Unruhe, solange sie nicht das eine gefunden hat, für das sie bestimmt ist. Sie hat zwei Antlitze, das eine ist der Welt zugekehrt, und das andere ist Gott zugewendet. Dieser Janusköpfigkeit entspringt ihre oft quälende Zwiespältigkeit, an der wir alle leiden.

Wenn die Seele das göttliche Licht empfangen will, muß sie alle Kreaturen «überhüpfen und überspringen[104]». Dann wird – man kann darüber kaum richtig sprechen – «der Seele ein Kuß von der Gottheit» zuteil[105]. Dies geschieht «im Innersten der Seele, und zwar so verborgen, daß weder ein Engel noch ein Heiliger darum weiß, und auch die Seele selbst kann nichts weiter dazu tun, als es zu erleiden[106]». Man spürt aus diesen Worten, wie verhalten und wie keusch Eckhart vom letzten Mysterium der Einigung redet: «Denn die Seele ist viel näher mit Gott vereint als Leib und Seele, die *einen* Menschen ausmachen[107].» Damit spricht Eckhart mehr als nur einer Kultur der Seele das Wort, obschon auch dies eine bedeutsame Angelegenheit ist: Hier ist wirklich die tiefste Bestimmung der Seele erreicht, hier glüht und glänzt, leuchtet und brennt sie ohne Unterlaß Gott entgegen.

Weil der Mensch eine derart wertvolle Seele besitzt, schrieb Eckhart «vom edlen Menschen». Natürlich weiß der Meister, daß es zweierlei Menschen im Menschen gibt, wie er sich ausdrückt: «einen äußeren und einen inneren Menschen[108]». Als Mystiker beschäftigte er sich fast ausschließlich mit dem inneren Menschen, der sich seiner Seele bewußt geworden ist. Die Edelheit des Menschen ist einmal in seiner Gottebenbildlichkeit begründet. Darüber hat Eckhart eingehend und eindringlich gesprochen: «Als Gott den Menschen machte, da wirkte er in der Seele sein ihm gleiches Werk, sein wirkendes Werk und sein immerwährendes Werk[109].» Das ist der eine Grund für die Edelheit des Menschen, und der zweite lautet: «Gott ist Mensch geworden, dadurch ist erhöht und geadelt das ganze Menschengeschlecht[110].» Dies gilt von Mann und Frau in gleicher Weise. Eckhart betont dabei ausdrücklich, daß die Frau «weder unter noch über dem Manne wäre, sondern daß sie ihm gleich wäre[111]». Dieses Begreifen wird allein dem wahren Geschlechterverständnis gerecht. Sowohl das Patriarchat als das Matriarchat sind einseitige Mißformen. Statt vom edlen Menschen zu reden, gebrauchte Eckhart auch den Terminus «der gerechte Mensch» und sagte von ihm: «Der gerechte Mensch ist eins mit Gott. Gleichheit wird geliebt. Die Liebe liebt stets Gleiches; darum liebt Gott den gerechten Menschen als sich selbst gleich[112].»

Eckhart hegte keine illusionären Vorstellungen über den Menschen. Er wußte so gut wie wir, daß der Mensch, auch der edle Mensch, sündigt und daß das Wesen der Sünde in der Trennung von Gott besteht. Eckhart aber gehörte nicht zu den rabiaten Sündenpredigern, deren es in der Christenheit viele gab, die den Menschen ein verdorbenes Sündenaas schalten, so daß den Zuhörern angst und bange wurde. Er dagegen sagte: «Wahrlich, Sünde getan haben ist nicht Sünde, wenn sie uns leid ist[113].» Er wagte sogar die Formulierung: «Darum, da Gott in gewisser Weise will, daß ich auch Sünde getan habe, so wollte ich nicht, daß ich sie nicht getan hätte, denn so geschieht Gottes Wille auf Erden[114].» Derart kühne Aussagen erregten das Mißfallen vieler Theologen, die in ihrer Ängstlichkeit falsche Folgerungen befürchteten, während doch Eckhart skrupulöse Gemüter damit beruhigen wollte. Für ihn war es ausgemacht, daß die Sünde niemals den Adel des Menschen völlig auszulöschen vermöge.

Leider ist Eckharts Überzeugung vom edlen Menschen in der Christenheit nicht durchgedrungen, obschon Jesus im Johannes-Evangelium das Psalmwort zitiert: «Ihr seid Götter[115].» Man schrieb seit Augustin der Erbsünde eine solche Kraft zu, daß es schien, der Mensch sei eine mißlungene Schöpfung Gottes. Wenn auch der Erbsündenlehre eine tiefe Wahrheit innewohnt, geht es doch nicht an zu glauben, der Mensch sei zu nichts Gutem mehr fähig. Es gab diesbezüglich in der Christenheit immer wieder eine unterirdische Gegenströmung, angefangen bei Jakob Böhme bis zu Christoph Blumhardt, der zu betonen pflegte: «Ihr Menschen seid Gottes.» Als Zeugnis dieses neuen Denkens sei hier vor allem Leopold Zieglers Werk «Menschwerdung» respektvoll erwähnt.

Die Geringschätzung des Menschen hat in der Gegenwart geradezu unheimliche und bedrohliche Formen angenommen. Zwar wurde noch nie so viel von unabdingbaren Menschenrechten geredet wie heutzutage, und dabei wird das Menschenleben für nichts geachtet. Diktatoren glauben eine verbrecherische Schreckensherrschaft ausüben zu dürfen, Terroristen schießen wahllos auf Schuldige und Unschuldige – tatsächlich ist jede Ehrfurcht vor dem menschlichen Antlitz verlorengegangen. Noch ist kein Ende dieses nihilistischen Abstieges abzusehen. Daher ist es um so nötiger, Eckharts Lied vom edlen Menschen anzustimmen.

Es ist naheliegend und doch nicht ganz richtig, in Meister Eckhart einen Vertreter des christlichen Humanismus zu sehen. Gewiß ist der christliche Humanismus – wohl zu unterscheiden vom säkularisierten Humanismus – eine gute Sache, die immer mit dem besten Gewissen vertretbar ist. Aber es ist ein Begriff aus einer späteren Zeit, die man damit in Eckhart hineinträgt, was man nicht tun sollte. Immerwährend müßte man vom Adel des Menschen reden, ein Wort, das Eckhart noch und noch gebrauchte. Dank diesem Adel ist der Mensch imstande, mit Gott in eine nahe Verbindung zu treten. Die Edelheit entspricht der geistigen Beschaffenheit der Seele. Mag es auch heutzutage unzeitgemäß sein, wir reden allem Ungemach zum Trotz vom Adel des Menschen und glauben damit ein hohes Ziel aufzurichten, das inmitten des chaotischen Wirrwarrs der Gegenwart nötiger ist als je.

## *Abenderkenntnis und Morgenerkenntnis*

Eckhart war eine denkerische Persönlichkeit, das beweist schon sein Eingehen auf die Scholastik. Denken war für ihn auch ein Gottesdienst. Es hat auch sichtlich zum Selbstbewußtsein Eckharts beigetragen. Stolz sagte er: «Und alle, die dem widersprechen ... beachte ich keinen Deut; denn was ich gesagt habe, das ist wahr, und die Wahrheit sagt es selbst[116].» Dies darf nicht als Rechthaberei verstanden werden, ist es doch aus einer inneren Sicherheit heraus gesprochen, die er sich errungen hatte. Eckhart ist weder hochmütig noch ein hochfahrender Geist, hatte er doch mehr als eine Probe echter Demut abgelegt. Die nachfolgende Geschichte zeugt davon.

«Es geschah zu Meister Eckharts Zeiten, daß ein großer Pfaffe ... zu Meister Eckhart sprach: ‹Lieber Meister und Vater, wollt Ihr mirs nicht übelnehmen, so möchte ich gern aus göttlicher Minne etwas mit Euch reden.› Der erwiderte gar freundlich: ‹Lieber Herr, Ihr könnt fröhlich reden, was Ihr wollt.› Da hub der Pfaffe an und sprach: ‹So wißt, daß ich viele von Eueren Predigten gehört habe; und ich habe sie auch gerne – und ungerne gehört ... Nun denn, lieber Meister Eckhart, Ihr redet öffentlich in Eueren Predigten von gar großen, überschwenglichen Dingen, das gar wenig Leute verstehen und nützen können und das auch gar wenig Früchte bringt. Nun denn, Meister Eckhart, Ihr seid jetzt ein großer Pfaffe, ein Meister der Schrift; aber als Ihr zum ersten Male auf die

Schulbank gesetzt wurdet, da mußtet Ihr mit dem a anfangen; wenn man Euch da ein großes Buch vorgesetzt hätte und Euch darin hätte lesen geheißen, das wäre gar unnütz gewesen.›... Als er diese Rede beendet hatte, sprach der gute Pfaffe: ‹Lieber Meister Eckhart, habe ich Euch zuviel geredet und es zu lang gemacht, so vergebt mir. Denn es ist nun Zeit, daß ich heimgehe.› Da umfing Meister Eckhart den guten Pfaffen, gab ihm den Friedenskuß und sprach: ‹Lieber Herr, wißt, daß ich in vielen Jahren keine Rede so gerne hörte wie diese, die ich da eben auf einmal von Euch hören mußte – sei Gott Euer ewiger Lohn.›[117]» Dies ist eine der wenigen Legenden, die über Meister Eckhart existieren. Sie trägt den Stempel der Wahrheit – wahrscheinlich wäre sie nicht überliefert worden, hätte er in herablassendem Ton mit dem Pfaffen gesprochen. So aber enthüllt sie Eckharts wahres Antlitz.

Was das Denken betrifft, hat sich Eckhart nie zu einer Schmähung der Vernunft hinreißen lassen. Er war überzeugt, daß der Mensch zum Denken erschaffen worden sei und gerade darin seine Würde bestehe. Mehrfach forderte er seine Zuhörer auf, die «Vernunft bewußt zu gebrauchen[118]». Sie verschafft Erkenntnis und ist «eine Fürstin und sucht Herrschaft im Höchsten und Lautersten[119]». Für Eckhart ist Erkennen höher als Leben und Sein, weil im Erkennen zugleich Leben und Sein enthalten sind. «Erkenntnis ist eine Grundfeste und ein Fundament alles Seins[120].» Er wagte zu sagen: «Vernunft ist der Tempel Gottes. Nirgends wohnt Gott eigentlicher als in seinem Tempel, in der Vernunft[121]» und betrachtete es geradezu als ein Wunder, «daß Gott Vernunft in die Seele gegossen hat[122]». Für Eckhart gab es ohne Denken keine Wahrheit, und er schreckte auch nicht vor den unerhörten Worten zurück: «Vernunft blickt hinein und durchbricht alle Winkel der Gottheit[123].» Vernunft ist für ihn «das oberste Teil der Seele[124]». Trotz dieser Hochschätzung der Vernunft huldigte er nicht dem «Gott der Philosophen», wie sich später Pascal ausdrückte.

Eckhart war sogar leidenschaftlich der Spekulation zugetan. Sie ist von seiner Person nicht abzulösen. Man pflegte seine

Predigten oft spekulative Mystik zu nennen. Dies dürfte ihnen zwar nicht gerecht werden, doch bergen sie nicht selten ein spekulatives Element in sich und lassen den kühnen Geist Eckharts deutlich werden. Dabei gilt es zu bedenken, daß Eckhart im Zeitalter der Hochgotik lebte und folglich ein gotischer Mensch war, der mit klimmendem Geist hinaufstrebte. Nicht Hybris, sondern brennende Sehnsucht nach oben ist die treibende Kraft in seinem Denken. Seine Spekulation ist das gedankliche Spiegelbild eines gotischen Domes. Natürlich schließt die Spekulation die Gefahr in sich, daß sich der Geist im Gedanklichen verliert und ihm die Verbindung mit der Wirklichkeit entschwindet, was das Verhängnis des deutschen Idealismus war. Andererseits geht es nicht an, die Spekulation strikte abzulehnen, denn sie zeugt auf alle Fälle von der Phantasie, über die ein Mensch verfügt. Sie befähigt ihn, Hypothesen und Modelle zu entwerfen, die je nach ihrer Brauchbarkeit zu bewerten sind. Selbstverständlich versteht Eckhart die Spekulation als ein Spiel des Geistes; so wie es in den Psalmen einmal heißt, Gott habe den Leviathan erschaffen, um mit ihm zu spielen[125]. Auch der Mensch darf sich zuweilen ein gedankliches Spiel leisten, sofern er nicht vergißt, daß es ein Spiel ist. Die Spekulation blieb bei Eckhart innerhalb der erlaubten Grenzen, jedenfalls überschätzte er sie nicht. Seine kirchlichen Gegner hegten darob einen fatalen Argwohn, ja Neid gegen ihn und fügten ihm dadurch Schaden zu. Eckhart bewegte sich mit seiner Spekulation nie auf den bekannten, ausgefahrenen Geleisen, sondern war durch und durch originell. Man denke nur an seine Unterscheidung von Gott und Gottheit. Eckhart hatte einen aufsteigenden Geist, «der gibt sich noch nicht zufrieden mit jenem Lichte, er dringt immerfort weiter durch das Firmament, er bricht durch den Himmel, bis daß er kommt zu dem Geiste, der den Himmel umtreibt; und von dem Umlaufe des Himmels grünt und laubt alles, was auf Erden ist[126]». Gelegentlich äußerte Eckhart gewagte Sätze, so wenn er sagte: «Die Seele vermag die göttlichen Personen zu gebären, wenn Gott in sie hineinlacht und sie wiederum in ihn lacht[127]!» Nicht alle Zuhörer brachten den tiefen Humor auf, das Wort vom lachenden Gott zu verstehen, obwohl es auch im zweiten Psalm erwähnt ist[128]. Er achtete aber auch darauf, sich nicht in allzu abstrakte Gedankengänge zu versteigen, deren Kompliziertheit niemand mehr versteht. Wer Eckhart liebt, der liebt auch seine spekulativen Gedanken, weil sie das ungewöhnliche Bild seiner Persönlichkeit noch um eine wesentliche Nuance bereichern. Völlig neu waren seine Spekulationen nicht, frühere Christen, wie Origenes, haben auch mystische Höhenflüge unternommen; für seine Zeit aber und in seinen Formulierungen waren sie neu und unerhört.

Im Grunde hat Eckhart, wie alle Mystiker, nicht vielerlei, sondern immer nur eines gesagt. Dieses eine ist etwas ungemein Einfaches, wie das Evangelium auch eine unverkennbare Einfalt in sich birgt, die superkluge Geister gar nicht zu würdigen verstehen. Hinter den hochgestochenen Begriffsbildungen versteckt sich oft nur eine uneingestandene Unklarheit.

Mochte Eckhart noch so überzeugende Worte über die Vernunft äußern, so war er doch niemals ein Rationalist. Der Verstand war für ihn nicht die letzte Instanz. Er kannte keine autonome Vernunft. Auch huldigte er nie einem Intellektualismus, der sich gerne in die Theologie einzuschleichen versucht. «Über dieser Vernunft aber, die noch sucht, ist noch eine andere Vernunft, die da nicht mehr sucht, die da in ihrem lautern, einfältigen Sein steht, das in jenem Lichte umfangen ist[129].» Eckharts Vernunft weiß, daß sie nicht alles zu ergründen vermag und daß es immer noch etwas ihr Übergeordnetes gibt. Sie ist in ein Gottesdenken eingebettet. Darum kennt Eckhart auch stets ein Etwas, das über allen Verstand hinausgeht. Der Meister bemerkte einmal: «Wo der Verstand und das Begehren enden, da ist es finster, da aber leuchtet Gott[130].» Man darf sich in den metaphysischen Fragen nicht in phantasievollen Beschreibungen ergehen, sondern hat vor dem Unerklärlichen ehrfürchtig stillezustehen. Der Thüringer war kein Systemdenker, er war ein Mystiker, bei dem Gedanke und Gefühl eins waren.

Da Eckhart um Größe und Grenzen der Vernunft Bescheid wußte, kannte er auch die Probleme, die auf denkerischem Wege nicht zu lösen sind. Dahin gehört die bekannte Warum-Frage. Die Menschen erleiden immer wieder Schicksalsschläge, begreifen sie nicht und hören nicht auf, nach dem Warum zu fragen. Bis an das Ende der Zeit schreit aus zahllosen Kehlen diese Warum-Frage. Sie darf nicht leichthin abgetan werden, denn sie schließt die Sinnfrage in sich: Haben das menschliche Leben, das Geschehen in der Natur, die Ereignisse des Geschichtsablaufes, das Leiden der Kinder einen verborgenen Sinn, oder ist dies alles ein undurchschaubarer Unsinn, der sich gar nicht lohnt? Die Sinnfrage quält heute mehr Menschen, als man annimmt, und treibt sie oft in den Nihilismus oder gar in die Verzweiflung hinein. Die Warum-Frage wird schon im Buch Hiob aufgeworfen, und Iwan Karamasow stellt sie in nicht mehr zu überbietender Härte. Viele Menschen reiben sich wund an dieser Frage und verlieren darob den Glauben. Es lohnt sich, darauf zu achten, was Eckhart zu diesem Problem zu sagen hat, kennt er doch die bange Warum-Frage nur zu gut und geht auch mehrfach auf sie ein.

Nach ihm bewirkt Gott alle Dinge um seiner selbst willen, und deswegen schaut er «auf kein Warum außerhalb seiner selbst als vielmehr nur auf das Um-seiner-selbst-willen[131]». Eckhart führt ganz deutlich aus: «Wer das Leben fragte tausend Jahre lang: ‹Warum lebst du?› – könnte es antworten, es spräche nichts anderes als: ‹Ich lebe darum, daß ich lebe!›[132]» Er schließt seine Predigt mit den Worten: «Daß wir Gott ohne Warum lieben, dazu helfe uns Gott[133].» Wie Gott kein Warum kennt und ohne Warum wirkt, so lebt nach Eckhart auch der Gerechte ohne die quälende Warum-Frage[134]. Wahrhaftig, jenseits des unlösbaren Warum beginnt für den Christen die göttliche Freiheit, die ihn die Seligkeit schon auf dieser Erde ahnen läßt.

Was will Eckhart mit dieser Antwort sagen? Etwas sehr Einfaches. Auch wenn sich die Warum-Frage immer wieder den Menschen in den Weg stellt, so ist diese Frage doch falsch formuliert. Sie kann vom menschlichen Standpunkt aus nicht beantwortet werden, weil uns der tiefere Einblick in das persönliche Schicksal und noch mehr in das Weltgeschehen nicht nur fehlt, sondern unsern Horizont bei weitem übersteigen würde. Die Ablehnung der Warum-Frage als einer unbeantwortbaren Frage ist keine Ausflucht, sondern die einzig mögliche Antwort. Angelus Silesius dichtete ganz im Geiste Eckharts:

> «Die Ros' ist ohn warum; sie blühet, weil sie blühet,
> Sie acht nicht ihrer selbst, fragt nicht, ob man sie siehet[135].»

Für seinen Denkprozeß hat Eckhart eine überaus ansprechende Formulierung gefunden, indem er von einer Abenderkenntnis und einer Morgenerkenntnis sprach. Er kommt in seinen Predigten mehrfach auf diese Unterscheidung zurück. Die Rede von der Abend- und Morgenerkenntnis zeigt, daß bei ihm noch keine Verwissenschaftlichung des Geistes vorliegt. Diese hat viel Unheil angerichtet, denn die Verschiedenheit der beiden Erkenntnisweisen ist eine weltanschauliche und keine wissenschaftliche Angelegenheit. Eckhart kannte den Wissenschaftsbetrieb aus seinem zweimaligen Aufenthalt in Paris. Er hat dort seinen Mann gestellt und hat in keiner Weise versagt. Trotzdem hat er sich bei aller Vertrautheit mit dem scholastischen Problem doch nie von der Scholastik vereinnahmen lassen. Sie war ihm nicht oberstes Ziel, und gerade seine überlegene Einstellung zu ihr könnte auch für die Gegenwart eine Anweisung sein, die Wissenschaft weder zu vergötzen noch zu verachten, sondern sie als eine Wahrheitssuche zu verstehen und sie in das göttliche Spiel einzubeziehen. Denn ein schönes Spiel ist das Aufstellen von Thesen und Antithesen, von Modellen und Hypothesen, sofern es nicht mit Rechthaberei und Fanatismus verbunden wird.

Die unwissenschaftliche Unterscheidung von Abend- und Morgenerkenntnis oder, wie Eckhart sich auch einmal ausdrückt, von Abendlicht und Morgenlicht ist eine grandiose Schau, um das allzuviel gebrauchte Wort ausnahmsweise zu verwenden. Seine überaus erhellende Einsicht umschreibt er wie folgt: «Wenn man die Kreatur in ihrem eigenen Wesen erkennt, so heißt das eine ‹Abenderkenntnis›, und da sieht man die Kreaturen in Bildern mannigfaltiger Unterschiedenheit; wenn man aber die Kreaturen in Gott erkennt, so heißt und ist das eine ‹Morgenerkenntnis›, und auf diese Weise schaut man die Kreaturen ohne alle Unterschiede und aller Bilder entbildet und aller Gleichheit entkleidet in dem Einen, das Gott selbst ist[136].» Eigentlich ist dies eine Erkenntnis der Engel, aber Eckhart sprach sie kühn auch dem Menschen zu.

Die Abenderkenntnis ist gewöhnlich dem Menschen gegeben; sie sieht alle Dinge in einem natürlichen Licht. Hierin darf er sich tummeln, soviel er will, Eckhart verbietet ihm da nichts. Zur Abenderkenntnis rechnete er auch alle philosophischen und theologischen Bemühungen, die dem denkenden Menschen ein starkes Bedürfnis sind. Die Unterscheidung von Theologie und Mystik beruht in der Sache und ist nicht in einer subjektiven Willkür begründet. Man denke nur an Thomas von Aquin, dem etwa ein halbes Jahr vor seinem Tode eine Vision zuteil wurde, nach der er sagte: «Es ist alles Stroh, was ich geschrieben habe, gegenüber dem, was ich in der Verzückung geschaut habe.» Es ist auch keineswegs falsch, was der Verstand erkennt, aber es genügte dem Thüringer nicht. Mit dem Abend ist die Dämmerung verbunden, und sie hüllt die Dinge in einen größer werdenden Schatten, bis sie zuletzt im Dunkel verschwinden. Daran müßte man bei allen Aussagen denken, die man über die Kreatur macht. Wir nehmen die Dinge wahr, aber wir sehen sie nicht scharf, und infolgedessen bleiben sie in einem Zwielicht. Der Mensch der Abenderkenntnis ist ein dem Irrtum unterworfenes Wesen, wandert im finsteren Tal und gelangt nie über den inneren Widerspruch hinaus. Über allem ist ein Schleier ausgebreitet, und der Mensch vermag höchstens unbestimmt zu ahnen, was hinter all dem steht.

Ganz anders verhält es sich mit der Morgenerkenntnis, die Eckhart bewußt der Abenderkenntnis gegenüberstellt. Der heraufsteigende Morgen ist immer ein besonderes Erlebnis, das Dunkel der Nacht beginnt sich zu verflüchtigen, und langsam breitet sich ein helles Licht aus. Man schaut deswegen in der

Morgenerkenntnis die Dinge ohne alle Bilder, gleichsam so, wie Gott sie erschaffen hat. Das ist weder leicht, noch versteht es sich von selbst. Der Mensch muß sich bemühen, «alle Dinge hinauf in Gott zu tragen[137]», und dann erst wird ihm die Morgenerkenntnis geschenkt. Sie wirkt sich wie eine Offenbarung aus und ist durchaus eine Gnadengabe. Eckharts ganzes Denken war ein einziges großes Bemühen, von der Abenderkenntnis zur lichtvollen Morgenerkenntnis zu gelangen.

Dieses Streben beinhaltet seine Mystik, die sich auf eine unmittelbare Gotteserfahrung gründet. Eckhart besaß den Blick in die Tiefe, das Erleben der Innerlichkeit und das Licht der Seele. Dies alles begann ganz sachte bei ihm, war zuerst nur ein leises Raunen, das sich steigerte, bis es zu einem wahren Durchbruch kam, der unzählige Menschen mitriß.

Zunächst war die Mystik auf die damals ausgedehnte Klosterwelt beschränkt, überschritt aber bald deren Schwellen und ergriff auch zahlreiche Laien, die man im Elsaß Gottesfreunde nannte. Auch Bruder Klaus ist in diesen mystischen Aufbruch einzuordnen. Die von einem kleinen Bächlein zu einem Strom anschwellende deutsche Mystik ist eine der erfreulichsten Erscheinungen in der Kirchengeschichte, weil sie ganz auf das Wesentliche ausgerichtet und frei von unlauteren Nebenabsichten war. Wenn man sich nicht bloß apologetisch mit der oft schmerzlichen Kirchengeschichte beschäftigen will, dann muß man auf ihren mystischen Strom achten, der allein in das göttliche Meer fließt. Trotz der Freude über die heraufsteigende Morgenerkenntnis darf man freilich nicht übersehen, daß die deutsche Mystik ihr Ziel nicht erreicht hat. Bestimmt fehlte es ihren Trägern nicht an gutem Willen, formulierten sie doch ihr großes Erleben überaus eindrücklich. Ihre Zeugnisse sind wunderbar zu lesen und erfüllen noch heute das Herz mit einer Seligkeit ohnegleichen. Auch gab es noch einen wundervollen Nachklang in den Niederlanden: Jan van Ruysbroek und seine bedeutsame Ausstrahlung. Nur zu bald aber nahm die Abenderkenntnis wieder überhand. Eine verpaßte Gelegenheit, ist man versucht zu sagen, oder: die Zeit war nicht reif für diese innige Gottesbeziehung. Das sind wohl künstliche Deutungen, die das Unerklärliche irgendwie plausibel machen wollen. In Wirklichkeit ist der tragische Abschluß der deutschen Mystik eines der vielen historischen Rätsel, denen man mit der Vernunft nicht beikommt. Man denkt dabei unwillkürlich an das Jesaja-Wort: «Fürwahr, du bist ein verborgener Gott... der du schaffst das Licht und auch bildest die Finsternis[138].»

Daran aber darf nicht gerüttelt werden: Der Weg geht von der Abenderkenntnis zur Morgenerkenntnis. Man kann ihn gar nicht beständig in der gleichen Weise begehen, doch lautet die Devise: Immer weiter, denn an Gott soll es dem Menschen nie genug sein. Um ihr zu entsprechen, muß man aus dem Wissen in ein Unwissen gelangen, was einem rein mystischen Akt entspricht. Eckhart bewahrt noch in allem die dem Mittelalter eigene große Form. Die Mystik ist, allem Zeitenwandel zum Trotz, etwas Göttliches, das immer wieder an die Türe der Menschen klopft.

## *Vom Gang in die Abgeschiedenheit*

Wer hätte sich nach einer schweren Lebensenttäuschung oder einer aufreibenden Arbeit nicht schon sehnlichst gewünscht, einmal ganz allein zu sein, fern von allem Getriebe, um sich auszuruhen und alles Unangenehme zu vergessen? Ein begreiflicher Wunsch, und doch hat er nichts zu tun mit der Abgeschiedenheit und der Lauterkeit, von der Eckhart sprach.

Er gestand: «Wenn ich predige, pflege ich zu sprechen von Abgeschiedenheit und daß der Mensch ledig werden sollte seiner selbst und aller Dinge[139].» Tatsächlich gebrauchte der Thüringer das Wort «Abgeschiedenheit» oft und meinte damit ein von der Mystik nicht abzulösendes Ereignis.

Was stellte er sich darunter vor? Auf jeden Fall dachte er dabei nicht an eine Einsiedelei, wie sie in der Christenheit immer wieder errichtet wurden. Eckhart gehörte dem Dominikanerorden an und lebte in einer klösterlichen Gemeinschaft, die kein streng abgeschlossenes Dasein führte. Die Bettelmönche bauten ihre Niederlassungen in den Städten, um Kontakt zu haben mit den Menschen. Deswegen dachte Eckhart bei seiner Predigt über die Abgeschiedenheit nicht an ein äußeres Fernsein, das etwa im Eintritt in ein geschlossenes Kloster bestünde. Wie viele Menschen haben sich schon in die klösterliche Einsamkeit begeben und trotzdem in ihrer Phantasie alle Bilder der Welt mit sich genommen, von der sie doch geflohen waren.

Die Abgeschiedenheit war für Eckhart aber auch kein bloß gedanklicher Akt. Für ihn handelte es sich durchaus um einen Gang in die Abgeschiedenheit, und zwar mit all den seelischen Schwierigkeiten, die damit verbunden sind. Dieser innere Weg setzt einen Entschluß voraus, der einen Anfang und eine Fortsetzung kennt und vom Menschen die denkbar größte Leistung fordert. Die Entscheidung für die innere Abgeschiedenheit vollzieht sich inmitten der Welt. Der Mensch muß die äußeren Dinge wegschieben, das lockende Begehren in seiner Falschheit bis auf den Grund durchschaut haben, um von ihnen freizuwerden. Die großen Entscheidungen fallen im Innern und nicht in einer Veränderung der äußeren Situation. Eckhart war stets das Innere wichtig. Er zählt zu den großen Vertretern der christlichen Innerlichkeit. Die äußeren Religionsübungen dürfen nicht nur mechanisch vollzogen, sondern müssen auch von einer starken inneren Anteilnahme begleitet werden. Eckhart war einer der ersten, der die Losung «nach innen» ausgegeben hat, eine Parole, die auch Hammarskjöld, ein eifriger Leser Eckharts, unterstrich: «Die längste Reise ist die Reise nach innen[140].» Das innere Reich war Eckharts Domäne, und hierin ist ihm die ganze mystische Bewegung bis auf den heutigen Tag gefolgt. Es liegt ganz und gar drinnen, nicht draußen, sondern durchaus im Innern. Von jemandem zu sagen, er sei ein innerlicher Mensch, ist ein hohes Lob. Das Drinnen und das Draußen spielt bei Eckhart eine bedeutende Rolle, doch meinte er nicht eine sich selbst verzehrende Innerlichkeit, sondern «daß man die Innerlichkeit ausbrechen lasse in die Wirksamkeit und die Wirksamkeit hineinleite in die Innerlichkeit[141]». Er fand es «ein wunderlich Ding, daß etwas ausfließt und doch drinnen bleibt[142]», womit er wiederum die Einheit von innen und außen gemeint hat.

Eckhart wollte die Zuhörer und Leser seiner Predigten in die innere Abgeschiedenheit führen, damit sie zunächst einmal das Schweigen lernten. Dabei bewertete der Meister das Schweigen nicht als einen asketischen Verzicht. Es gehört vielmehr in eine eigene Kategorie: die Hinkehr zu Gott. Das Schweigen will immerfort innerlich geübt werden. Das Schönste, was der Christ lernen kann, ist, nach Eckhart, aus der Weisheit des inneren Reichtums zu schweigen. Beinahe schroff fährt er fort: «Schweig daher und kläffe nicht über Gott, denn damit, daß du über ihn kläffst, lügst du, tust du Sünde[143].» Nur wenn Schweigen und Stille herrscht, kann Gott zu den Menschen reden. «Mitten im Schweigen ward das heimliche Wort zu mir gesprochen[144]», gestand er leise. Solang der Mensch redet, schweigt Jesus; wenn der Mensch aber in das Schweigen eingegangen ist, beginnt Christus in ihm zu reden. Das Schweigen verlangt nach einer Versenkung, die nicht leicht zu erreichen ist, weil der Mensch von Natur aus zur Ablenkung und Zerstreuung neigt. Eine willentliche Konzentration auf das eine, was not tut, ist durchaus erforderlich. «Wo dieses Wort gehört werden soll, muß es in einer Stille und in einem Schweigen geschehen. Man kann diesem Worte mit nichts dienlicher sein als mit Stille und Schweigen; da kann man's hören und versteht man's recht: in jenem Unwissen. Wo man nichts weiß, da weist und offenbart es sich[145].» Nach Eckhart wird das wahre Wort der Ewigkeit nur in der Einsamkeit gesprochen: «Wisse fürwahr: Ganz still zu stehen und so lange wie möglich, das ist dein Allerbestes[146].»

Aber es ist nicht nur das Schweigen, das der Mensch in seiner inneren Abgeschiedenheit lernen soll, sondern noch ein zweites: seine Ledigkeit. Eckhart pries das ledige Gemüt und sprach immer wieder davon: «Je lediger dies ist, um so kräftiger, würdiger, nützer, löblicher und vollkommener ist das Gebet und das Werk. Das ledige Gemüt vermag alle Dinge[147].» Der

Christ muß von den Dingen innerlich freiwerden, vor allem darf er sich von ihnen nicht beherrschen lassen und sich immer wieder nach ihnen sehnen. Eckhart verstand darunter nicht nur die äußeren, greifbaren Kreaturen, sondern er dachte auch hierin viel radikaler: «Du mußt dich selbst lassen, und zwar völlig lassen, dann hast du recht gelassen[148].» Von sich selbst muß der Mensch loskommen; er allein muß seine Ichbezogenheit überwinden, erst dann ist die wahre Ledigkeit erreicht. In diesem Moment hat er auch die mannigfachen Gefühlsschwankungen überwunden, und damit ist seine Seele zum Frieden und zur Ruhe gelangt.

Der heutige Mensch wird an dieser Stelle wahrscheinlich einwenden, dies sei ein negatives Ideal. Dieser Argwohn ist verständlich, sprach doch der Meister vom Nichts. Er sagte ganz deutlich, was der Gegenstand der lauteren Abgeschiedenheit sei: «Nicht dies oder das ist ihr Gegenstand; sie geht auf ein reines Nichts[149].» Mit diesem «Nichts» wollte Eckhart sagen, es gehe bis auf den untersten Grund, so daß zuletzt der Mensch ganz entleert sei. Er darf nicht ruhen, bis er bei diesem völligen Nichts angelangt ist.

Man mag sich fragen, ob hier nicht eine Verwandtschaft zwischen Meister Eckhart und dem indischen Denken vorliege. Mehrfach ist diese Nähe in der Sekundärliteratur über Eckhart erwähnt worden, am überzeugendsten wohl von Rudolf Otto in seinem Werk «West-Östliche Mystik». Aber gerade er gab seinem Buch den Untertitel «Vergleich und Unterscheidung». Das zweite Wort darf nicht übersehen werden. Es lassen sich Vergleiche zwischen Eckhart und der indischen Mystik ziehen – Eckhart selbst aber wußte davon nichts. Das Nichts, zu dem Eckhart hinstrebte, hat nur auf den ersten Blick eine gewisse Ähnlichkeit mit dem indischen Denken, das im übrigen durchaus Respekt verdient. Im entscheidenden Punkt aber unterscheidet es sich von ihm radikal. Das buddhistische Denken strebt dem Nichts entgegen, um zuletzt in das Nirwana einzugehen, und was man unter dieser Bezeichnung zu verstehen hat, ist für den europäischen Menschen schwer oder überhaupt nicht richtig zu formulieren, jedenfalls bleibt es für ihn eine Frage, auf die er die Antwort noch nicht gefunden hat.

Eckhart dagegen bewegte sich in seiner Aufforderung zur Abgeschiedenheit auch auf das Nichts zu. Sein Nichts aber bedeutet: Er will den Menschen völlig entleeren, damit er sich von Gott füllen lassen könne. Unmißverständlich schrieb der Meister: «Laß es dir gesagt sein: leer sein alles Erschaffenen, heißt Gottes voll sein[150].» Die Ledigkeit und das Nichts sind nicht Eckharts letzte Stationen, sie sind nur die nicht zu umgehende Voraussetzung zum Erlebnis der Fülle Gottes. Gott kann sich nur in einen leeren Menschen ergießen; Eckharts Ideal ist jedoch keine Negation, sondern hat durchaus einen positiven Inhalt. Er ist kein weltverneinender Geist, denn er hat das Leben mit all seinen Möglichkeiten durchaus bejaht. «Ich lebe gern», rief er in seinen Predigten aus[151] und hegte den Wunsch, zu bleiben bis an den Jüngsten Tag!

In aller Abgeschiedenheit hat er das Diesseits und das Jenseits bejaht und ist für eine Verbindung beider Größen eingetreten. «Manche Leute meinen, hier in diesem Leben nur ein Wesen der Kreatur zu haben, dort aber in jenem Leben ein göttlich Wesen. Das kann aber nicht sein. Mit solcher Entgegensetzung sind viele betrogen. Ich habe wohl gesagt, daß ein Mensch Gott schon in diesem Leben in derselben Vollkommenheit schaut und in ganz derselben Weise selig ist, wie nach diesem Leben[152].»

## *Die Gottesgeburt in der Seele*

Eckhart behandelte viele Themen, die, näher besehen, stets Variationen sind. Im Grunde war ihm nur ein einziges Thema wichtig: Gott, nochmals Gott und zum dritten Male Gott. Schon bei den Tischgesprächen wünschte er oft, daß Gott den jungen Brüdern groß werde. Daß man Gott allein im Sinne haben muß, war für ihn kein philosophischer Gedanke, sondern eine religiöse Erfahrung.

Obschon er unablässig an dieses eine Thema dachte, darf man nicht annehmen, daß das Wort «Gott» ihm leicht über die Lippen floß, wie dies oft bei gewissen Kanzelrednern der Fall ist, die ihre Reden rhetorisch gekonnt über ihre Zuhörer rieseln lassen. Eckhart gestand einmal: «Ich erschrecke oft, wenn ich von Gott reden soll[153].» Das aufschlußreiche Geständnis zeigt deutlich sein ungeheuerliches Empfinden, das mit dem Wort «Gott» angedeutet wird. Offensichtlich hat er den Gottesschrekken real erlebt. Ohne ein inneres Beben sollte sich kein Prediger erkühnen, vom Göttlichen zu reden, zumal alle Gottreden stets nur ein unvollkommenes Stammeln vom Allerhöchsten sind. Sprach der zutiefst erschrockene Eckhart von Gott, dann redete er wirklich von Gott und nicht von einer bloßen Gottesidee. Wie kommt das kleine Menschlein überhaupt dazu, über das höchste Wesen zu reden? Sofern dies nicht mit Furcht und Zittern geschieht, ist es doch beinahe eine Anmaßung. Jedenfalls erschrak Eckhart jedesmal, wenn er von dem ihm groß gewordenen Gott reden mußte.

«Wisse, wenn immer du irgendwie das Deine suchst, so findest du Gott nimmer, weil du nicht Gott ausschließlich suchst[154].» Sucht man den Ewigen nicht allein, schiebt man ihn unmerklich beiseite: «Denn wahrlich, wenn einer wähnt, in Innerlichkeit, Andacht, süßer Verzücktheit und in besonderer Begnadung Gottes mehr zu bekommen als beim Herdfeuer oder im Stalle, so tust du nicht anders, als ob du Gott nähmest, wändest ihm einen Mantel um das Haupt und schöbest ihn unter eine Bank[155].» Gott ist ein Gott der Gegenwart und fragt nicht, was ein Mensch früher gewesen ist, sondern was einer jetzt ist. Eckhart ist Gott in der Wirklichkeit begegnet, und gerade dieser Realismus gibt seiner Gottesbeziehung das entscheidende Gepräge. Gott ist bei ihm weder Begriff noch Wunschbild, sondern immer Kraft, Dynamik, Unfaßbarkeit, kurz das, dem man nie mit menschlichen Worten genügen kann.

Eckhart sprach einmal davon, der Mensch müsse eine steinerne Wüste durchschreiten, wenn er zu Gott kommen wolle.

Er gebrauchte mehrfach das Wort «Wüste», womit er die Entfremdung von aller Kreatur andeutete, also eine völlige Leere. Der Begriff «Wüste» verwehrt es, Eckharts Verkündigung harmlos zu deuten, vielmehr erfordert sie den letzten Einsatz. Bei dieser Gelegenheit sei an das moderne Zeugnis Erhart Kästners erinnert: «Jedermann braucht etwas Wüste[156].» Viele Zuhörer Eckharts haben es in seiner grandiosen Steinwüste nicht ausgehalten und haben ihn deswegen der Häresie verdächtigt. Zu Unrecht. Der Thüringer sagte doch unmißverständlich: «Gott ist zwar in allen Kreaturen, sofern sie Sein haben, und ist doch darüber[157].» Diese Wahrheit gilt nicht nur von den Dingen, sondern auch von der Seele des Menschen: «Gott ist in der Seele mit seiner Natur, mit seinem Sein und mit seiner Gottheit, und doch ist er nicht die Seele[158].» Auf das Wort «darüber» ist zu achten, weil es der Größe Gottes einigermaßen gerecht wird.

Freilich erschwert Eckhart zuweilen das Verständnis seiner Predigt, so wenn er ausführt: «Wieder will ich sagen, was ich noch nie gesagt habe: Gott und Gottheit sind so weit voneinander verschieden wie Himmel und Erde[159].» Er selbst war sich bewußt, daß er damit Unerhörtes verkündete, und trotzdem kam er gelegentlich auf das Thema zurück: «Warum reden sie nicht von der Gottheit? Alles das, was in der Gottheit ist, das ist Eins, und davon kann man nicht reden[160].» Aber er versucht es gleichwohl: «Gott und Gottheit sind unterschieden durch Wirken und Nichtwirken[161].» Ich deute Eckhart dahin: Gott ist Person, und nur als Person ist er im Gebet ansprechbar. Person aber bedeutet Begrenzung, und deswegen redet der Meister von der Gottheit, die eine Überperson ist. Dies erscheint mir eine angebrachtere Interpretation, als Gott als den äußeren und die Gottheit als den inneren Kreis zu bezeichnen. Gott als Person und Überperson zugleich verstanden, ist eine Paradoxie, aber auf dieser höchsten Gratwanderung muß man sowohl in Widersprüchen als in Gleichnissen reden. Trotzdem, beides genügt nicht, wenn man vom übergöttlichen Gott reden will.

Im Grunde war Eckhart der Ansicht, daß der Mensch über Gott nichts aussagen kann. Der Ewige entzieht sich allen

Worten und Beschreibungen. Eckhart folgt hierin der verneinenden Theologie des erleuchteten Areopagiten: «Er ist der unergründliche Gott ohne Namen, denn alle die Namen, die ihm die Seele gibt, die entnimmt sie ihrem Erkennen. Gott ist überseiend und unbegreifbar und unerkennbar, soweit es sich um natürliches Erkennen handelt[162].» Der Mensch kann von Gott nur sagen, was er nicht ist; dagegen zu sagen, was er ist, entzieht sich seinem Verstand. «Gott aber ist über alle Namen, niemand kann so weit kommen, Gott aussprechen zu können[163].» «Er ist ein weiseloses Sein[164]», stammelte Eckhart. Das ist eine hohe, seltene Rede, aus der sein unendliches Ringen deutlich spürbar wird. Das einzige, was der Mensch erbitten kann, ist, Gottes Willen zu erfahren und die Kraft zu bekommen, sich ihm zu fügen, ob Gott nun Freude oder Leid über ihn beschlossen habe. So unermüdlich der Thüringer um Gott kreiste, von ihm beständig in Atem gehalten war, so ließ er sich doch nie dazu verführen, über Gott eine Summa oder eine Dogmatik zu schreiben, weil ihm schien, diese könnte den Anschein erwecken, er verfüge über Gott. Ebenso warnte er davor, mit Gott Geschäfte machen zu wollen; Kaufleute nannte er verächtlich diese Christen und verlor kein weiteres Wort über sie.

Wenn Eckhart aber auch genau wußte, daß man mit keiner Aussage Gott Genüge tun kann, rückte er doch Gott nie in eine unendliche Ferne. Gewiß ist der Allmächtige der Gott «in den Himmeln», er ist aber stets auch der unbegreiflich nahe Gott, was Eckhart schon seinen Novizen klarmachte. Er redete von beiden, vom fernen und vom nahen Gott und war vor allem vom gegenwärtigen Gott mitten ins Herz getroffen.

Weihnachten war für die Christen immer ein bedeutsames Fest. Im Matthäus-Evangelium und besonders im Lukas-Evangelium lesen wir die bilderreichen Berichte, die durch alle Zeiten hindurch ihre unverlierbare Wahrheit behalten haben. Im Prolog zum Johannes-Evangelium wird das Ereignis von der Geburt Christi religionsphilosophisch ausgedrückt: «Und das Wort ward Fleisch.» Die Menschwerdung Gottes ist das Ereignis, mit dem das christliche Leben auf Erden begann. Was vorher geschah, ist Vorbereitung dazu; an Weihnachten nahm Gott in Bethlehem Menschengestalt an.

Dessen war sich Eckhart natürlich ganz klar, und nie wäre es ihm eingefallen, das geschichtliche Ereignis ins Mythologische abzudrängen. Die Menschwerdung Gottes an Weihnachten bildet die Voraussetzung von Eckharts Denken. Dieses Fundament wankte bei ihm keinen Moment. Aber er begnügte sich nicht damit, das Ereignis von Bethlehem nur geschichtlich zu verstehen. «Die Leute wähnen, Gott sei nur dort Mensch geworden. Dem ist nicht so, denn Gott ist hier ebensowohl Mensch geworden wie dort, und er ist aus dem Grunde Mensch geworden, daß er dich als seinen eingeborenen Sohn gebäre und als nicht geringer[165].» Wenn das große Geschehen für den Menschen wirklich Bedeutung erlangen soll, dann muß es sich in seiner Seele wiederholen. Dies ist die Gottesgeburt in der Seele, die das Herzstück von Eckharts Verkündigung darstellt. Darüber hat er seit je schon indirekt geredet. Schrieb er über den göttlichen Trost oder sprach er über die Abgeschiedenheit, stets war ihm im letzten Grunde die Gottesgeburt in der Seele wichtig. Der Sohn Gottes muß im Menschen geboren werden, dann erst erlebt der Mensch die Fülle der Zeit richtig. «Gott gebiert seinen eingeborenen Sohn in dir, es sei dir lieb oder leid, ob du schläfst oder wachst; er tut das Seine[166].»

Wie geschieht das? Dies läßt sich nicht mit einem Wort sagen, weil der Vorgang verschiedene Aspekte bietet: Er ist gleichsam eine Offenbarung Gottes, die Eckhart nicht mit theologischer Gelehrsamkeit beantwortete, sondern der gegenüber er die einzig richtige Haltung des Gehorsams einnahm. Die Gottesgeburt in der Seele ist nicht das Resultat von Eckharts denkerischer Bemühung, sondern eindeutig eine Mitteilung Gottes, die immer nur den einzelnen Menschen angeht, dem sie geschenkt wird. Gott bewirkt sie, und sie ist die wahre Menschwerdung, denn sie allein vollendet die menschliche Bestimmung. Die Vergottung bedeutet ewiges Leben; Eckhart sprach zuweilen von einem blitzschnellen Vorgang.

Allein, die Gottesgeburt in der Seele ist kein bloßes Gefühlserlebnis. Gewiß ist das Gefühl daran beteiligt, aber sie erschöpft sich nicht im Gefühl. Sie geht weit darüber hinaus. Die Gottesgeburt in der Seele wird auch unio mystica genannt, aber mit Gott eins werden heißt nicht, mit ihm identisch sein. Es geht vielmehr um das Einswerden mit dem Willen Gottes. An dieser Stelle setzt das neue Eckhart-Verständnis ein. Die wahre unio mystica besteht darin, daß der Mensch seinen Willen in den Willen Gottes verloren hat. Der Wille Gottes und der Wille des Menschen sind eins geworden. Der Christ will nur noch, was Gott will.

Nach Kunisch geschieht das unsagbare Gewahrwerden des namenlosen Gottes in einem Vorgang, der sich, wie das Wesen der Beteiligten, jeder begrifflichen Festlegung und bildlichen Erfassung entzieht. Die Erfahrung der mystischen Unio geschieht in einem völligen Vergehen aller menschlichen Sinnes- und Vernunfttätigkeiten, in einem der Zeit und dem Ort entrückten Vorgang, der nicht mehr auf menschliche Weise erfaßt werden kann[167]. Diese Interpretation entspricht Eckharts Worten über die Gottesgeburt in der Seele: «Was ist das letzte Endziel? Es ist das verborgene Dunkel der ewigen Gottheit und ist unerkannt und ward nie erkannt und wird nie erkannt werden[168].» Eckhart führte darüber ferner aus: «Was vor tausend Jahren geschehen ist und nach tausend Jahren geschehen wird und jetzt geschieht, das ist eins in der Ewigkeit[169].» Denn Gott gebiert seinen Sohn jetzt und heute. Die Geburt Gottes in der Seele war für Eckhart das freudigste Ereignis, das es überhaupt geben kann, und ohne Freude vermag der Mensch gar nicht zu leben, wenn er nicht in Hoffnungslosigkeit versinken soll. Die Freude, dieses unsägliche Jubilieren, durchströmt die Seele. Zugleich ist sie das größte Geheimnis, das auch stets als ein unfaßliches Mysterium verehrt werden muß.

Daß die Gottesgeburt im Menschen geschieht, verdankt sie außer dem sie bewirkenden Gott einzig dem Seelenfünklein, dem Höchsten und Tiefsten in der Seele. «Es gibt eine Kraft in der Seele, die spaltet das Gröbste ab und wird mit Gott vereint:

das ist das Fünklein der Seele[170].» Dieses Fünklein befindet sich mehr in der Wahrheit als alles, was der Mensch lernen kann. Eckhart kommt immer wieder darauf zurück. Es ist das Etwas in der Seele, aus dem die Erkenntnis und auch die Liebe ausfließt und das weder Zeit noch Raum je berühren. «Dieser Funke widersagt allen Kreaturen und will nichts als Gott, unverhüllt, wie er in sich selbst ist[171].» In diesem obersten Teil des Gemütes blüht und grünt Gott.

Die Gottesgeburt in der Seele war scheinbar Eckharts neue Botschaft. Aber war sie wirklich so neu? In dieser Formulierung wahrscheinlich schon, aber dem Inhalt nach doch nicht. Was sagte denn Jesus zu Nikodemus? «Wenn jemand nicht von neuem geboren wird, kann er das Reich Gottes nicht sehen[172].» Auch Paulus schrieb: «Meine Kinder, um die ich abermals Geburtsschmerzen leide, bis Christus in euch Gestalt gewinnt[173].» Die Mystik hat das Geburtserleben bewußt aufgenommen. Sowohl Origenes als Gregor von Nyssa sind darauf zu sprechen gekommen[174]. Augustin schreibt: «Was hilft es mir, daß diese Geburt immerfort geschehe und doch nicht in mir geschieht? Daß sie aber in mir geschehe, daran ist alles gelegen[175].» Angelus Silesius schrieb später darüber ganz im Geiste Eckharts den bekannten Sinnspruch:

> «Wird Christus tausendmal zu Bethlehem geboren
> Und nicht in dir, du bleibst noch ewiglich verloren[176].»

Die Gottesgeburt in der Seele ist nicht der üblichen Bekehrung gleichzusetzen. Gewiß ist die Umkehr eines Menschen von Bedeutung, aber sie wirkt sich gerne verengend im Leben aus, indem sie ihn von der Welt abgrenzt. Die Gottesgeburt in der Seele kennt diese Ängstlichkeit nicht. Eckhart nennt sie auch einen Durchbruch: «Die Schale muß zerbrechen, und das, was darin ist, muß herauskommen[177].» Ohne Zerbrechen der Schale gelangt niemand zum Kern. Die Gottesgeburt in der Seele ist mit einer unbegreiflich großen Freude verbunden, so sehr, daß niemand erschöpfend davon zu künden vermag.

Hat Eckhart die Gottesgeburt in der Seele selbst auch erlebt?

Wie kann man auch nur so fragen! Mystik ist immer Erfahrung des Göttlichen, und ohne eigenes Erleben bleibt alles tot. Dabei war Eckhart selbst weder Visionär noch Ekstatiker. Er stand aller Versenkungsmystik fremd gegenüber, aber sein emotionales Bewußtsein engagierte sich stets. Bei aller Zurückhaltung gestand er einmal: «Unterwegs, als ich hierher gehen sollte, fiel mir ein, ich möchte lieber nicht hierher gehen, weil ich doch wohl tränenbenetzt werden würde aus Liebe[178].» Man spürt es doch jedem seiner Worte an, daß ein Überwältigter spricht, aber er fürchtete, durch ein Reden über seine eigenen Erfahrungen das Göttliche zu verlieren. Der Meister stand noch im Bann eines Urerlebnisses; darüber kann es gar keinen Zweifel geben. Für ihn war die Mystik das Evangelium; und nur die Schriftgelehrten haben daraus eine diskutierbare Theologie gemacht. Eckhart sprach immer aus der mystischen Fülle und nie aus einem bloßen Wunschdenken. Sein bekanntes Wort: «Ein Lebemeister ist mehr denn tausend Lesemeister» ist wertvoller als alle Beteuerungen und trifft auf ihn wörtlich zu.

## *Passion*

Eckhart war ein aufsteigendes Leben beschieden. Gegen Ende seines Daseins aber brach jäh das Verhängnis über ihn herein. Wie ein Blitz aus heiterem Himmel kam es über ihn und traf ihn vollkommen unvorbereitet. Der Meister trat in die Passion ein, die aus keinem christlichen Leben wegzudenken ist. Das Wort Christi bewahrheitet sich immer wieder: «Ein Knecht ist nicht größer als sein Herr. Haben sie mich verfolgt, so werden sie auch euch verfolgen[179].»

Im Frühsommer 1325 wurde auf dem Generalkapitel in Venedig die Klage erhoben, daß in der Teutonia «Brüder in der Volkspredigt Dinge sagen, die einfache und ungebildete Leute leicht in Irrtum führen können[180]». Eckharts Name wurde nicht genannt, aber er war damit gemeint. Nirgends ist erwähnt, wer diese Beschuldigung erhoben hat. Möglicherweise verstanden die Italienisch sprechenden Dominikaner die deutschen Predigten nicht, und möglich ist es ferner, daß eine neidische Denunziation vorlag, ein häßliches Vorgehen, von dem leider nicht alle Ordensangehörigen frei sind. Jedenfalls führte hernach Nikolaus von Straßburg in Köln ein Verfahren gegen seinen Vorgesetzten im Generalstudium durch, um Eckharts Rechtgläubigkeit zu überprüfen. Nikolaus verteidigte jedoch seinen Lesemeister selbst nachdrücklich, so daß die Untersuchung mit einem Freispruch endigte. Auch der Generalprokurator des Ordens, Gerhard von Podalus, äußerte sich dahin, «niemand, der Eckharts Leben kenne, könne an seinem Glauben und der Heiligkeit der Lebensführung zweifeln[181]». Der interne Ordensprozeß mutet wie ein Vorspiel an zu dem, was noch auf Eckhart zukommen sollte. Die Nachwelt ist über die Einzelheiten dieses Verfahrens wie auch über die beiden weiteren Prozesse unvollkommen orientiert. Bis heute ist eine Publikation der Akten nicht erfolgt.

Im folgenden Jahr eröffnete der Kölner Erzbischof Heinrich von Virneburg ein Inquisitionsverfahren gegen Eckhart. Über die Person des fragwürdigen Erzbischofs weiß man wenig. Er scheint ein unangenehmer Ketzerfresser gewesen zu sein, der überall Häresien witterte und mehrere Beginen bei lebendigem Leibe auf dem Scheiterhaufen verbrennen ließ. Was ihn zur Anklage gegen Eckhart bewogen hat, ist nicht bekannt. Ob es die Spannung zwischen dem Weltklerus und den Bettelmönchen oder wirkliche Besorgtheit um die kirchliche Lehre war, ist nicht auszumachen. Der Erzbischof betraute einen Domherrn und zwei Franziskaner mit der Untersuchung. An sich bestand zwischen den Dominikanern und den Franziskanern ein gewisses Konkurrenzverhältnis, das nicht gerade dem Bild der Legende entsprach, wonach sich die beiden Stifter umarmt und die Gürtel getauscht haben. Wenn schon die beiden Franziskaner nicht von einer Vorliebe für Eckhart erfüllt waren, so war es für ihn noch bedeutend nachteiliger, daß sich zwei abtrünnige Dominikanerpatres der Kommission zur Verfügung stellten und gegen ihren ehemaligen Obern aussagten. Sie werden von Ruh als «notorische Intriganten, Zuträger, Falschzeugen und Verleumder» bezeichnet. Angeklagt wurde Eckhart nicht wegen seiner Theologie, die in den lateinischen Schriften niedergelegt ist, sondern wegen seiner deutschen Predigten.

Verfahren gegen Theologen kamen damals öfters vor. Kein Geringerer als Thomas von Aquin mußte sich dies mehr als einmal gefallen lassen, bis endlich seiner Lehre normative Bedeutung für den ganzen Orden zugesprochen wurde. Die Anklage gegen Eckhart entbehrte nicht eines grotesken Elements. Der Dominikanerorden war gegründet worden, um die Häretiker durch Belehrung zu überwinden, und jetzt verdächtigte man ein führendes Mitglied des Ordens selbst der Häresie. Eckhart war zunächst nicht sonderlich überrascht und scheint die Anklage in den Anfängen auf die leichte Schulter genommen zu haben, da er sich keines Widerspruchs zu irgendeinem kirchlichen Dogma bewußt war. Überlegen antwortete er den Anklägern: «Soll man nicht ungelehrte Leute belehren, so wird niemals wer gelehrt, und so kann niemand dann lehren oder schreiben. Denn darum belehrt man die Ungelehrten, daß sie aus Ungelehrten zu Gelehrten werden[182].» Eckhart weigerte sich zunächst, die Zuständigkeit des Kölner Gerichtstribunals anzuerkennen. Wahrscheinlich wußte er, daß, wer einmal in ein Inquisitionsverfahren verwickelt war, nur schwer wieder davon loskam. Der Meister erschien aber trotzdem vor der Kommission und verteidigte sich, man habe ihn mißverstanden. Er verfaßte eine «Rechtfertigungsschrift», in der er seine Ankläger einer «beträchtlichen Bosheit oder gröblichen Unwissenheit» bezichtigte, und bemerkte ferner, sie würden «alles, was sie nicht verstehen, für verkehrt halten und wiederum das Verkehrte für Ketzerei[183]». Eckhart fühlte sich als Sohn der Kirche und hielt sich gar keiner Häresie fähig. Am 13. Februar 1327 ließ er in Köln nach einer Predigt durch einen Mitbruder eine Erklärung verlesen, die er selbst Satz für Satz erläuterte und die mit den Worten beginnt: «Ich, Meister Eckhart, Doktor der heiligen Theologie, erkläre, Gott zum Zeugen anrufend, vor allem, daß ich jeglichen Irrtum im Glauben und jede Abirrung im Lebenswandel immer, so viel es mir möglich war, verabscheut habe, daß Irrtümer dieser Art meinem akademischen Status und Mönchsstand widerstritten hätten und noch widerstreiten[184].» Man hat in dieser Erklärung einen Widerruf sehen wollen und sie deshalb als peinlich empfunden. Zu Unrecht. Eckhart hat kein Wort seiner Verkündigung zurückgenommen, da er sich keines Vergehens bewußt war. «Selbst seine Verteidigung ist nirgends Entschuldigung oder Entgegenkommen. Seiner freien und unbedingten Natur waren Zugeständnisse unmöglich», schreibt Kunisch[185]. Er sagte lediglich, wenn sich eine Häresie bei ihm finden sollte, so widerrufe er diese, was wohl jeder getreue Sohn der katholischen Kirche tun würde. Damit zeigt sich, daß Eckhart kein Aufrührer gegen die Kirche sein wollte und es auch nicht war.

Wenn man gegen Eckhart etwas einwenden wollte, müßte man seine Lust am Paradox nennen. Sie ist unstreitig bei ihm vorhanden und zuckt immer wieder hervor: «Ich sagte einst an dieser Stätte, daß Gott sogar lieber große Sünden vergibt als kleine. Und je größer sie sind, um so lieber und schneller vergibt er sie[186].» Ein anderes Beispiel: «Das Höchste und das Äußerste, was der Mensch lassen kann, das ist, daß er Gott um Gottes willen lasse[187].» Solche verblüffende Aussagen vermochten kirchlich enge Gemüter nicht zu verkraften. Eckhart litt unter der «Unzulänglichkeit der Sprache[188]», und es dünkte ihn «durchaus billig, daß man Gott mit Gleichnissen verdeutlichen muß», ja er gestand, daß er sich in diese Frage «vernarrt» habe[189]. Darum benützte er das Paradox, das in der Geschichte der Mystik immer wieder verwendet wurde. Man denke nur an Angelus Silesius, wie er im «Cherubinischen Wandersmann» singt:

«Ich weiß, daß ohne mich Gott nicht ein Nu kann leben;
Werd ich zunicht, er muß von Not den Geist aufgeben[190].»

Was sagen kirchliche Theologen zu einem solchen Satz? Er muß ihnen doch auch im Halse steckenbleiben.

Das Kölner Verfahren endete mit einem negativen Urteil

über Eckhart. Da er die Zuständigkeit des bischöflichen Gerichts bestritt, appellierte er an den Papst, von dem er mehr Verständnis und vor allem ein gerechteres Urteil erwartete. Der Erzbischof wollte zunächst diese Appellation nicht zulassen, konnte sie aber doch nicht verhindern. Der Prozeß wurde von Köln nach Avignon verlegt, und der alternde Eckhart machte sich auf den weiten Weg nach der in Südfrankreich gelegenen Stadt. Wahrscheinlich war Eckhart über die schwere Krankheit der damaligen Kirche zuwenig informiert. Auch gab er sich nicht Rechenschaft darüber, daß sich das Papsttum zu Avignon in französischer Gefangenschaft befand. Es fehlten ihm die späteren Erfahrungen der heiligen Katharina von Siena, die in einer Audienz bei Gregor XI. über den päpstlichen Hofstaat klagte, «sie müsse an ihm statt der paradiesischen Düfte eines heiligen Lebens den Gestank aller höllischen Laster einatmen[191]».

In Avignon übergab der Papst die Angelegenheit einer Kommission von Kardinälen. Die Theologen begannen, Eckharts deutsche Predigten zu lesen, bemühten sich aber nicht, den Meister zu verstehen, und fragten auch nicht unvoreingenommen nach seinen Intentionen. Vielmehr beabsichtigten sie, Eckhart des Pantheismus zu überführen. Fragwürdig an ihrem Vorgehen war, daß sie einzelne Sätze aus dem Zusammenhang herausrissen, ohne zu prüfen, welchen Sinn sie im Gesamttext hatten. Auf diesem Weg kam die päpstliche Kommission zu der falschen Schlußfolgerung, Eckhart huldige in seinen Schriften dem Pantheismus. Die Theologen von Avignon sind nicht differenzierend vorgegangen und haben das Geheimnis Eckharts nicht von entfernt erkannt. Verurteilt wurde nicht, was Eckhart wirklich gesagt hatte, sondern was sich die Richter dabei dachten. Der Prozeß war wie alle Inquisitionsverfahren in seiner Führung wenig menschlich, geschweige denn christlich, und deswegen war er für den Meister überaus schmerzlich. Der Orden befürchtete, in einen Gegensatz zur Kurie zu geraten, und opferte in dieser bedrohlichen Situation lieber seinen großen Sohn, statt sich für ihn einzusetzen. Auch in den folgenden Jahren benahm sich die Ordensleitung wenig würdevoll gegenüber Eckhart und strich sogar sein Schrifttum aus dem Verzeichnis der dominikanischen Literatur. Der Dominikanerorden hat sich erst in unserem Jahrhundert durch die Herausgabe einer Festschrift zum Eckhart-Gedenkjahr (1960) vor aller Welt wieder zu seinem großen Ordensmitglied bekannt.

Damals jedoch begann Eckharts schwere Passion. Nicht jedes menschliche Leiden darf mit dem Wort «Passion» bezeichnet werden. Eine Passion zu erleben, ist eine Auszeichnung Gottes. Deswegen geht es nicht an, über sie im anklagenden Ton zu schreiben. Eckhart erlebte zuletzt ein unblutiges Martyrium für seine Mystik – das ist das passende Leitwort für dieses Kapitel.

Was Eckhart dabei dachte und fühlte, wissen wir nicht; er stand verlassen vor dem Pilatus seiner Zeit. Kein persönliches Wort, keine Klage, gar nichts dringt aus dieser Lebensphase zu uns. Es ist, als sei Eckhart ganz bewußt in das große Schweigen eingegangen, zu dem er früher so eindringlich geraten hatte. Kein Dominikaner stellte sich brüderlich an seine Seite und leistete ihm Beistand. Einsam stand er in fremden Landen, fern seiner Heimat. Er hatte sein schweres Schicksal allein zu tragen. Früher sagte er einmal in einer Predigt: «Leidest du um deiner selbst willen, in welcher Weise es immer sei, so tut dir dieses Leiden weh und ist dir schwer zu ertragen. Leidest du aber um Gott und um Gottes willen allein, so tut dir dieses Leiden nicht weh und ist dir auch nicht schwer, denn Gott trägt die Last[192].» Man hat alle Berechtigung, anzunehmen, daß er auch in seiner schwersten Passionszeit diesen Worten nachgelebt und sein Leiden tapfer auf sich genommen hat. Ob er sich auf den Rückweg nach Köln begab oder, was wahrscheinlicher ist, in Avignon den Ausgang des Prozesses abwarten wollte, ist nicht bekannt. Eines aber ist sicher: Kein einziger Mensch stand ihm in seiner letzten Stunde tröstend bei. Von allen verlassen, gab er seine Seele dem Schöpfer zurück, von dem er in so einmaliger Sprache zu seinen Zuhörern gesprochen hatte. Es gibt keine Grabstätte, die an diesen größten deutschen Mystiker erinnern würde. «Er, der die evangelische Lehre so rein wie wenige gelehrt und sicher auch gelebt hat, starb im Rufe eines Irrlehrers, und bezeichnenderweise im ‹Elend›, obschon am Sitz des Papsttums, den ein großer Zeitgenosse das ‹Babylon des Westens› nannte[193].»

Ein Jahr nach Eckharts Tod sprach die päpstliche Kommission die Verurteilung aus, indem sie zwölf willkürlich aus dem Zusammenhang gerissene Sätze als häretisch und acht weitere Sätze als der Häresie verdächtig erklärte. Von Eckhart wird als einem Verstorbenen gesprochen. Der Tod des Meisters genügte der theologischen Kommission noch nicht, sie mußte den im Grabe liegenden Eckhart vor aller Welt als Ketzer brandmarken. Einen der reinsten und tiefsten Christen, die je gelebt haben, stieß die empirische Kirche von sich. Man steht angesichts dieser Verurteilung wie vor den Kopf geschlagen da.

In der Bulle «In agro dominico» beschuldigte Johannes XXII. Eckhart, «sein Ohr von der Wahrheit abgekehrt und sich Erdichtungen zugewandt» zu haben[194]. Papst Johannes XXII. war zu dieser Zeit vierundachtzig Jahre alt und noch gesunden Geistes. Sein Pontifikat wird vom katholischen Kirchenhistoriker Seppelt ungünstig beurteilt[195]. Der Papst frönte hemmungslos dem Nepotismus und war vor allem an der Finanzpolitik interessiert. Er verstand es raffiniert, die Einnahmen des Apostolischen Stuhles zu steigern, lebte persönlich einfach und hinterließ ein immenses Vermögen. Als Franzose war er wie alle Päpste von Avignon eine Kreatur des französischen Königs. Man darf füglich fragen, ob er persönlich Eckharts deutsche Predigten überhaupt lesen konnte. Als Finanzgenie, das sich vorwiegend mit Geld und Prunk beschäftigte, war er schlechterdings nicht fähig, die mystische Gottesgeburt in der Seele auch nur annähernd zu verstehen. Eckhart und Johannes XXII. sind durch Welten getrennt. Der Papst war überfordert; das mystische Anliegen war noch nie an ihn herangetragen worden, und in seiner Hilflosigkeit unterschrieb er das Dokument, dessen Inhalt er gar nicht erfaßte. Ganz frei von einem schlechten Gewissen war Johannes nicht, denn er sandte die Bulle nur nach Köln, und die übrige Christenheit erfuhr zunächst nichts davon.

Seither ist Eckhart mit dem Makel der Häresie behaftet. Da die Verurteilung unter der irrigen Voraussetzung erfolgte, er habe den Pantheismus vertreten, ist sie heute nicht mehr aufrechtzuerhalten. Deswegen darf man erwarten, daß die Kirche eines Tages auch Eckhart rehabilitieren wird, wie sie es bei Jeanne d'Arc und Mary Ward getan hat. Es ist ein Zeichen echter Christlichkeit, ein früheres Fehlurteil einzugestehen und zu bereuen. Der Häresievorwurf gegen Eckhart bereitet heute lediglich noch wenigen katholischen Theologen eine gewisse Verlegenheit. Ängstliche Geister unter ihnen halten sich noch immer fern von Eckhart, während wiederum andere die Eckhart angetane Schmach einsahen, wenn sie sie auch mit beschwichtigenden Argumenten beiseite schoben, indem sie das Geschehen als «eine Verschiedenheit der Sprachspiele» zwischen Volk und Klerus bewerteten[196]. Dies ist eine unerlaubte Verharmlosung von Eckharts tragischem Ende. So billig darf man die Abwürgung eines der größten religiösen Geister nicht übergehen. Man muß die Passion Eckharts in ihrer ganzen Dunkelheit stehenlassen, gehört sie doch zu den schlechthin unbegreiflichen Schrecknissen der Kirchengeschichte.

Mit der Verurteilung wurde es still um den hochangesehenen Meister Eckhart. Wohl blieben ihm seine beiden begabtesten Schüler Johannes Tauler und Heinrich Seuse treu und sprachen weiter in verehrendem Ton von ihm. Sie mußten es vorsichtig tun und vermieden nach Möglichkeit, Eckharts Namen zu nennen, um die Sache nicht zu gefährden. Wie viele Eckhart heimlich zugetan blieben, weiß man nicht. Mehr und mehr geriet er in Vergessenheit, und während langer Zeit sprach niemand mehr von ihm. Der mystische Brunnquell floß immer spärlicher, versiegte aber nie ganz. Unter der Oberfläche strömte er weiter, und bis ans Ende der Welt wird er auch nicht mehr verschwinden.

Im folgenden Jahrhundert war es vor allem der geistesmächtige Kardinal Nikolaus von Kues, der eifrig Eckharts Predigthandschriften sammelte und sie als Leitfaden für seine eigene Predigt benutzte. «Der Eckhart-Codex von Kues ist deshalb besonders wertvoll, weil in ihm mehr Predigtskizzen und Aufzeichnungen dieses kühnen Denkers erhalten blieben, als in einer anderen Handschrift[197].» Auch Nikolaus von Kues war ein unabhängiger Geist, stand ebenfalls einsam da in seiner Zeit und wurde nur von wenigen verstanden. Ihm aber fehlte nach eigenem Zeugnis die mystische Erfahrung[198]. Seiner tiefsinnigen Auffassung Gottes als des Ortes, wo der Zusammenfall aller Widersprüche sichtbar wird, hätte Eckhart zugestimmt.

Sporadisch gelangten auch im 16. Jahrhundert Gedankensplitter von Eckhart an die Oberfläche, so bei Sebastian Franck, Valentin Weigel und Johann Arndt[199]. Sie kamen an den Tag, weil in den ersten Tauler-Druck unerkannt auch einige Eckhart-Predigten hineingerutscht waren. In der Öffentlichkeit wußte man jedoch nichts von Eckhart. Martin Luther hörte so wenig von Eckhart wie Ignatius von Loyola. Die Gedankenwelt des Meisters blieb ihnen zeitlebens völlig unbekannt. Eckhart war verschollen; er ruhte ein halbes Jahrtausend in seinem unbekannten Grab, wie nach der Sage der schlafende Kaiser im Innern des Berges.

Bei Jakob Böhme, dem erleuchteten Schuster und Theosophen, finden sich Ausführungen, die einen durchaus an Eckhart denken lassen. In seinem Werk «Christosophia oder der Weg zu Christo» führt er im fünften Büchlein «Vom übersinnlichen Leben» ein Gespräch eines Meisters mit seinem Jünger aus:

«Der Jünger sprach zum Meister: Wie mag ich kommen zu dem übersinnlichen Leben, daß ich Gott sehe und höre reden? Der Meister sprach: Wann du dich magst einen Augenblick in das schwingen, da keine Creatur wohnet, so hörest du, was Gott redet.

Der Jünger sprach: Ist das nahe oder ferne? Der Meister sprach: Es ist in dir; und so du magst eine Stunde schweigen von allem deinem Wollen und Sinnen, so wirst du unaussprechliche Worte Gottes hören[200]» usw. Dies liest sich, als hätte es Meister Eckhart geschrieben, doch die Worte stammen von Jakob

Böhme, einem der tiefsinnigsten Außenseiter des Protestantismus. Johannes Scheffler, der vor seiner Konversion ein Schüler des schlesischen Schusters war, schrieb den «Cherubinischen Wandersmann», dessen erstes Buch offensichtlich Geist von Eckharts Geist ist. Wie Böhme und er die Geisteswelt des Thüringers kennenlernten, ist freilich bis heute unerforscht, doch bestritten werden kann es nicht. Auch Gottfried Arnold mit seinem ungewöhnlichen Spürsinn erwähnt in seiner «Historie und Beschreibung der mystischen Theologie» (1703) kurz den Namen Eckhart und beklagt, daß «nur Fragmente übriggeblieben» seien (S. 412).

Erst im 19. Jahrhundert erfolgte die Entdeckung Meister Eckharts. Mehrere Männer waren an ihr beteiligt. Besondere Erwähnung verdient Franz von Baader, der in einem Briefe schrieb: «Eckhart wird mit Recht der Meister genannt. Er übertrifft alle Mystiker; doch hat er sich durch seine gewagten unvorsichtigen Ausdrücke insofern geschadet, als er dadurch beinahe überall mißverstanden worden ist. Ich danke Gott, daß er mich in den philosophischen Wirren mit ihm hat bekannt werden lassen. Das hoffärtige alberne Affengeschrei gegen die Mystik konnte mich nun nicht mehr irremachen[201].» Durch einen seltenen Codex auf der Münchener Bibliothek war Baader auf Eckhart gestoßen und hatte mit genialem Scharfblick in ihm «den Centralgeist der Mystik des Mittelalters» erkannt[202]. Es brauchte allerdings noch einige Zeit, bis die Bedeutung Eckharts auch weiteren Kreisen in Deutschland zum Bewußtsein kam[203]. Unglücklicherweise mischten sich auch bald konfessionelle Gegensätze in die Arbeiten über die deutschen Mystiker, die nur eine unnötige und heute gegenstandslose Polemik bewirkten.

Ein bedeutsamer Schritt voran war es, als der Germanist Franz Pfeiffer Mitte des vergangenen Jahrhunderts eine zweibändige Ausgabe deutscher Mystiker in mittelhochdeutscher Sprache herausgab (1857). Daran schloß sich bald eine Diskussion unter den Philologen über die Echtheit von Eckharts Predigten an. Sie entsprach einer gewissen Notwendigkeit, obschon sie wahrscheinlich nie mit absoluter Sicherheit entschieden werden kann.

In unserem Jahrhundert gaben Hermann Büttner, Friedrich Schultze, Walter Lehmann, Joseph Bernhart den Mystiker Eckhart in der heutigen Schriftsprache heraus. Wenn ihnen dabei auch gewisse Ungenauigkeiten unterlaufen sind, so ist es doch nicht angebracht, ihre Arbeit mit billigen Worten abzutun. Sie haben zu einer Zeit auf den Mystiker hingewiesen, in der Eckhart noch nicht Mode war, und somit haben sie Pionierdienste geleistet.

In den dreißiger Jahren des zwanzigsten Jahrhunderts begann die große, wissenschaftliche Eckhart-Ausgabe der Deutschen Forschungsgemeinschaft zu erscheinen, die sowohl die lateinischen als die deutschen Werke umfaßt und die unter der kundigen Führung der anerkannten Gelehrten Koch und Quint stand. Das Monumentalwerk wurde mit übertriebener Gründlichkeit konzipiert und bei seinem Beginn mit rühmenden Worten begrüßt. Heute ist ein vorsichtiges Urteil am Platze. Cognet bedauert, «daß diese unhandliche, kostspielige und sehr fachtechnische Ausgabe für den nichtfachkundigen Leser wenig geeignet[204]» sei. Tatsächlich ist sie vom Geist der Philologie beherrscht und betreibt eine Wissenschaft um der Wissenschaft willen, was zu bedauern ist. Nach mehr als fünfzig Jahren ist von ihr noch kein Ende abzusehen. Die Lieferungen wurden immer seltener, und heute muß man fragen, ob die Ausgabe ein Torso bleibt. Deswegen wird der Leser am besten an die von Josef Quint herausgegebene Ausgabe «Meister Eckehart, Deutsche Predigten und Traktate», 1955, verwiesen, die auch dieser Darstellung zugrunde gelegt wurde und die als fundierte Edition alle Anerkennung verdient.

Im Laufe der Jahre ergab sich eine ansehnliche Sekundärliteratur über Eckhart, aus der einiges zu lernen ist. Allerdings befinden sich darunter auch Bücher, die die Weltanschauung ihrer Autoren in Eckhart hineinlesen, weshalb ein scholastischer, ein protestantischer, ein idealistischer, ein ganz irriger nationalsozialistischer und neuerdings sogar ein marxistischer

Eckhart kreiert wurde. Ihnen gegenüber kann es nur eine Bemühung geben: Eckhart durch Eckhart zu verstehen und möglichst wenig von der eigenen Auffassung hinzuzufügen. Der Meister wird nie zu einer Massenangelegenheit, zumal das mystische Leben nicht im Kreis von Verwandten und Bekannten gedeiht, sondern in solcher Öffentlichkeit eher verlorengeht.

Eckhart hat, mit Freuden sei es gesagt, die Grabesfesseln gesprengt und sowohl Verfemung als Vergessenheit weit hinter sich gelassen. Er steht wieder als eine lebendige Gestalt vor den Augen der staunenden Leser, die heute einen offenen Zugang zu ihm haben. Eckhart war ein überaus genialer Mensch, eine faszinierende Persönlichkeit, hoheitsvoll und unergründlich. Er wurde bezichtigt, oft widerspruchsvolle, nicht faßbare Reden gehalten zu haben, worauf er jeweils gelassen antwortete: «Dasselbe klage auch ich.» Auf Kompromisse ließ sich der Meister nie ein. «Sein Lebensstil richtet sich auf die Einheit von Denken, Sein und Leben, auf eine Verlebendigung der Wahrheit, auf eine Verifikation des Denkens in der Erfahrung und im Handeln», urteilte Mieth über ihn[205]. Nach Eckhart «ist Gott oft da am allermeisten, wo er uns am allerwenigsten zu leuchten scheint[206]». Er hatte jenes Größte gefunden, das im Kleinsten liegt. Der Meister zählte zu den tiefsinnigsten Dominikanern und war doch mehr als ein Ordensmann. In erster und letzter Linie war Eckhart ein Mystiker, dem es nicht auf Ekstasen ankam und der doch reale Erfahrungen des Göttlichen erleben durfte. Gegenüber der bürgerlichen Verharmlosung der christlichen Existenz bildet Eckhart «eine äußerste Gegenposition, großen Stiles christlicher Daseinshaltung[207]», schreibt Kunisch und fährt dann fort: «Mystisches Leben ist ein Dasein in Gefährdung und Preisgegebenheit; ein Leben, das oft keine andere Sicherheit mehr hat als den Ruf Gottes, auf den hier es das Ganze zu wagen gilt. Das gibt dem Bilde aller großen Mystiker den Charakter des Hochgemuten und der Schwermut. Ein solches Antlitz, im Feuer des eigenen Adels leuchtend, in Einsamkeit und Schwermut tief verschattet, ist das Meister Eckharts[208].» Nicht jedes Jahrhundert bringt einen solchen

Geist hervor. Er war der große Einzelne, der manchmal Worte sagte, die letztlich unaussprechlich sind. Man darf ihn, ohne sich einer Übertreibung schuldig zu machen, mit den Propheten des Alten und den Aposteln des Neuen Bundes in einem Atemzug nennen. Er hat beispiellose Aussagen getan. Kaum ein Deutscher hat vor ihm so zu reden gewagt, und es dauerte lange, bis wieder einer kam, der es ihm gleichtat. Er führte den Menschen dem ewigen Christus entgegen.

Statt ihn mit vielen Worten zu preisen, sei eine Legende erzählt. Es gibt etliche Eckhart-Legenden, die zwar nicht den Zauber der Franziskus-Legenden aufweisen, aber doch von seiner unvergänglichen Wesensart zeugen:

«Meister Eckhart begegnete ein schöner, nackter Bube.
Da fragte er ihn, von wannen er käme?
Er sprach: ‹Ich komme von Gott.›
‹Wo ließest du ihn?›
‹In tugendhaften Herzen.›
‹Wo willst du hin?›
‹Zu Gott!›
‹Wo findest du ihn?›
‹Wo ich von allen Kreaturen ließ.›
‹Wer bist du?›
‹Ein König.›
‹Wo ist dein Königreich?›
‹In meinem Herzen.›
‹Gib acht, daß es niemand mit dir besitze!›
‹Ich tu's.›
Da führte er ihn in seine Zelle und sprach:
‹Nimm, welchen Rock du willst!›
‹So wäre ich kein König!›
Und verschwand.
Da war es Gott selbst gewesen und hatte Kurzweil mit ihm gehabt[209].»

*Johannes Tauler*

## *Der liebste Mensch auf Erden*

Über Johannes Tauler gibt es viele literaturgeschichtliche Arbeiten, und etliche von ihnen liest man mit Gewinn. Es wäre nicht recht, wollte man dies nicht bereitwillig aussprechen[1]. Aber das Schönste, was je über Johannes Tauler gesagt wurde, stammt aus dem Munde Christine Ebners. Sie war eine Nonne im Dominikanerinnenkloster Engelthal. In einer glückhaften Stunde sagte sie: «Ein Prediger, der Tauler heißt, ist Gottes liebster Mensch auf Erden.» In der gleichen Winternacht des Jahres 1351 hörte sie Gott sprechen, «der hat das Erdreich angezündet mit seiner feurigen Zunge. Gott wohne in ihm als ein süßes Saitenspiel[2]».

Nicht zum ersten Male hatte ein zartes Nönnchen so treffsicher eine Person erfaßt. Über Elisabeth von Thüringen schrieb die dichterisch hochbegabte Mechthild von Magdeburg: «Es ist gut für die Boten, daß sie schnell kommen. Elisabeth ist und war ein Bote, den Gott zu den unfrommen Frauen, die in den Burgen saßen, gesandt hat. Sie waren von Unkeuschheit so verzehrt und von Hochmut so überzogen und von Eitelkeit stets so eingenommen, daß sie von Rechts wegen in den Abgrund gekommen wären. Ihrem Vorbilde ist manche Frau gefolgt, so wie sie es konnte oder vermochte[3].» Damit hat die Verfasserin des wundersamen «Fließenden Lichtes der Gottheit» die Sendung der thüringischen Heiligen intuitiv von einer geistesverwandten Position aus erfaßt, und kein Biograph hat seither etwas Wesentlicheres über die demütige und doch hoheitsvolle Frau ausgesagt.

Das gleiche Lob verdient Christine Ebner. Die Engelthaler Nonne ist historisch gut faßbar. Sie führte ein vorbildliches Klosterleben und stand schließlich ihrer Gemeinschaft als Priorin vor. Christine verfaßte das anmutige Büchlein «Von der Gnaden Überlast», das mit Glut und Poesie geschrieben ist. Schon der ungewöhnliche Titel läßt beschwingte Ausführungen ahnen; man spürt geradezu die feingebildete Frauenseele. Zuweilen schildert sie überschwenglich das spätmittelalterliche Nonnenleben. Einmal läßt sie Gott sagen: «Du siehst mich jetzt nur wie durch einen Schleier; hernach wirst du mich sehen durch den Spiegel meiner Gottheit[4].» Heinrich von Nördlingen besuchte sie an einem späten Herbsttag und wies sie auf Johannes Tauler hin. In ihrem visionären Erleben wurde ihr dann die erwähnte Charakterisierung «vom liebsten Menschen auf Erden» mitgeteilt.

Ist es die rauschhafte Äußerung einer allzu begeisterten Nonnenseele? Hat die gute Christine den Mund zu voll genommen? Darf man überhaupt eine derartige Aussage über einen Menschen tun? Natürlich ist es ein subjektives Urteil. Das wird niemand bestreiten. Aber Kierkegaard schrieb: «Die Wahrheit ist die Subjektivität[5].» Christine berief sich auf eine Offenbarung Gottes und gab damit ihren Worten außerordentliches Gewicht. Trotzdem sind sie nicht der Offenbarung auf dem Berg Sinai gleichzusetzen, dürfen aber auch nicht als bloße Weiberträume verlacht werden. Vorsicht ist immer am Platz, ganz besonders bei Privatoffenbarungen, deren es viele in der Welt der Mystiker gibt. Sie bleiben stets der Diskussion unterworfen, so daß niemand genötigt ist, an sie zu glauben. Man ist dennoch nicht gut beraten, sie kurzerhand unter den Tisch zu wischen. Christines Worte sind eher ein Versuch, den verhüllt erscheinenden Johannes Tauler zu deuten. Es sind entzückende und zugleich echt frauliche Worte: Tauler, der liebste Mensch, den Gott auf Erden hat! Tauler, der mit seiner feurigen Zunge den Erdkreis angezündet hat! Tauler, in dem Gott als ein süßes Saitenspiel wohnt! Fürwahr, ganz ungewöhnliche Worte, Worte, wie man sie in der Geschichte der Christenheit nur selten vernimmt. Jedenfalls ist Christines Lob ein großartiger, verlockender Hinweis auf Tauler und überragt als solcher jede historische Bestandsaufnahme.

Gewiß darf Christines Überzeugung nicht den wissenschaftlichen Erkenntnissen zugeordnet werden. Kein Gelehrter würde es wagen, sich solcher Worte zu bedienen. Dies ist aber kein ernsthafter Einwand dagegen, zumal das, was Tauler selbst sagte, ebenfalls nicht der wissenschaftlichen Welt angehört. Man befindet sich bei Tauler nicht im Hörsaal einer modernen Universität. Er ist durch Welten von ihr geschieden. Aus diesem Grunde kommt Christines Eingebung ihm viel näher als das, was Historiker und Philologen über ihn geschrieben haben. Dank ihrem weiblichen Spürsinn ist sie ihnen mehr als nur um eine Nasenlänge voraus. Die Offenbarung Christines ist aus der gleichen geistigen Heimat hervorgegangen und entspricht deshalb Taulers Wesen. Es sind Tauler adäquate Worte; sie haben ein seelisches Gewicht, das alle gelehrte Akribie aufwiegt. Da aus ihnen ein fühlsamer, enthusiastischer Geist spricht, weisen sie den Weg, wie man allein über Tauler schreiben darf: mit innerer Anteilnahme und heimlicher Liebe. Sie entsprechen allein dem mystischen Thema. Gerade deswegen sind die vertraulichen Worte Christines jeder Beschäftigung mit Johannes Tauler voranzustellen.

Die aus der viel zuwenig bekannten mittelalterlichen Frauenmystik heraus gesprochenen Offenbarungsworte sagen mehr aus als die Feststellung, Tauler sei kein Theologe gewesen. Tatsächlich tauchte Tauler nie die Feder ins Tintenfaß, um einen theologischen Traktat zu schreiben. Dies taten die berühmten Lesemeister. Tauler erwähnte zuweilen mit dem obligaten Respekt und zuweilen auch mit lächelnder Ironie die Folianten der hochgelehrten Männer. Statt dessen wollte er bewußt ein «Lebemeister» sein, wollte eine Spiritualität verbreiten, die sich im Dasein bewährt. Taulers Reden und Tun gehören dem mystischen Bereich an und können auch nur von dem Leser richtig verstanden werden, dessen Blicke in die Richtung der Mystik schauen.

Wenn es auch kein umfangreiches Werk Taulers gibt, das man auf das Bücherregal stellen und mit den Augen liebkosen kann, so haben sich dafür wertvolle Predigten von überquellender Substanz erhalten. Zwar hat Tauler sie nicht selbst aufgezeichnet. Es sind Nachschriften von verschiedener Hand. Die Germanisten haben sich einige Zeit darüber gezankt, ob diese oder jene Predigt auch wirklich von Tauler stamme. Heute ist diese Frage gelöst. Ein Hauch von Taulers Geist kam unerwartet über die Philologen, worauf sie eine größere Anzahl von Predigten eindeutig als jene von Tauler erkannten. Diese Predigten machten Tauler zum liebsten Menschen auf Erden, und mit ihnen hat er das Erdreich angezündet, das will besagen, er hat in vielen in sich gekehrten Menschen einen innerlichen Brand entfacht, der nie mehr zu löschen war.

Wie aber steht es mit diesem liebsten Menschen heutzutage? Wissen die Christen noch etwas von ihm? Soll man jetzt eine Jeremiade über ihre Unkenntnis anstimmen? Niemals, denn das würde nicht Taulers süßem Saitenspiel entsprechen. Gewiß haben in der Gegenwart nur verhältnismäßig wenige Menschen seinen Namen überhaupt je gehört. Vielen ist er völlig unbekannt. Sie haben kein Wort von ihm gelesen, und sie verbinden keine Vorstellung mit seiner Person. Dem war nicht immer so. Im Spätmittelalter hörten viele Christen das süße Saitenspiel des in Tauler wohnenden Gottes, und dies trotz oder gerade wegen der damaligen Verfallszeit. Sie erfreuten sich daran aus ganzem Herzen und waren deswegen befähigt, die Zeit der mannigfachen Heimsuchungen auch tapfer zu bestehen. Dies ist ebenso in der Jetztzeit möglich, sobald die Christen wieder nach dem Göttlichen hungern. Bevor wir jedoch mit innerer Aufmerksamkeit Taulers Verkündigung lauschen, muß man sich das etwas verschleierte Leben des elsässischen Mystikers vergegenwärtigen.

## *Er hat das Erdreich angezündet*

«Was weißt du denn vom Wesen deines Nächsten?» fragte einmal Tauler[6]. Gewöhnlich wissen wir nur wenig, wie es wirklich um unsere Mitmenschen steht. Wir sehen immer nur ihr Äußeres, ahnen vielleicht etwas, aber blicken ganz selten in ihr Inneres, wie dies der psychologische Roman der Neuzeit zu vermögen meint. Die Seele des Nächsten bleibt meistens ein schwer zu entzifferndes Rätsel – eine Wahrheit, die zunächst auch für Johannes Tauler gilt.

Man weiß wenig, viel zuwenig von seinem äußeren und inneren Lebensweg. Dies entspricht jedoch seiner Absicht. Nie hätte er sich dazu bewegen lassen, seine Seelengeschichte öffentlich zu erzählen. Er gab sich betont zurückhaltend. Einmal bemerkte er: «Wir sind unstete Wesen, ich und ihr, ihr und ich, beweglich und unbeständig[7].» Dies ist allgemein gesprochen und gilt für alle Leute. Persönlicher ist seine Aussage: «Lange Jahre hindurch wagte ich nicht, zu denken, ich sei ein Sohn unseres Vaters, des heiligen Dominikus, und achtete mich nicht für einen Prediger; so unwürdig hielt ich mich dieses Platzes[8].» Offenbar war er ein bescheidener Mensch. In einer Predigt gestand er: «Wisset, wäre ich nicht Priester und lebte nicht in einem Orden, ich hielte es für ein großes Ding, Schuhe machen zu können, und ich wollte es besser machen als alles andere und wollte gerne mein Brot mit meinen Händen verdienen[9].» Dies ist ein wahrhaft demütiges Zeugnis. Hat Tauler noch etwas anderes von sich gesagt? Vielleicht, aber es wurde nicht überliefert. Trotzdem vermitteln uns einige Begebenheiten wenigstens eine Ahnung vom Geheimnis dieses Mannes.

Tauler wurde um das Jahr 1300 in Straßburg geboren, wo noch heute eine Straße nach ihm benannt ist. Veranlaßt sie die Stadtbewohner, auch nur zu fragen, wer dieser Mann war? Wohl kaum, denn allzu viele Eindrücke überfluten den heutigen Menschen. Damals waren die Straßburger nicht Söhne zweier Kulturen. Das Nationalbewußtsein existierte noch nicht, das seither, oft übersteigert, so viel Unglück über viele Völker gebracht hat. Das Elsaß gehörte zu jener Zeit zum «Römischen Reich deutscher Nation». Tauler fühlte sich in sprachlicher Hinsicht als ein deutscher Mensch und redete auch den gemütlichen elsässischen Dialekt. Im übrigen waren die Straßburger den Menschen rheinauf- und rheinabwärts zugetan; es verband sie eine rheinische Frömmigkeit, in der Tauler heranwuchs.

Nach einer Bemerkung Taulers waren seine Eltern begütert: «Hätte ich gewußt, was ich nun weiß, als ich noch der Sohn meines Vaters war, ich hätte vorgezogen, von seinem Erbe zu leben und nicht von Almosen[10].» Damit hat er offenbar auf die ihm bitter erscheinenden Bettelgänge angespielt, zu denen damals die Dominikanermönche verpflichtet waren. Von seiner Kindheit, die so wichtig zur Erfassung eines Menschen ist, weiß man gar nichts.

Der fünfzehnjährige Jüngling trat in den Dominikanerorden ein. Er sprach vom «heiligen Orden», von dem er Gewand und Priestertum empfangen und den er stets in der «gefahrvollen Welt für eine gar ehrwürdige Einrichtung» gehalten habe[11]. Trotzdem überschätzte er das Ordensleben nicht: «Die Zugehörigkeit zum Orden macht nicht heilig; weder meine Kapuze noch meine Tonsur, weder mein Kloster noch meine heilige Umgebung, all das macht nicht heilig[12].» Nach ihm gibt es manche Menschen, die «unterm geistlichen Gewand ein weltliches Herz tragen[13]». Noch ein Eingeständnis findet sich bei ihm: «Früher, als ich die frommen Brüder betrachtete, die die Gesetze des Ordens mit äußerster Strenge hielten, hätte ich gerne getan wie sie. Das aber wollte unser lieber Herr nicht: ich mußte mich als zu schwach bekennen[14].» Wegen seiner gesundheitlichen Konstitution war er nicht imstande, die Klosterregel in vollem Umfange zu halten, und mußte deshalb um Dispens nachsuchen. Trotzdem absolvierte er mit Fleiß das vom Orden vorgeschriebene Studium und schloß sich der von Albertus Magnus vertretenen platonisierenden Tradition an. Obschon ihn die kalte Schultheologie unbefriedigt ließ, sprach er stets mit Hochachtung von Thomas von Aquin, der gerade damals zur maßgebenden Autorität des Ordens erklärt wurde. Tauler wies mehrfach auf ihn hin: «Hör St. Thomas, willst du hierüber mehr wissen[15].» Die Meinung, die einst Mystik und Scholastik als Gegensätze betrachtete, ist längst überwunden und durch die Erkenntnis von ihrer gegenseitigen Verbindung ersetzt. Trotzdem ist die Feststellung durchaus richtig, daß Tauler «davon absieht, sich zur Wiedergabe seines Denkens des Vokabulars und der Begriffe der Scholastik zu bedienen[16]». Wahrscheinlich waren Taulers Lehrer die mystisch eingestellten Patres Johannes von Sterngassen und Nikolaus von Straßburg. Daß Tauler auch das Studium generale in Köln besucht hat, ist möglich, aber nicht sicher. Er hielt sich in Köln auf, entweder schon als Student oder dann bestimmt als Prediger. Doch erwarb er keinen akademischen Titel, was kein Nachteil ist. Früh gab er sich Privatstudien hin; man behauptete von ihm, er sei «als Theologe weithin Autodidakt[17]».

Tauler kannte ganz gewiß Meister Eckhart. Wenn er nicht als Student in Köln zu seinen Füßen saß, lernte er ihn bei dessen Aufenthalt in Straßburg persönlich kennen. Für jeden Jüngling ist es wesentlich, ob er in jungen Jahren einer bedeutenden Lehrerpersönlichkeit begegnet, die ihm zur geistigen Menschwerdung hilft und ihm nicht bloß Wissen vermittelt. Eckhart war für Tauler das größte Erlebnis während der ersten Hälfte seines Lebens. Des Meisters mystische Verkündigung überflutete Tauler förmlich, und gelegentlich folgte er dem großen Thüringer «bis an die Grenzen des Tragbaren[18]». Freilich bedeutete die nachhaltige Jugenderfahrung zunächst nur ein gedankliches Verständnis von Eckharts Mystik, und selbst in seinem Alter vermochte er die geistige Sturzflut noch nicht völlig zu bewältigen. Dies hat man ihm zugute zu halten. Tauler hatte auch eine menschliche Beziehung zu seinem verehrten Lehrer, in dem er den «liebenswerten Meister» sah. Später gelangte Tauler zu der in seiner Zeit einzigartig dastehenden Eckhart-Interpretation: «Er sprach aus der Ewigkeit, und ihr versteht es nach der Zeit[19].» Mit dieser entscheidenden Erkenntnis hat er das Tor zum wahren Eckhart-Verständnis aufgestoßen. Nie wurde Eckharts Mystik kongenialer gedeutet. Eckhart aus der Zeitströmung zu verstehen heißt, ihn mißverstehen. Ihn als einen Menschen der Ewigkeit zu begreifen bedeutet, seine göttliche Sendung zu ahnen. Hätten die Christen damals Taulers Auffassung ernsthaft bedacht, müßte man von keiner Eckhart-Passion sprechen. Taulers tiefe Einsicht weist auf Eckharts Geheimnis hin.

Zu keiner Stunde ist Tauler dem geliebten Meister untreu geworden, doch lohne man es seinem Lehrer schlecht, wenn man immer sein Schüler bleibe, meinte einmal Nietzsche. Tauler war viel zu eigenständig veranlagt, um einfach Eckharts

Predigten zu wiederholen, aber man spürt doch seinem ganzen geistigen Habitus an, wie befruchtend Eckhart für ihn war. Taulers Predigten sind aus der Spiritualität Eckharts hervorgegangen; er hat ihn wirklich aus der Ewigkeit heraus verstanden. Einmal sagte er warnend zu den Schwestern: «Fraget nicht nach Gottes Seinslosigkeit, nach dem Ausfluß und dem Rückfluß der Dinge in Gott, nach dem Seelengrund in der Nichtigkeit der Seele und nach dem Seelenfunken in Gottes aus sich selbst seiendem Sein. ‹Euch ziemt nicht›, sprach Christus, ‹Gottes Geheimnis zu kennen.› Wir sollen einen wahren, einfältigen, ganzen Glauben haben[20].» Mit dieser Ermahnung wollte Tauler gerade die Mystik davor retten, mit der verurteilten Spekulation in den gleichen Topf geworfen zu werden. Für dieses weise Tun verdient Tauler den Dank der Nachwelt. Er bekannte sich zu der mystischen Bewegung, die zwar von manchen Mitbrüdern als Gefahr scheel angesehen wurde, während sie doch ein bedeutsames Bollwerk gegen die überhandnehmende Dekadenz jener Zeit war.

Nach dem Kölner Aufenthalt kehrte Tauler nach Straßburg zurück. Während seiner Predigttätigkeit wurde die Stadt vom Interdikt betroffen, das der Papst über sie verhängte, weil sie zu Ludwig dem Bayern hielt, mit dem der Träger der Tiara jahrelang in einem «für beide Seiten beschämenden Streite» lag[21]. Tauler beteiligte sich in keiner Weise an dieser heftigen Auseinandersetzung, die Städte, Klöster und Familien entzweite. Es findet sich in seinen Predigten nie eine polemische Bemerkung, war es doch nicht seine Aufgabe, sich in die Politik einzumischen. Er kreiste um das mystische Leben, das allein jedem politischen Zwist überlegen war. Während des häßlichen Zankes zwischen Papst und Kaiser Ludwig wich Tauler rechtzeitig nach Basel aus und lebte während einiger Zeit in der damals noch nicht der Eidgenossenschaft angehörenden Stadt. Er zählte zu den vornehmsten Gästen der Rheinstadt. Damals befreundete sich Tauler mit Heinrich Seuse, dessen Horologium sapientiae er erwarb. Während der Basler Zeit verkehrte er mit Heinrich von Nördlingen, der der Gottesfreundbewegung nahestand. Dieser Weltpriester schrieb einmal an Margarete Ebner: «Bitte Gott für unseren lieben Vater Tauler. Der ist gewöhnlich auch in großem Leiden, weil er die Wahrheit lehrt und ihr so ganz lebt, wie ich je einen Lehrer kenne[22].» Seltsam, man überliest die beiden Sätze leicht. Schaut man sie näher an, enthalten sie in aller Kürze eine ganze Tauler-Interpretation: Beim Straßburger Prediger stimmte Leben und Verkündigung überein; er hat für die Wahrheit gelitten! Später erhielt er vom flämischen Mystiker Johannes Ruysbroek «Die Zierde der geistlichen Hochzeit», ein Geschenk, das auf die weitreichenden Beziehungen Taulers hinweist. Nach der Aufhebung des Interdiktes kehrte Tauler nach Straßburg zurück und predigte wieder in den dominikanischen Frauenklöstern, zu deren Betreuung der Orden verpflichtet war.

Damals hörte er auch von den fragwürdigen Geißlerzügen, die mit ihren Bußgesängen in Deutschland Bestürzung hervorriefen. Noch mehr wird ihn die große Pestseuche beeindruckt haben, raffte doch der Schwarze Tod allein in seiner Vaterstadt mehrere tausend Menschen dahin. Derartige Heimsuchungen wirken in der Bevölkerung stets zwiespältig: Einerseits wecken sie eine ausgelassene Lebensgier, und andererseits verursachen sie eine bebende Todesangst. Beide Strömungen gehören zum Zeithintergrund von Taulers Dasein, was beim Lesen seiner Predigten mitbedacht sein will.

Die zweite Hälfte von Taulers Leben kann nicht geschildert werden, ohne auf die «Historie des ehrwürdigen Doctors Tauler» einzugehen, deren Verfasser bis auf den heutigen Tag unbekannt geblieben ist. Die aus dem «Meisterbuch» entlehnte Erzählung wurde seit dem ersten Tauler-Druck durch alle Zeiten hindurch als seine Vita seinen Predigten vorangestellt. Erst im vergangenen Jahrhundert wurde sie von der historischen Kritik zerfetzt und als eine glatte Fälschung in das Reich der Fabel verwiesen[23]. Doch blieb diese Zerstörung ganz dem Geist des 19. Jahrhunderts verhaftet. Der Tauler-Übersetzer Walter Lehmann klagte denn auch: «Ein Stück nach dem andern hat die geschichtliche Kritik als unhaltbar gestrichen.

Und immer tiefer ist das Leben dieses Predigers ins Dunkel gesunken[24].» Als Resultat dieser Bestreitung blieb eine bloße Hypothese übrig, und ihrer hat die historische Kritik viele aufgestellt. Im vorliegenden Fall beruht sie auf dem Mißverständnis, daß das «Meisterbuch» Geschichte im neuzeitlichen Sinn berichte. Dies trifft in der Weise nicht zu. Es handelt sich bei der «Historie» um eine anonyme Legende mit all den Ausschmückungen dieser Literaturgattung; sie muß mit einem Sinn für legendäre Überlieferung gelesen werden. Die Unterscheidung zwischen Geschichte und Legende kannte das Mittelalter noch nicht. Legenden dürfen nicht mit rationalistischen Überlegungen angegangen werden, weil man dann ihr Verständnis zum voraus verfehlt. Von Fälschungen zu reden, ist ebenso abwegig, wie das Legendäre der bloßen Phantasie gleichzusetzen. Die Legende weist eine andere Dimension auf, bei der immer der Sinn an erster Stelle steht und die Geschichtlichkeit zweitrangig ist. Nach dieser Zwischenbemerkung wird man das berichtete dramatische Ereignis im späteren Leben Taulers nicht mehr als eine bloße Fiktion beiseite schieben, sondern mit dem nötigen Zartsinn als eine Fährte bewerten, die dem Leser Tauler erst richtig erschließt.

Danach ereignete sich in Taulers Leben nach seinem vierzigsten Altersjahr ein völlig unerwartetes Geschehen, das an Bedeutung nur mit der in jungen Jahren erfahrenen Eckhart-Begegnung verglichen werden kann. Unter seiner Kanzel saß einmal ein Laie, der zu den Gottesfreunden gehörte, dessen Name nicht überliefert ist. Die Gottesfreunde im Elsaß waren eine nicht organisierte Bewegung von Laien und Priestern, die, wie ihr Name besagt, nach einer nahen Gottesbeziehung suchten. Nachdem er sich einige Predigten von Tauler angehört hatte, kam es zu einem Gespräch zwischen den beiden Männern. Der Gottesfreund beurteilte Tauler als einen sanftmütigen, gutherzigen Mann, der jedoch noch nicht erleuchtet sei. Ja, er bemerkte nicht gerade taktvoll, er, Tauler, lebe nicht nach der Wahrheit, ein Vorwurf, der schon gegen viele Kanzelredner erhoben wurde, obschon deren Rhetorik nicht der Heuchelei gleichgesetzt werden darf. Ja, der Laie scheute sich nicht, Tauler einen «Pharisäus» zu nennen, was begreiflicherweise bei Tauler Anstoß erregte. Tersteegen bemerkt zu dieser Anklage in seiner Tauler-Darstellung: «Der Pharisäer kann sich tief in uns verbergen. Es gehört ein helles, erleuchtetes Auge dazu, um ihn in sich zu entdecken[25].»

Tauler setzte sich gegen den massiven Angriff von einem Laien sofort zur Wehr, aber es blieb doch ein Dorn in seinem Fleische stecken. Es plagte ihn. Während er darüber nachsann, stürzte er gleichsam zu Boden, und die bis dahin zur Schau getragene Sicherheit löste sich in Dunst auf. Nach dieser Selbstprüfung fühlte er sich vernichtet. Es waren wohl die dunkelsten Stunden in seinem Dasein, jedenfalls empfand er tiefste Reue über sein bisheriges Leben. Erst nach einiger Zeit vernahm er die innere Lossprechung. Im bewußtlosen Zustand hörte er wundersame, bis dahin noch nie vernommene Worte. Die erste Wende war ihm durch Eckhart zuteil geworden. Man nennt dieses neue Ereignis die zweite Bekehrung Taulers, zu der ein geheimnisvoller Laie den Anstoß gab, der nicht als Fabelfigur abgetan werden darf.

Damit war Taulers Seelendrama noch nicht zu Ende. Seiner wartete noch eine letzte Demütigung. Auf den Rat des Laien kündete er nach vielen Monaten wieder eine öffentliche Predigt an. Als Tauler die vielen auf ihn gerichteten Augen sah, übermannte ihn eine starke Empfindung; er brach in Tränen aus und vermochte nur wenige Worte zu stammeln. Die versammelte Gemeinde antwortete mit Gelächter, und Tauler wurde zum Stadtgespräch. Damit er nicht wieder zum Gespött der Leute werde, verbot ihm der Ordensobere jede weitere Predigt. Erst nachdem er eine Probelektion gehalten hatte, erlaubte man ihm wieder das öffentliche Auftreten. Seine schwere Lebenskrise bewog ihn, die bisherige Predigtweise gründlich zu ändern. Während er früher wohl aus einer unbewußten Eitelkeit heraus viele lateinische Worte in seine Rede eingeflochten und auf allerlei Dinge angespielt hatte, die die Zuhörer nicht verstanden, konzentrierte er sich nun auf das eine, das not tut.

Tauler wählte den Text «Mitten in der Nacht aber erscholl ein Geschrei: Siehe, der Bräutigam! Gehet hinaus, ihm entgegen![26]» Gemäß dem «Meisterbuch» predigte Tauler dermaßen erschütternd, daß ein Zuhörer laut aufschrie und rief: «Es ist wahr!» Nach der wuchtigen Predigt blieben an die vierzig Männer wie erstarrt auf dem Kirchhof stehen, weil sie sich von dem Eindruck nicht zu erholen vermochten.

Diese entscheidende Gotteserfahrung erlebte Tauler in Straßburg. Ob das elsässische Dominikanerkloster so degeneriert war, daß viele Patres darin wie «möblierte Herren lebten: mit eigenem Zimmer, eigener Verpflegung und Kleidung[27]», sei in diesem Zusammenhang dahingestellt. Es gab damals unter den Dominikanern eine strengere und eine lockere Richtung. Tauler bewegte sich seit seinem Eckhart-Erlebnis zur Mystik hin, doch hatte er sie bis anhin bloß gedanklich erfaßt und nicht in der eigenen Persontiefe erfahren, worauf es gerade ankommt. Dies hat er demütig und ehrlich gestanden: «Glaubt nicht, daß ich in eigenem Erleben bis dahin gelangt sei. Gewiß sollte kein Lehrer von Dingen sprechen, die er nicht selbst erlebt hat. Doch zur Not genügt, daß er liebe und das im Sinn habe, wovon er spricht[28].» Viele Menschen fanden auch im Kloster erst nach einigen Jahren den inneren Weg. Das berühmteste Beispiel ist Theresia von Avila, die zwanzig Jahre lang eine gleichgültige Nonne war und erst durch das Säulenerlebnis zur großen Mystikerin aufstieg. Ähnlich und doch wiederum ganz anders verhielt es sich bei Tauler. Er war nie ein lauer Mensch – davor bewahrte ihn schon seine Eckhart-Beziehung. Die Begegnung mit Meister Eckhart war sein erstes Erlebnis, von dem er ehrlich begeistert war. Wie tief aber ging die erste Umkehr? Die Frage ist erlaubt. Begehen nicht viele Prediger den Fehler, von etwas zu reden, von dem sie eigentlich noch nicht reden dürften? Eilen sie nicht oft ihren Erfahrungen voraus? Ohne das Hinabsteigen in die unterste Tiefe wäre Tauler nie dazu gelangt, derart substantielle Predigten zu halten. Einzig die erduldete Demut ließ ihn den Aufstieg zur lichtvollen Höhe erfahren.

Ob nun das aufwühlende Gotteserleben Taulers auf das Auftreten des Gottesfreundes zurückzuführen ist, ist nicht mehr eindeutig auszumachen. Auf die Einzelheiten der «Historie» darf man sich nicht festlegen. Bei aller phantasievollen Ausschmückung enthält die alte Legende den wahren Kern. Sie bezeugt, daß Tauler nach dem vierzigsten Altersjahr eine «zweite Kehr» erlebt hat, die nun existentieller und nicht mehr bloß intellektueller Art war. Erst dieses zweite Erlebnis führte ihn in die letzte Tiefe, brachte ihn zunächst zum Verstummen und ließ ihn dann zum großen Mystiker werden. In seinen Predigten sprach er nicht über sein Damaskuserlebnis, in dem ihn die ewige Stimme bei seinem Namen rief. Tauler erwähnte mehrfach mit ungewöhnlicher Betonung das vierzigste Altersjahr, in dem er seine zweite Bekehrung erlebte: «Der Mensch tue, was er wolle, und fange es an, wie er wolle, er kommt niemals zu wahrem Frieden, noch wird er dem Wesen nach ein Mensch des Himmels, bevor er an sein vierzigstes Lebensjahr kommt. Bis dahin ist der Mensch mit so vielerlei beschäftigt, und die Natur treibt ihn hierhin und dorthin, und manches ist, was die Natur in ihm oft beherrscht, während man wähnt, es sei ganz und gar Gott, und er kann nicht zu wahrem, vollkommenem Frieden kommen noch ganz des Himmels werden vor jener Zeit. Dann soll der Mensch noch zehn Jahre warten, ehe ihm der Heilige Geist, der Tröster, in Wahrheit zuteil werde, der Geist, der alle Dinge lehret[29].» Das ist das große Selbstzeugnis, das deutlich auf die tiefgreifende Wende in Taulers Leben hinweist und indirekt «die Historia» bestätigt. Tatsächlich sind bei vielen Menschen die ersten vier Jahrzehnte noch eine verworrene Zeit, vieles ist nicht geordnet, und sie begehen Torheiten, die man ihnen verzeihen muß. Zahlreiche Menschen beginnen erst nach dem vierzigsten Altersjahr in religiöser Beziehung zu reifen, wenn man auch aus dieser Wahrnehmung kein Gesetz ableiten darf. Tauler erlebte erst in diesem Zeitraum den tieferen Durchbruch. Wie er genau vor sich gegangen ist, entzieht sich dem historischen Wissen, doch gehört ein solches Erlebnis auch in die Verborgenheit. «Arme

Menschen, die wir sind, mögen wir erschrecken, von solch hohen Dingen zu sagen und zu hören, wenn wir sie nicht selbst erlebt haben. Die, für die das gilt, wissen davon und können doch nicht vollständig darüber sprechen[30].» Das ist wiederum ein beachtenswertes Selbstbekenntnis des Straßburger Predigers, jedenfalls bezeugt es das Schweigen über sein Erleben. Tauler hat eine ganz zentrale zweite Umkehr erfahren. Aus der Zeit nach diesem mystischen Erleben stammen die meisten seiner Predigten, die im einzelnen nicht datierbar sind. «Das gesamte vorliegende Predigtwerk hat einer relativ kurzen Zeitspanne sein Entstehen zu verdanken, eben der Spanne zwischen einer vermuteten Lebenswende und der Todeskrankheit[31].»

Die zweite Bekehrung spielt im Leben etlicher Christen eine bedeutsame Rolle. Der Christ sollte sich nicht nur zweimal, sondern immer wieder aufs neue auf die Umkehr vorbereiten, damit er stets mit Paulus bekennen könne: «Nicht daß ich es schon ergriffen hätte...[32]»

Jetzt begann die große Zeit von Taulers Predigten, die der Nachwelt überliefert sind. In der Gegenwart steht zwar die Gattung der Predigtliteratur nicht hoch im Kurs. Der moderne Mensch will nicht mehr länger nur passiver Zuhörer im Gottesdienst sein, fühlt er sich doch von einem unbequemen Wort sofort angepredigt und möchte vor allem mitreden können. An sich ist die heutige Abneigung gegen die Predigten unrichtig. Die Propheten haben gepredigt, Jesus hat gepredigt, die Apostel haben gepredigt, Augustinus, Bernhard und Franziskus haben gepredigt. Es fragt sich jedoch stets, was gepredigt wird. Es gibt viele langweilige Predigten, bei denen man ungeduldig auf das Amen wartet. Julien Green, der so düstere Romane schrieb, empfindet Tauler als eine «väterliche Gestalt», dessen Predigten immer wieder zu lesen er nicht müde wurde, weil sie den Leser sowohl schütteln als überzeugen[33]. Tauler hielt keine der üblichen Predigten, bei denen dem Zuhörer das Gähnen ankommt. An dieser Stelle ist an Christine Ebners Wort zu erinnern: «Er hat das Erdreich angezündet mit seiner feurigen Zunge.» Damit hat sie Tauler adäquat charakterisiert; man kann es gar nicht besser sagen. Es ist etwas Einmaliges um Taulers Predigten, die er mit inniger Wärme vortrug, so daß sie zum innersten Gemüt sprachen. Er redete nie grobschlächtig, immer aber eindringlich, die Herzen entzündend. Unwillkürlich denkt man an das Wort Jesu: «Ich bin gekommen, daß ich ein Feuer anzünde auf Erden, was wollte ich lieber, denn es brennete schon![34]» Tauler hat diese Aufgabe wieder aufgenommen, sein Wort hat eingeschlagen und einen lang anhaltenden Brand entfacht.

Nachdem Tauler das sechzigste Altersjahr überschritten hatte, wurde er von einer schmerzhaften Krankheit betroffen, über deren Art nichts Näheres bekannt ist. Er begab sich in das Dominikanerinnenkloster, in dem seine Schwester als Nonne lebte. Sie pflegte ihn mit schwesterlicher Liebe im außerhalb der Klausur gelegenen Gartenhaus, das sich in der sommerlichen Zeit ohne weiteres als geeignet erwies. Am 16. Juni 1361 starb Tauler. Man begrub ihn in der Kirche seines Klosters und stellte eine Grabplatte, auf der seine Gestalt eingeritzt war, im Kreuzgang auf. Beim Brand der ehemaligen Klosterkirche im vergangenen Jahrhundert brachte man sie in Sicherheit. Heute befindet sich die Grabplatte in der evangelischen «Neuen Kirche» der Stadt Straßburg und erinnert uns an die Zeit der ungeteilten Christenheit, die man nie vergessen darf.

Will man Taulers Persönlichkeit richtig würdigen, so mag man an die Plastik «Christus und Johannes» aus dem Jahre 1310 denken, die im ehemaligen Zisterzienserinnenkloster Heiligkreuztal steht. Sie prägt sich dem aufmerksamen Betrachter unvergeßlich ein. Nur so und nicht anders ist die Johannes-Minne während des Abendmahls aufzufassen. Auch Tauler hat sich, geistig verstanden, an des Herrn Brust gelehnt. Der Straßburger Meister hieß nicht nur Johannes, er war auch eine johanneische Gestalt. «Der Name ‹Johannes› bedeutet, kurz gesagt, den, ‹in dem die Gnade ist›[35]», und damit hat Tauler, ganz verhüllt, von sich selbst gesprochen. Nach seinen Ausführungen zu schließen, hörte er, an Jesu Brust liegend, das Herz Christi schlagen. Daraus allein läßt sich die mystische Melodie seiner Predigten einigermaßen erklären. Dabei blieb er immer der kernige Alemanne, eine ebenso liebenswürdige wie tiefe Persönlichkeit, die mit ihrer «ehernen Mystik», wie sie Herder nannte, zu den zeitlosen Weggefährten zählt.

Ebenso ist auf die im Mittelalter beliebte Unterscheidung zwischen dem Bild des irdischen und dem Bild des himmlischen Menschen hinzuweisen. Das irdische Bild von Tauler wurde skizziert, so gut wir späte Menschen dazu fähig sind. Das himmlische Bildnis lebt in seinen Predigten weiter. Um der Vollendung willen, die Tauler nach schweren inneren Kämpfen in seinen beiden letzten Jahrzehnten erreicht hat, steht er als eine Gestalt da, die in einer stets maßlos überschäumenden Zeit sowohl das christliche Maß wie auch die innere Ordnung vertrat und von einer mystischen Freude erfüllt war. Tauler redete stets von Erfahrungen und nie von abstrakter Spekulation. Er erstrebte ein seelisches Tun und Erleiden, das beständig nach der überirdischen Welt tendierte. Dies ist weit wichtiger als sein äußerer Lebenslauf, der nur in skizzenhafter Andeutung vorliegt.

Man spürt die warme Christlichkeit des Mystikers aus einer unbedeutenden Begebenheit voll bezaubernden Charmes. Von Tauler hat sich nur ein einziger Brief erhalten. In diesem Brief an die Medinger Priorin Elsbeth Schepach und an Margarete Ebner schrieb er: «Ich sende Euch, domina Elsbeth, in Christo multum dilecta, zwei Käse und für Margareta und ihre Kinder auch zwei Käslein, und ich begehre, daß sie sie vor dieser Fastnacht essen. Wisset, daß ich sie euch mit Freuden sende; und darum bitte ich euch, daß ihr sie gerne annehmt von mir, eurem armen Freund und Diener in Christo[36].» Das Geschenk der Käslein ist eine geradezu rührende Handlung Taulers, die man nicht stillschweigend übergehen darf, soll sein Bild plastische Züge annehmen. In dieser Weise handelt keiner, der die Nase hoch in der Luft trägt, sondern ein schlichter Dominikanerpater, der auch im alltäglichen Leben zu Hause ist und mit seinen bescheidenen Mitteln seinen Mitmenschen gerne eine Freude bereitet. Als Bettelmönch war Tauler ein «armer Diener» und hatte keine kostbaren Geschenke zu verteilen. Aber er liebte es, seine Freunde zu erfreuen, und hatte es gerne, wenn sie die Gabe mit Freuden annahmen. Diesmal waren es nur kleine Käslein, aber sie bilden gerade den richtigen Vordergrund zum hintergründigen Erleben, das ihm in seiner zweiten Lebenshälfte widerfuhr.

Was sagen wir zu den Käslein? Wir verstehen sie nach Taulers Art symbolisch und essen voll Freude das mystische Käslein, das er uns vorsetzt. Wir nehmen es zu uns, nicht nur vor der Fastenzeit, sondern fortwährend, denn es mundet allezeit, und nie werden wir dieser mystischen Speise überdrüssig. Dankbaren Herzens gestehen wir, daß uns noch keines so vorzüglich geschmeckt hat wie das, das Tauler seinen damaligen und heutigen Freunden mit Freuden gesandt hat und noch sendet.

## *Das süße Saitenspiel*

In all seinen Ausführungen vertrat Tauler keine Lehre, kein System und keine Dogmatik. Dies sind Begriffe, die er aus seiner Ausbildungszeit wohl kannte, aber nie gebrauchte. Deswegen darf man Tauler nicht theologisch angehen, denn darauf angesprochen, antwortet er nicht. Was er predigte, war Mystik, und er predigte in vielen Variationen über ein einziges Thema. Dabei war er sich bewußt, daß dies nicht für alle Ohren bestimmt ist. «Jetzt will ich einen Gedanken aussprechen, den nicht ein jedes versteht, und doch spreche ich stets gut deutsch. Die nämlich verstehen diesen Sinn allein, denen etwas davon aufgegangen und eingeleuchtet ist; sonst niemand[37].» Tatsächlich setzte Tauler ähnliches Erleben voraus, um verstanden zu werden. Diese Voraussetzung bleibt auch für die heutige Zeit bestehen. Wiederum hat hierin Christine Ebner das einzig richtige Wort getroffen, indem sie sagte, daß «Gott als ein süßes Saitenspiel in Tauler wohne». Darauf muß sich unser Gehör und unsere Aufmerksamkeit einstellen. Das Saitenspiel klingt bei ihm lieblich und melodiös, man wird nicht müde, es immer wieder neu zu hören, aber es ist und bleibt Gottes Saitenspiel, und Tauler war nur das Instrument dafür.

### *Zwischen Zeit und Ewigkeit*

Wie alle Mystiker wußte auch Tauler, daß nach Jesu Worten *eines* not tut. Das Viele zerstreut den Menschen; er betreibt dann bald dies und bald das und nichts mit dem nötigen Ernst. Gegen diese Gefahr wußte sich Tauler gefeit. Seine Gedanken kreisten im Grunde immer um das eine augustinische Thema: Gott und die Seele. Aber er sprach nicht eintönig davon, kein Zuhörer langweilte sich, denn Tauler verstand die einzigartige Melodie auf eine eindrückliche Art zu variieren. Der Zuhörer wird gleichsam genötigt, beständig aufzuhorchen, weil das eine Notwendige immer wieder in einer andern Formulierung vorgetragen wird. Natürlich kann von dieser Vielfalt in der Einheit in diesem Zusammenhang nur unvollkommen gesprochen werden, man muß schon selbst zu Taulers Predigten greifen und sich nicht nur einmal, sondern immer wieder in sie vertiefen. Der empfängliche Leser wird das nie bereuen, sondern diese Predigten bald als ein Werk anerkennen, das ihn durch das Leben begleitet. Die mystische Musik, um dieses Bild zu gebrauchen, klingt lieblich und kraftvoll zugleich an sein Ohr und erfüllt ihn immer wieder neu. Jetzt können nur wenige Akkorde angeschlagen werden, die der Elsässer in Straßburg erklingen ließ.

Ausgegangen ist Tauler bei seinem Saitenspiel von der Seele, für die er das uns ungebräuchliche Wort «Grund» verwandte. «Trage alles recht wieder in den Grund, von dem es ausgeflossen ist, halte dich bei nichts auf, sondern fließe du selbst mit allen Dingen da hinein[38].» Ehe der Mensch überhaupt etwas Richtiges tun kann, muß er «zuvor mindestens in unseren eigenen Grund kommen[39]». Was versteht Tauler unter dem nach ihm nur wenigen Menschen wirklich bekannten Grund? Er verwendet dafür verschiedene Formulierungen; eine der aufschlußreichsten lautet: «Die Seele wird auch ‹Gemüt› genannt; das ist ein köstlich Ding: in ihm sind alle Kräfte vereinigt, Vernunft, Wille, aber es selbst steht über diesen, und es besitzt mehr als diese[40].» Im gleichen Atemzug fügt er hinzu: «Dieser Grund ist so edel, daß man ihm keinen eigenen Namen zu geben vermag. Zuweilen nennt man ihn den Boden, zuweilen den Wipfel der Seele[41].» Der Mensch muß sich seines Grundes, das will heißen, seiner Seele, bewußt werden, nicht aber im bloß psychologischen Sinn von heute. Die Menschen sind manchmal in Gefahr, über ihren natürlichen Bedürfnissen ihre Seele zu vergessen, was sich nur zu oft verhängnisvoll auswirkt.

«Die Seele steht so recht in der Mitte zwischen Zeit und Ewigkeit[42].» Mit diesen Worten umreißt Tauler ihre Haltung. Wegen dieses Zwischenzustandes fehlt der Seele oft die Eindeutigkeit. Ihr Wesen ist zwiespältig. Sie verstrickt sich in Widersprüche, in weltliche Dinge und entfremdet sich von Gott. Dann wiederum fühlt sie ein Unbehagen, das sich in einer unaussprechlichen Sehnsucht kundtut. «Das Gemüt, der Grund, ist wie eingepflanzt in der Seele, so daß sie ein ewiges Streben und Ziehen in sich selbst hinein hat», führt Tauler aus[43]. Wenn auch nach ihm das Gemüt einfältig und wesentlich ist, so weiß er doch wie wenige um die Zwielichtigkeit des Gemütsgrundes Bescheid. Der Mensch glaubt so viele andere Dinge zu wissen, sich selbst aber kennt er nicht. Nach Tauler ist dies eine der Unbegreiflichkeiten des Lebens. Welchen Stimmungen ist doch die Seele ausgesetzt, und wie wenig hat sie sich in der Hand! Die Seelenkenntnis dieses mittelalterlichen Mönches ist erstaunlich. Er erkannte Jahrhunderte vor der modernen Tiefenpsychologie, wie «zerstreut und gespalten[44]» die Seele des Menschen oft ist, worüber man sich meist keine Rechenschaft gibt. Tauler wußte darum, war er doch durch und durch ein Seelenmensch, dem die verschiedenen Möglichkeiten der Seele vertraut waren. Der «Grund» ist das Beste und auch das Gefährdetste, was der Mensch hat. Er muß sich zunächst klarwerden über dieses schillernde Wesen, damit er seine Entscheidungen treffen kann.

Tauler fordert zunächst, was den heutigen Menschen fremd anmutet: «Sei ein Nichts in deinem Grunde und in deinen Augen[45].» Der Straßburger kommt mehrfach darauf zurück: «So muß sich denn der Mensch vor allem in sein Nichts hineinversetzen[46].» Damit steht man vor einem bedeutsamen Anliegen Taulers. Es ist nicht leicht zu verstehen, und doch hängt alles davon ab, daß es in Taulers Sinn aufgenommen wird. Das Nichts hat weder mit dem weitverbreiteten Minderwertigkeitsgefühl noch mit dem modernen Nihilismus etwas zu tun. Alle diese Anklänge gehören nicht hierher, denn es geht vielmehr um die Vernichtung des selbstbewußten Ichs, das sich immer wieder in die vorderste Linie setzen will. Sich in sein Nichts vertiefen, ist ein schmerzvoller, aber notwendiger Prozeß. Er spielt nicht nur in der Mystik eine entscheidende Rolle, sondern in jedem echt christlichen Leben. Der jüngere Blumhardt formulierte dies einmal so: «Sterbet, so wird Jesus leben.» Dem Pfarrer von Ars wurde einmal sein Nichts von Gott gezeigt. Auf die Dauer ertrug er den furchtbaren Anblick nicht und bat Gott, ihn davon zu befreien, damit er nicht ganz mutlos werde. Trotzdem muß der Mensch in die letzte, abgründige Tiefe hinabsteigen, wenn er sein eingebildetes Wesen überwinden und dem Höchsten begegnen will. Das Nichts hat mit dem Weizenkorn zu tun, das nach Jesu Wort sterben muß, damit es viele Frucht bringen kann.

Nach Tauler begibt sich die Seele des Menschen auf den Weg. Der Weg-Gedanke nimmt einen wichtigen Platz im biblischen Denken ein. Jesus redet vom «schmalen und breiten Weg», im Johannes-Evangelium bezeichnet der Herr sich als «Weg», und die ersten Christen sprachen von ihrer Gemeinschaft als von einem «Weg»[47]. Ganz bewußt wollte Tauler in der spätmittelalterlichen Dämmerung seinen Zuhörern einen Weg zeigen. Er selbst ist in seinem Leben einen eindeutigen Weg gegangen, ließ aber, wie jeder überlegene Seelenführer, eine Vielfalt von Wegen gelten. «Gott zieht seine Diener nicht nur auf *einem* Weg, noch durch *ein* Werk, noch auf *eine* Art, sondern er zieht sie dahin, wo er ist, das heißt auf alle Wege, durch alle Werke, auf alle Arten, denn Gott allein ist in *allen* Dingen, sofern sie gut sind[48].» Man darf nicht alle Menschen nach der eigenen Methode ausrichten wollen, denn dies würde nur zu einer unfruchtbaren Gleichschaltung und zu einem Schematismus führen. So verschieden die Menschen sind, so verschieden sind auch ihre Wege zu Gott. Tauler selbst drängte einzig auf den Weg zum Ewigen. «Gott hat uns alle Dinge gegeben, damit sie ein Weg zu ihm seien; und er allein will Ziel dieses Weges sein, anders nicht, weder so noch so[49].» Die Dinge als Weg zu Gott zu verstehen, führt nicht zu einer ästhetischen Dingmystik, wie Rilke sie vertrat, sondern ist eine tiefe Weisheit, die dem Menschen das Leben zu bestehen hilft. Damit ihm dies gelinge, muß der Mensch unbedingt mit der Wegsuche beginnen. Tauler hält das andauernde Suchen für unerläßlich, und er unterscheidet dabei verschiedene Arten des Suchens, ein tätiges, in welchem der Mensch selbst sucht, und ein leidendes, in dem er gesucht wird[50]. Auch seinen eigenen Grund muß der Mensch suchen. Tauler erklärte eindeutig: «Der Weg, der zu diesem Ziel bringt, muß über das anbetungswürdige Leben und das Leiden unseres Herrn Jesus Christus führen[51]», weil nur er zu einer wesentlichen Umkehr führt, ohne die alles andere nicht hilft. Dabei schärfte Tauler seinen Zuhörerinnen ein: «Das geht nicht an einem Tag und auch nicht in kurzer Zeit: man muß sich damit quälen und daran gewöhnen mit emsigem Fleiß; man muß dabei aushalten: so wird es zuletzt leicht und erfreulich[52].» Ohne Mitarbeit des Menschen geht es nicht, und nichts hat Bestand, was nicht durch ernste Anstrengungen erworben wird.

Eine der mannigfachen Übungen auf diesem Weg ist das Schweigen. In einer bei ihm sonst ungewohnten Weise sagte Tauler ganz kurz: «Soll Gott sprechen, so müssen alle Dinge schweigen[53].» Er ermahnte seine Zuhörer, sich vor ihrer Zunge zu hüten, unnütze Fragen und das «leidige Geschwätz» zu meiden[54]. Ausdrücklich wandte er sich gegen die Sucht, «über die Gottheit nach den Sätzen der Vernunft» zu diskutieren, wie die Philosophen es tun, womit die Redner und die Zuhörer sich gleicherweise selbst zugrunde richten[55]. «Darum laßt euer

Disputieren darüber sein, und glaubt schlicht, und überlasset euch Gott[56].» Tauler war kein Feind der Vernunft, und doch warnte er seine Zeitgenossen: «Sie verlassen sich auf ihre Vernunft, dünken sich darin etwas Besonderes und verfehlen durch die Wahrheit der Vernunft die lebendige und wesentliche Wahrheit. Denn damit, daß man die Wahrheit kennt, besitzt man sie noch nicht[57].» Mit dem Wissen allein ist es nicht getan. Man kann vieles wissen und dabei doch das Leben verfehlen. Das Vernunftwissen ist ein Anfang, aber es muß noch etwas anderes hinzukommen. Das Tun der Wahrheit ist wesentlicher. Tauler waren diese Übungen wichtig, und doch hat er sie nicht überschätzt. Er wußte um ihre Vorläufigkeit. «Nun sind alle Übungen der Frömmigkeit, alle Gaben und alle Gnaden nur ein Weg auf Gott hin, eine Vorbereitung, durch die der Mensch bis zu Gott und in Gott gelangt[58].» Vor allem haben es ihm die innerlichen Übungen angetan, scheute er sich doch nicht zu sagen: «Findest du jedoch, daß dich die äußere Frömmigkeitsübung an der innerlichen Übung hindert, so laß entschlossen von jener ab[59].»

Taulers Hinweis auf die Übungen wurde vielfach mißverstanden. Noch aus der Gegenwart stammt die Fehldeutung: «Seine moralistische Einstellung tritt so stark hervor, daß gewisse Kommentatoren anzunehmen versucht waren, diese bilde Taulers ganz besonderen Wesenszug[60].» Dies ist bestimmt falsch, denn Tauler lag nichts an einer bloßen Moral, sondern er kreiste intensiv um die Mystik. Zwischen moralischer und evangeliumsgemäßer Haltung ist ein himmelweiter Unterschied. Christus ist mit den moralisch eingestellten Pharisäern stark zusammengestoßen. Die Moral bleibt immer im fordernden «du sollst» stecken und gelangt nie zum göttlichen Sein. Deswegen ist es ein fatales Mißverständnis, Tauler einen Moralisten zu nennen. Wie dürfte man sonst vom süßen Saitenspiel mit seinem Wohlklang reden? «Willst du das väterliche, verborgene, heimliche Wort in dir vernehmen, das in heiligem Flüstern zum Innersten der Seele gesprochen wird, so muß in und außer dir alles Ungestüm vernichtet sein[61].» Freilich war ihm die innere Ordnung des Menschen wichtig, denn ohne sie schreitet der Christ auf seinem Weg nicht weiter.

Das klare Ziel, das Tauler stets vor Augen hatte, war, die Seele zu Gott zu führen. Dies geschieht allein durch die Einkehr, von der Tauler überaus eindringlich zu sprechen wußte: «Sooft des Tages diese Einkehr geschieht, wenn möglich tausendmal am Tag, so oft geht eine Erneuerung vor sich[62].» Nichts darf der Einkehr in den inwendigen Grund vorgezogen werden. Tauler sagte, wenn eine Schwester beim Chorgesang die Mahnung in sich spüre, in das eigene Selbst einzukehren, so habe sie den Gesang auf der Stelle abzubrechen und die Einkehr zu vollziehen[63]. Diese ernsthafte Einkehr bewirkt – man wagt es fast nicht auszusprechen – die Vereinigung mit Gott. Wohlverstanden, die Vereinigung und nicht die Identität mit Gott, was etwas durchaus Verschiedenes ist. Bei der Gottesvereinigung nimmt Taulers Saitenspiel, entsprechend Christines Wort: «Gott wohnt in ihm», einen schlechthin unüberbietbaren Wohlklang an. Die Vereinigung vollzieht sich in zweierlei Weise: innen und außen, unmittelbar und mittelbar, im Geist und in der Natur. Der Mensch kann sie nicht von sich aus bewerkstelligen, weil er nicht über Gott verfügt. Sie steht hoch über jedem Maß, in göttlicher Unermeßlichkeit. Was Tauler mit all diesen Worten ausdrücken will, ist nichts anderes, als was sein Lehrer, Meister Eckhart, die Gottesgeburt in der Seele nannte[64]. Sie ist das große Geheimnis, in das der zwischen Zeit und Ewigkeit stehende Mensch aufgenommen wird. Die Gottesgeburt in der Seele erfordert eine intensive Anstrengung des Menschen, und zuletzt wird sie ihm doch vom Ewigen geschenkt. Dabei «versinkt der geläuterte, verklärte Menschengeist in göttlicher Finsternis, in Stillschweigen und in ein unbegreifliches und unaussprechliches Einssein mit Gott. In diesem Versinken hört alle Gleichheit und Ungleichheit auf[65].» Doch kann der Christ von einer brennenden Sehnsucht danach erfüllt sein und all die Hindernisse beseitigen, die der Geburt im Wege stehen. «Dann wird Gott sicher kommen, er wird in dir geboren werden. Aber wann? Das überlaß ihm; bei einigen in ihrem Alter, bei anderen in ihrer Todesstunde, das befiehl ihm![66]» Wenn der Mensch nicht die Vereinigung mit Gott erlebt hat, besitzt er nur «einen erdachten und einen gemachten Gott[67]», der nichts zu bedeuten hat. Tauler läßt alle Gottesvorstellungen oder Gottesbegriffe weit hinter sich. Ihm ist es daran gelegen, daß der Christ die Gottesgeburt in der Seele erfährt. Der Elsässer war ein Erfahrungsmensch. Er hat das ungeheure Erfahrungsdefizit in der offiziellen Theologie scharf durchschaut. Was die Gotteserfahrung «sei und wie, das kann man eher erleben, als man davon zu sprechen vermag; was hierüber gesprochen wurde, ist so ungleich und so gering, wie eine Nadelspitze gegenüber dem großen Himmel[68]». Wort und Begriff entfallen dem Menschen; es geht um etwas, was man weder zu verstehen noch in deutlichen Sätzen auszusprechen vermag. Wenn Tauler auch dem Erleben das Wort spricht, so liefert er die Gotteserfahrung doch nie dem bloßen Gefühl aus. «Man muß nicht stets jubeln oder große Süßigkeit empfinden – das mag wohl dazukommen; das Wesen der Andacht liegt in deiner Ergebung, deiner Vereinigung, deiner Verbindung mit Gott[69].» Tauler weiß, daß das Empfinden ein unsicherer Boden ist, und darum empfiehlt er Stille und Ruhe als Voraussetzung der Gottesgeburt. «Hier achte jeder auf sich selbst, ob er von Gott berührt sei oder nicht[70].» Außerdem spricht Tauler nachhaltig vom entscheidenden Unterschied «zwischen denen, die die Heilige Schrift leben, und denen, die sie nur lesen[71]». Niemals aber findet in der Vereinigung eine Identität zwischen Gott und Mensch statt. Nach Tauler können dies nur «dumme, affige Leute» behaupten, und sie begehen damit eine «böse Ketzerei». Tauler lehnte dies energisch ab. «Unbesonnene, törichte Leute fassen das in sinnlicher Weise auf und reden davon, sie würden in die göttliche Natur verwandelt; das ist eine ganz böse, trügerische Irrlehre. Selbst in der höchsten, innigsten, tiefsten Vereinigung mit Gott ist die göttliche Natur und göttliches Sein gar hoch über aller Höhe; da geht der menschliche Geist in einen göttlichen Abgrund, den ein Geschöpf niemals erlangt[72].» Tauler machte immer wieder darauf aufmerksam, daß die Vereinigung der

Seele mit Gott ein unbegreiflicher Vorgang ist. Sie geschieht mit der Schnelligkeit eines Blitzes und läßt sich mit dem Verstand weder verstehen noch erklären. «Das ist ein unergründlich Ding! Laßt daher euer Geschwätz, eure Auslegungen, eure Streitereien darüber[73].» Es ist und bleibt ein Geheimnis, vor dem der Mensch ehrfürchtig stillestehen soll.

Was ist das für ein Gott, der da in der Seele des Menschen geboren wird? Nach Tauler kann, wie alle Mystiker wußten, der Mensch nicht sagen, was Gott ist. «Denn Gott ist nichts von alledem, was du von ihm aussagen kannst: er ist jenseits aller menschlichen Vorstellung von Form, Wesen oder Gut. Er ist nichts von dem, was du von ihm erkennen oder aussagen kannst; er ist über all dem, was ein menschliches Verständnis begreifen kann, nicht hoch noch tief, weder so noch so, sondern weit über jeden menschlichen festumrissenen Begriff[74].» Tauler drückte sich noch schärfer aus: «Es geht wie in einen Abgrund: darin ist Gottes Wohnung, viel eigentlicher als im Himmel oder in allen Geschöpfen[75].» Das Wort «Abgrund» für Gott entspricht dem Wort «Grund» für die Seele. Die Bezeichnung «Abgrund» für Gott entnahm Tauler den Psalmen, wo es nach der Vulgata heißt «ein Abgrund ruft dem Abgrund[76]». Man darf jedoch den Abgrund nicht vom Grund trennen, dieweil die Seele von Gott nur etwas erfährt, sofern der Ewige sich mit ihr verbindet. Der geschaffene Grund ruft dem ungeschaffenen Abgrund. Aber man vergesse nicht: «In dem gewaltigen Abstand des kleinen Menschen von dem großen, ehrwürdigen Gott ist es begründet, daß man Gott mit furchtsamem Zittern aussprechen muß. Solcher Art soll der Mensch betrachten, welch Wunder das ist, daß der Mensch in seiner Kleinheit und Schwäche Gott seinen Vater nennen darf[77].» Die Vater-Beziehung zu Gott überwältigt den Christen stets aufs neue. Er findet dafür lediglich die stammelnden Worte: «Wenn ich dies Wunder fassen will, so steht mein Geist vor Ehrfurcht still» (Gellert).

Dabei verkündetete Tauler mit Nachdruck, daß es ohne Jesus Christus nicht möglich sei, die Vereinigung zu erleben. Alle Bilder verfliegen, nur das eine nicht, das Urbild, das die

Evangelien schildern. «Nun fragen einige Leute: ‹Bist du noch nicht darüber hinausgekommen?› – Ich antworte: ‹Nein, über das Vorbild unseres Herrn Jesus Christus vermag niemand hinauszukommen›[78].» Das eindeutige Christus-Bekenntnis sollte den Einwand, die Christologie komme in der deutschen Mystik zu kurz, ein für allemal zum Verstummen bringen. Nach Tauler muß der Mensch in seinem Herzen Gottes Ordnung wahrnehmen, die Christus verkündete, und dann auf dieser Bahn Schritt für Schritt vorangehen. Christus war für ihn kein bloßes Symbol, sondern der menschgewordene Gott. Er ließ hierin nicht die geringste Unklarheit aufkommen. «Niemand wird gerettet werden, der nicht das Zeichen des Kreuzes an sich trägt[79]», sagte er und verstand darunter, daß man den Weg des Gottessohnes in Elend, Armut, Bitterkeit nachzugehen versuche.

Verstand Tauler unter dem Erlebnis der Vereinigung mit Gott eine Entrückung? Nicht durchaus, auch wenn er die Verzükkung kannte und sie selbstverständlich guthieß. «So kurz und rasch verlaufend ein solches Gesicht auch sein mag, es geht über die Kräfte jeder Menschennatur, und diese allein könnte es weder ertragen noch begreifen[80].» Nach Tauler verliert es sich in unergründlicher Tiefe. Besonders bemerkenswert an seinen Ausführungen über dieses Thema ist die Feststellung, daß er die Entrückung keineswegs auf die Klosterleute einschränkt. Manchmal werden Entrückungszustände geringschätzig «hysterischen» Nonnen zugeschrieben, was falsch ist und eine Unkenntnis des mystischen Lebens verrät. Tauler schrieb von einer jungen Frau, die in der Ehe lebte, «ihr Geist schwang sich in die Höhe, und daran ward ihr eigener Grund entdeckt und gezeigt, und sie sah ihn in unaussprechlicher Klarheit und unerreichbarer Höhe, die kein Aufhören hatte, in endloser Länge, Breite und Tiefe, alles unergründlich[81]». Ferner berichtete er von einem wackeren Manne, der «gerade beim Dreschen seines Korns war, als er in Verzückung geriet. Hätte sein Engel nicht den Dreschflegel gehalten, er hätte sich selbst geschlagen[82].» Nach Tauler ist es naheliegend, daß die Seele in der

Gegenwart Gottes außer sich gerät und dem Menschen die Sinne vergehen. Der Kuß der göttlichen Liebe ist stets das Höchste, was der Mensch auf Erden erleben kann.

Wenn auch eine Verzückung nicht unabdingbar zur Gotteserfahrung gehört, ist es doch unerläßlich, daß sich der Mensch nach innen kehrt. Immer wieder betont Tauler, «kehr in dein Inneres, geh in dich, und suche den Grund» zu finden. Um alles Äußerliche kümmere dich nicht, «laß fallen, laß fahren; laß es dich nicht bekümmern[83]». «Die Innerlichkeit ist hunderttausendmal weiter und breiter, tiefer und länger als das, was äußerlich ist[84].» Ohne die Wendung nach innen geht es nicht. «Lauf in dieser Absicht all deine Lebtage: es hilft dir nichts; von innen mußt du Hilfe erwarten und sie da ergreifen, oder es wird nichts daraus[85].» Die Betonung der Innerlichkeit mutet den heutigen extravertierten Menschen fremdartig an; im ersten Augenblick vermag er nichts damit anzufangen. Doch hat er nichts so nötig, als daß ihm dies gesagt wird. Wenn der Mensch diese Wendung von außen nach innen vollzieht, sich von sich und von allen Dingen abwendet und seine Aufmerksamkeit ausschließlich auf Gott richtet, dann erlebt er «ein Versinken des geschaffenen Geistes in den ungeschaffenen Geist Gottes und seine Verschmelzung in ihm[86]». Das Reich Gottes ist inwendig in euch. «Suchet das Reich Gottes, damit es gefunden und entdeckt werde im Grunde der Seele, wo es verborgen liegt;... suchet Gott allein, *er* ist das wahre Reich[87].» Tauler hat damit die Frage, ob das ewige Reich gegenwärtig oder zukünftig sei, mit einer prachtvollen Klarheit beantwortet: Christus ist das Reich. Das Einsinken in Gott macht die Seele, wie Tauler so schön sagt, «ganz gottfarben, göttlich, gottförmig[88]». Immer wieder spricht der Straßburger vom reinen, schlichten Entsinken in das unbekannte, ungenannte Gut, das Gott ist. Dabei überspringt Tauler keineswegs den Glauben. Er weiß um dessen Bedeutung durchaus Bescheid: «Da ist nun der Glaube; er raubt und nimmt der Vernunft all ihr Wissen hinweg und macht sie blind. Und ihr Wissen muß sie verleugnen. Die Kraft der Vernunft muß beiseite geschoben werden[89].» Der Dominikanermönch war kein

Vernunftverächter; allein schon die Formulierung «die Kraft der Vernunft» schließt dieses Mißverständnis aus. Aber sie war für ihn nicht die tragende Grundlage und auch nicht mit der Wahrheit auf die gleiche Ebene zu setzen. Tauler wandte sich gegen die Leute, die die Vernunft überschätzten. Er sagte ihnen deutlich: «Sie verlassen sich auf ihre Vernunft, dünken sich darin etwas Besonderes und verfehlen durch die Wahrheit der Vernunft die lebendige und wesentliche Wahrheit. Denn damit, daß man die Wahrheit erkennt, besitzt man sie noch nicht[90].»

## *Festlich von Gott singen*

Tauler sagte in einer Predigt: «Wir müssen so viele Regeln halten: wir müssen zu Chore gehen und singen und lesen, es sei uns lieb oder leid – laßt es uns lieber festlich tun als dürre und mit Beschwerde, damit wir die ewige Festzeit nicht verlieren noch vermissen[91].» Nur ja kein allzu nüchterner und langweiliger Gottesdienst im ewig gleichen institutionellen Rahmen! Er hinterläßt einen prosaischen Eindruck und sollte doch die große Freude widerspiegeln. Wenn die Seele nicht mitjubeln kann, ist christlich etwas nicht in Ordnung. Mystik ist ein Gesang, den man nur richtig versteht, wenn man innerlich mitzusingen bereit ist. Tauler war sich bewußt, daß es ein wunderbares Ding ist, mit Worten die unaussprechliche Größe der göttlichen Güte zu loben. Die hell klingenden Worte tönen um so merkwürdiger, als der Elsässer in einer vom Verfall bedrohten Zeit lebte. Mehrmals bemerkte er: «In dieser kranken Zeit will keiner sich selbst wehe tun; und die Menschen sind in sich selber verliebt[92].» Von der «sorgenvollen Zeit» redete er und meinte: «Heute sinkt alles in den Grund tierischer Lust, sinnlicher Begierden[93].» Nach ihm war es in der Welt Winter geworden und die Herzen der Menschen hatten sich verhärtet. «Der Eifer und die Festigkeit der früheren Zeiten ist erkaltet und erloschen, und niemand will sich mehr etwas sauer werden lassen[94].» Er beschuldigte seine Zeitgenossen, schalt sie der Besitzgier und der Gewinnsucht, und obendrein seien sie geizig. Tauler scheute sich nicht zu sagen: «Wisset, ebenso wie auf dem Friedhof viele Tote sind, so gibt es in der heiligen Kirche gar manche Menschen, die lebend scheinen, in Wahrheit aber tot sind[95].» Nach ihm war es «ein Jammer, zu sehen, welch unaussprechliche Finsternis jetzt in der Welt herrscht, bei geistlichen und weltlichen Leuten[96]». Freilich muß man hinzufügen, daß nicht nur Tauler, sondern beinahe allen ernsten Christen ihre Zeit schlimm vorgekommen ist. In gewisser Beziehung kann man dieses klagende Zeitgefühl auch verstehen, ist doch jede Epoche von Gefahren bedroht. Tauler war jedoch kein bloßer Sittenprediger, wenn er auch zuweilen seine Zeit kritisierte, wie es wohl alle Prediger tun, die nicht um die Gunst des Publikums buhlen. Er klagte nie nur an, viel eher «weinen die wahren Gottesfreunde über die Blindheit und das Leid der Sünden dieser Welt[97]». Er selbst tat es auch für jene, die dies nicht selber tun wollten. Tränen aber tilgen die Sünden, und zudem vergaß Tauler nie, «festlich zu singen». Auch in Notsituationen, und gerade in ihnen, muß man freudvoll singen, wie es schon die drei Männer im Feuerofen getan haben.

Tauler kämpfte nicht mit der Feder gegen seine Zeit, schrieb keine Bücher und war auch, man darf es ruhig sagen, kein Lesemeister. Er gab sie gelegentlich einem leisen Spott preis, indem er sich über ihre dicken Bücher lustig machte. Er gehörte nicht zu den Theologen, die sich rühmten, mehr als dreitausend Titel verfaßt zu haben, als käme es auf die Quantität an. Auch jede Spekulation vermied er. Über die Dreifaltigkeit «könnte man erstaunlich viele Worte machen und hätte doch nichts gesagt, wodurch wir verstehen könnten, wie die überragende, überschwengliche Einheit sich zur Mannigfaltigkeit entfaltet[98]».

Als Prediger trat Tauler der um sich greifenden Verflachung und Veräußerlichung entgegen. Zwar war er kein Volksredner wie Berthold von Regensburg und später Abraham a Sancta Clara. Es fehlte ihm die derbe und volkstümliche Ausdrucksweise. Er war ein fein veranlagter Mensch, sensibel, stellte sich aber den Geschehnissen und hielt keineswegs Monologe von der Kanzel herab. Er verkündete eine Botschaft und verstand es, die Leute eindringlich und zugleich vertraulich anzusprechen, worauf es in einer gottesdienstlichen Rede doch ankommt. Sie spürten, daß seine erhabenen und doch einfachen Worte sie selbst betrafen. Wegen seiner unkomplizierten Reden und seines Verzichtes auf alle lateinischen Zitate zählt Tauler zu den großen Predigergestalten der Kirchengeschichte. Zudem gehörte er noch dem Zeitalter der ungeteilten Christenheit an. Bei ihm findet sich keine Polemik gegen Andersgläubige; Katholiken und Protestanten lesen seine Predigten, und beide fühlen sich von ihm verstanden, weil er das Charisma besaß, festlich zu reden. Wörtlich sagte er: «Wo Gott sich aufhält, da ist in Wahrheit ein hohes Fest[99].» Des festlichen Charakters seiner Worte muß man stets eingedenk bleiben, denn nur dann nimmt man sie auch so in sich auf, wie er sie gemeint hat.

Freilich bediente sich Tauler in seinen Predigten der allegorischen Methode. Dies befremdet den heutigen Leser, zumal ihm im Unterschied zu den damaligen Hörern die allegorische Auslegung so gut wie unbekannt ist. Sie ist nicht frei von subjektiver Willkür und deswegen von der historischen Exegese ganz auf die Seite gedrängt worden. Dies geschah zu Unrecht. Die allegorische Methode wird auch im Neuen Testament angewendet, zum Beispiel von Paulus im Galaterbrief, wo er Hagar und Sara als Symbol für den Alten und Neuen Bund deutet[100]. Sie wurde im Mittelalter zur bevorzugten Exegese, und nach Franz Overbeck «ist sie noch heutzutage unter die Möglichkeiten zu rechnen, die es für das Christentum gibt, sich in der Welt zu behaupten[101]». Deswegen hat sie Tauler unbedenklich übernommen. Man darf ihre hohe, einzigartige Bedeutung nur nicht nach Paul Claudels Hiob-Auslegung beurteilen, der sie auf eine wenig glückliche Art handhabte. Jedenfalls kam die allegorische Exegese dem mystischen Denken Taulers entgegen. Sie ist denn auch von seinen Predigten nicht abzulösen. Gewisse biblische Texte sind nur noch durch die Allegorese für die heutige Zeit lebendig zu machen.

Ferner verfügte Tauler in seinen Predigten über eine reiche

Bildersprache, die dem abstrakten Denken der Theologie direkt entgegengesetzt ist. Sie hat den großen Vorzug, anschaulich und einprägsam zu sein. Bekannt ist das Bild von der Jagd, das er sehr breit ausführt. «So wird der Mensch gejagt gleich einem wilden Tier... du mußt gejagt werden... unser Herr jagt einen jeglichen nach der Art, die ihm nützlich und notwendig ist[102].» Tauler preist Gottes große Liebe, «daß er die Jagd über den Menschen kommen läßt[103]». Das Bild von der Jagd rückt das menschliche Dasein unter einen neuen, vieles erklärenden Gesichtspunkt und hat direkt oder indirekt nachgewirkt bis zu Francis Thompsons «Der Jagdhund des Himmels». Ein anderes, nicht minder treffliches Bild Taulers ist jenes vom Pferd mit dem Mist: «Das Pferd macht den Mist in dem Stall, und obgleich der Mist Unsauberkeit und üblen Geruch an sich hat, so zieht doch dasselbe Pferd denselben Mist mit großer Mühe auf das Feld; und daraus wächst der edle schöne Weizen und der edle süße Wein, der niemals so wüchse, wäre der Mist nicht da. Nun, dein Mist, das sind deine eigenen Mängel, die du nicht beseitigen, nicht überwinden noch ablegen kannst, die trage mit Mühe und Fleiß auf den Acker des liebreichen Willens Gottes in rechter Gelassenheit deiner selbst[104].» Bei aller Bildersprache wußte Tauler auch um das letzte Ungenügen aller Bilder: «Oh, wie edel und lauter auch die irdischen Bilder sind, alle sind sie ein Hindernis dem Bild bar jeder Form, das Gott ist[105].»

Taulers Verkündigung ist keine private Angelegenheit. Sie steht in einer großen Tradition der Christenheit. Dies wußte der Elsässer sehr wohl, denn er berief sich in seinen Predigten öfters auf seine Gewährsmänner, die er stets Meister und nie Theologen nannte. Er führte Augustinus, Dionysius Areopagita, Hildegard von Bingen und andere an. Am häufigsten erwähnte er Bernhard von Clairvaux, dessen Mystik des Hohenliedes es ihm sichtlich angetan hatte. Dies ist auch begreiflich, wenn man sich die berückenden Predigten des geistesmächtigen Zisterzienserabtes vergegenwärtigt. Offensichtlich wußte Tauler um die Männer und Frauen, die längst vor ihm ähnliche

Wege gewandelt waren, jedenfalls pochte er nie auf die eigene Originalität. Tauler scheute sich auch nicht, heidnische Lehrmeister anzuführen, namentlich den Neuplatoniker Proklus. Dazu bemerkte er: «Ach, ihr Lieben, daß ein Heide das verstanden hat und daraufkam, wir aber dem so ferne stehen und so wenig gleich sind, das bedeutet für uns einen Schimpf und eine große Schande[106].» Dies Zeugnis beweist seine breite Basis. Tauler hat es gewagt, die heidnische Wahrheit anzuerkennen, was Albertus Magnus längst vor ihm getan hatte. Der Elsässer meinte dazu: «Wir armen Nachzügler, die wir Christen sind, laufen wie blinde Hühner herum[107].»

In allen Predigten Taulers bricht immer wieder der Seelsorger durch. Man spürt es fast jeder Äußerung an, daß sie von einer seelsorgerlichen Verantwortung getragen ist. Seine Seelsorge ist tröstend: «Widerfährt es dir, daß du während deiner Einkehr ein wenig schläfst oder wider Willen einnickst, beunruhige dich nicht; eine schlummernde Einkehr ist oft besser als viele äußere mit den Sinnen faßbare Übungen im wachen Zustand[108].» Aus seelsorgerlicher Verantwortung beriet er auch immer wieder seine Zuhörer. Es ist falsch, dagegen einzuwenden, es sei billig, gute Ratschläge zu erteilen. Kurzsichtig ist es, sie abzulehnen, nur weil der junge Mensch von heute einen Widerwillen dagegen empfindet und seine eigenen Erfahrungen machen will. Tauler bemühte sich, den Menschen eine Orientierung zu vermitteln. Wie oft steht der Mensch vor einer schwierigen Situation und denkt bei sich: Da ist guter Rat teuer. Nur ein eigensinniger Mensch läßt sich nicht raten. Den Nonnen riet Tauler: «Diesen Frieden, liebe Schwester, den behalte und behüte, daß dir den niemand nehme, daß Gottes Stätte in dir nicht zerstört werde. Schweig und dulde es, meide die Unruhe, bewahre die Ruhe. Vertraue voll Ruhe, halte dich bei dir selber, wache über dich, und lauf nicht viel nach außen. Laß dein geschäftiges Herumlaufen im Konvent, mische dich nicht in alles ein, bring nichts in Verwirrung[109].» Stets empfahl er den Schwestern, bei sich selbst zu bleiben, Gott in sich hineinzuziehen und oft mit einem gesammelten Gemüt in sich hineinzuschauen. Er warnte sie vor ungeordneter Traurigkeit: «Laß niemals Schwermut dich überkommen, denn sie hindert dich an allem Guten[110].» Nie verlor er sich in Selbstverständlichkeiten, sondern mahnte im Gegenteil die Nonnen, den schwereren Weg zu gehen: «So müßt ihr euch zuerst selbst prüfen, und dann ist das sicherste, das zu tun, was eurer Natur am meisten zuwider ist[111].» Die Anweisung, im Zweifelsfall immer das Schwerere zu wählen, bleibt dem heutigen Menschen zunächst im Halse stecken. Bei längerem Nachdenken erkennt man, daß Taulers Rat in der Umgebung des Herrenwortes «vom schmalen Weg» und «vom Leben verlieren» anzusiedeln ist.

Wie festlich er zu singen verstand, spürt man aus seinen Weihnachtspredigten: «Am heutigen Tage gedenkt die heilige Christenheit dreier Geburten, die jeden Christen so freuen und ergötzen müßten, daß er ganz außer sich vor Freude in Jubel und Liebe, in Dankbarkeit und innerer Wonne aufspringen sollte. Und wer solchen Drang nicht in sich empfindet, der soll sich ängstigen[112].» Wie viele müde und auch ausgeleierte Festtagspredigten hört man doch, die einen unberührt nach Hause gehen lassen. Nicht so bei Tauler. Seine Weihnachtspredigt beginnt nicht nur mit jener großen Freude, die an diesem Tag allem Volk widerfahren ist, sondern er hält den inneren Jubel bis zum Schluß durch.

Ebenso wohltuend ist seine Engelpredigt! «Mit welchen Worten man von diesen lauteren Geistern sprechen könne und solle, weiß ich nicht; sie haben weder Hand noch Fuß, nicht Gestalt, Form noch Stoff; ein Wesen, das von alldem nichts besitzt, kann weder von den Sinnen erfaßt noch vom Verstand begriffen werden: wie sollte man also sagen können, was sie sind?[113]» Trotz dieser Schwierigkeit versichert Tauler: «Ein jeder Mensch hat seinen besonderen Engel, der ihm in der Taufe beigegeben ward; der Mensch ward diesem Engel so anbefohlen, daß dieser ohne Unterlaß bei ihm ist, ihn niemals verläßt und ihn behütet, wachend oder schlafend, auf allen seinen Wegen und in seinen Werken, die seien böse oder gut[114].» Wie unendlich tröstend ist doch dieser Gedanke, man kann dem

Menschen gar nichts Tröstlicheres sagen. Der Glaube an den Begleitengel vermittelt dem Christen einen Halt ohnegleichen.

Will man nun die mystische Verkündigung Taulers ganz kurz zusammenfassen, erwähnt man wohl am besten das «Lied vom Schiff». Es ist nicht sicher, daß Tauler dieses Lied gedichtet hat, obwohl es ihm zugeschrieben wird. Ausgeschlossen ist es keineswegs, denn Tauler lebte in Straßburg am Rhein. Er sah viele Schiffe stromauf- und stromabwärts gleiten und kam auch mehrfach in seinen Predigten darauf zu sprechen: «Ist man auf Schiffen in Not und glaubt sich verloren, so wirft man den Anker in den Rheinesgrund[115].»

Ob Tauler nun das Lied selbst verfaßt hat oder ob es ein anderer tat, jedenfalls bringt es seine Verkündigung in die Form eines zuversichtlichen Liedes:

«Es kommt ein Schiff, geladen
bis an sein' höchsten Bord;
es trägt den Sohn des Vaters
das ewig wahre Wort.

Das Schiff, das kommt so stille,
es trägt ein' teure Last;
das Segel ist die Liebe,
der Heil'ge Geist der Mast.

Der Anker ist geworfen,
das Schiff legt an am Land.
Gott selbst ist Mensch geworden,
der Sohn ist uns gesandt[116].»

Albrecht Goes hat das Lied vom Schiff, dem «das große Bündnis von Majestät und Innigkeit» eigen ist, überaus feinsinnig kommentiert[117].

Daß sich Taulers Verkündigung wie ein süßes Saitenspiel anhört, hängt mit seinem ganz bestimmten Leitbild zusammen. Die heutige Zeit krankt daran, jedes Vorbild zu zersetzen. Aber ohne das in jedem Menschen schlummernde Bild von dem, was er werden soll, kann man auf die Dauer nicht leben. Taulers Leitbild ist von einem Lichtglanz erfüllt. Er dachte groß vom Menschen, sprach vom Adel des Menschen, der auf wunderbarer Gottebenbildlichkeit beruht. Nie gefiel sich Tauler darin, im Menschen ein ganz verdorbenes Geschöpf zu sehen, das zu nichts Gutem mehr fähig sei. Der Adel des Menschen muß uns vor solcher Rede bewahren, in der Gegenwart mehr als je, weil heute das Menschenleben unverantwortlich geringgeschätzt wird. Tauler dachte dabei an den gelassenen Menschen, den er überaus anziehend zu schildern wußte. Mit diesem Vorbild verblieb er ganz auf der Linie der mittelalterlichen Mystik, die nicht müde wurde, die Gelassenheit zu preisen. «Er gebe oder nehme dir: bleib stets in gleicher Lage des Gemüts. So wirst du ein gelassener Mensch, wenn du alle Dinge von Gott auf gleiche Weise entgegennimmst; Lieb und Leid, Saures und Süßes, in wahrem, vollkommenem Frieden[118].» Wahrscheinlich ist eine solche Haltung für einen jungen Menschen schwer zu vollziehen, obwohl Tauler sonst den Idealismus der Jugend schätzte; «in den alten Leuten aber ist er verdorben[119]». Ob Jung oder Alt, das ist hier eine sekundäre Frage; vordringlich ist einzig und allein die Gelassenheit, die der Mensch unablässig erkämpfen muß, damit er unabhängig von Stimmungen oder gar Launen wird.

Der gelassene Mensch zeichnet sich durch eine Reihe von Tugenden aus, obwohl das Wort «Tugend» die Sache nicht adäquat wiedergibt. Tauler sagte einmal, «die Tugend hat ihren Namen eingebüßt[120]», ja er meinte sogar, «man solle der Tugend entkleidet werden und über die Tugend hinauskommen[121]», wenn er sich auch bewußt war, daß diese Rede mißverstanden werden konnte.

Der gelassene Mensch ist demütig. Dies ist eine unmoderne Haltung, nichtsdestoweniger ist sie ein tief christliches Anliegen. «So soll der Mensch sich jeglichem unterwerfen in dem Gedanken, daß alle Menschen mehr im Recht seien als er, und niemandem und auf keine Weise Widerstand leisten und jeden recht haben lassen[122].» Nach Tauler glaubt der demütige Mensch von sich selbst, «unter allen Dingen zu stehen und über keines hinausgekommen zu sein[123]». Natürlich sprach Tauler von der echten Demut und nicht von «der gemachten Demut, denn diese ist eine Schwester der Hoffart[124]». Es ist nicht richtig, Demut und Bescheidenheit auf die gleiche Stufe zu stellen, denn die Bescheidenheit ist eine Vorstufe der Demut. Diese bewahrte ihn vor jeder Überheblichkeit: «Wisset, wäre ich nicht Priester und lebte nicht in einem Orden, ich hielte es für ein großes Ding, Schuhe machen zu können[125].» Das größte und unvergängliche Beispiel der Demut gab Christus bei der Fußwaschung seiner Jünger.

Der gelassene Mensch strahlt eine deutlich wahrnehmbare Milde aus. Das Wort «Milde» kehrt bei Tauler immer wieder. Nach ihm ist der vorbildliche Mensch «wohlwollend und milde» gesinnt[126] und legt gerne «ein gütiges Wort» ein[127]. Der Straßburger warnte eindringlich vor dem in christlichen Kreisen so beliebten Richten: «Wisset, daß dieses Gebrechen jetzt so großen, tödlichen Schaden allgemeinhin unter den Leuten anrichtet, daß man es gar nicht schildern kann[128].» Der Mensch muß lernen, «stille sein und gütig, woher der Wind auch weht[129]». Milde muß an die Stelle von Härte treten. Tauler hütete sich, scharfzüngig zu urteilen oder zu verdammen. Er gebrauchte auch häufig das Wort Sanftmut, ein im heutigen Sprachgebrauch eher seltener Ausdruck. «Besonders sollte dem Menschen viel daran liegen, sich in der Sanftmut zu üben[130].» Diese selten gehörte Forderung ist mit dem Christentum innig verbunden. In den Seligpreisungen verheißt Jesus den Sanftmütigen das Erdreich, und zudem fordert er seine Jünger auf, von ihm zu lernen, «denn ich bin sanftmütig und von Herzen demütig[131]». Gewöhnlich wird dieses bedeutsame Verhalten ganz verkannt. Trotzdem: Stifter schrieb über «Das sanfte Gesetz», und Dostojewskij verfaßte eine ergreifende Novelle unter dem Titel «Die Sanfte». Offenbar ist es nicht so leicht, ein sanftmütiges Wesen zu werden; es erfordert dies eine innere Kraft, von der man sich gewöhnlich keine rechte Vorstellung macht. Eine Sache mit Sanftmut anzugehen, ist immer ein großer Entschluß, und darin sich zu üben ist in unserer Zeit der Gewalttätigkeit doppelt angebracht.

Naturgemäß sind die Sanftmütigen friedfertig. Tauler kommt mehrfach auf die Friedfertigkeit zu sprechen, aber er tut es auf eine ganz unerwartete Weise: «Frieden in Unfrieden suchen – da wird allein wahrer Friede geboren, bleibend und von Dauer[132].» Mit der ungewöhnlichen Formulierung «Frieden in Unfrieden» ist Tauler der Wirklichkeit nähergekommen als jene, die immer schreien: «Friede, Friede und ist doch nicht Frieden[133].» Von ihnen wird der Friede nur als Überlebenschance erstrebt, damit man weiterwursteln kann wie bisher. Tatsächlich gibt es auf dieser Welt nur «Frieden in Unfrieden», was schon aus dem Tierleben in der Natur ersichtlich ist. Friede wird immer wieder von Unfrieden abgelöst, er ist nur in der kleinen Umfriedung möglich, die ihm der Streit gestattet. Der wahre Friede ist ein Geschenk von oben, das nur der einzelne Mensch in seinem Innern inmitten einer Welt des Unfriedens erfährt. Tauler sagte: «Du sollst Frieden haben mit dir selbst[134]» und meinte auch: «Wer mit seinem Nächsten in Unfrieden lebt, der verliert Gott und seine Gnade[135].»

Schließlich ist der gelassene Mensch zur Leidbewältigung befähigt. Immer wieder tritt an den Menschen ein Leid heran. «Meine Lieben! Es kann nicht anders sein, man drehe und wende es, wie man wolle: der Mensch muß ein Kreuz tragen, will er anders ein guter Mensch werden und zu Gott gelangen. So muß er immer leiden, er muß immer ein Kreuz tragen, welcher Art es auch sei; flieht er das eine, so trifft er auf ein anderes[136].» Statt das Leid zu verdrängen, muß er sich überlegen, wie er damit fertig wird. Ein Ausweichen gibt es bei diesem Problem nicht, wohl aber das, was Tauler das Entgegennehmen nannte: «Der Mensch soll in geordneter Ausgeglichenheit stehen gegenüber Lieb und Leid, Haben und Darben, Hart und Weich und jegliches Ding als von Gott gekommen annehmen und nicht von den Geschöpfen[137].» Kein Leiden ist sinnlos, auch wenn es dem Menschen oft so scheint, wenn er vor Schmerz aufschreit. Tauler aber antwortet ihm darauf, daß es mit Worten nicht auszudrücken sei, «welch unaussprechliches Gut im Leiden verborgen liegt[138]». Der Mensch muß bei sich bleiben, nicht fortlaufen, er muß das Leiden bis zum Ende ertragen und nicht etwas anderes suchen. «Glaubet mir auf mein Wort, daß keine Drangsal im Menschen entsteht, es sei denn Gott wolle eine neue Geburt in ihm herbeiführen[139].»

Doch über alle Demut und Sanftmut, über den Frieden und die Leidbewältigung ist die Gelassenheit mit der Liebe verbunden. «Das edelste und köstlichste Ding, von dem man sprechen kann, ist die Liebe; man kann nichts Nützlicheres lernen. Gott verlangt weder große Vernunft noch tiefe Gedanken, noch große Übungen der Frömmigkeit, wenn man auch gute Übungen nie aufgeben soll. Aber allen Übungen gibt erst die Liebe Wert und Würde[140].» Die Frage, ob Liebe oder Erkenntnis höher stehe, beantwortete Tauler so: «Die Liebe gelangt da hinein, wo die Erkenntnis außen bleiben muß[141].» Ja, er verbindet damit die Klage: «Ach, liebe Schwestern, die Liebe ist heute gar sehr untergegangen, und die Vernunft recht aufgestiegen[142].» Er forderte eine tätige Liebe, eine Liebe, die sich nicht nur auf einen Kreis von Gleichgesinnten erstreckt, sondern auf alle Menschen, auf gute und böse. Nie sprach Tauler von der Liebe als einer zärtlichen Tändelei. Nach ihm ist die Liebe eine Kraft, die er mit ungewöhnlichen Worten umschrieb: «Ihr wißt nicht, was Liebe ist. Ihr meint, das sei Liebe, was ihr stark empfindet und wahrnehmt und woran ihr Freude habt; das nennt ihr Liebe. Nein: das ist keine Liebe; das ist nicht von ihrer Art. Aber *das* ist Liebe, wenn man ein Brennen verspürt in der Entbehrung und Beraubung, in der Verlassenheit; wenn ein stetes, unbewegliches Quälen da ist und man das erträgt in rechter Gelassenheit[143].» Die brennende Liebe verzehrt den Menschen, er glüht innerlich und äußerlich. Tauler steigerte zuweilen seine Worte noch: «Wenn der Mensch in diesem Sturm der Liebe steht, soll er nicht an seine Sünde denken noch an Demut, noch an irgend etwas anderes, sondern nur daran, daß er der Liebe in ihrem Werk genugtue[144].» Wenn der Elsässer von einem «Sturm der Liebe» sprach, merkte wohl jeder Zuhörer, daß nicht von einem schmachtenden Gefühl die Rede war, sondern die christliche Liebe jene Gewalt zurückerhalten hatte, die ihr im Urchristentum eigen war und nun in der Mystik mit neuer Glut aufleuchtete.

Der gelassene Mensch war nicht nur ein hohes Leitbild für Tauler; sondern er vermied bei dessen Entfaltung auch eine Bestimmung, die sonst im Mittelalter im Mittelpunkt steht: die Askese. Der beredte Straßburger sprach nie von der Kasteiung. Er verzichtete auf jede Selbstgeißelung, weil sie den Adel des Menschen untergrub. Tauler war mit seiner unasketischen Einstellung seiner Zeit weit vorausgeeilt. Gott fordert von seinen Kindern keine Selbstquälerei – sie steht auch mit dem Evangelium im Widerspruch –, sondern Gelassenheit und Heiterkeit. Sie sind bedeutsame Merkmale des christlichen Menschenbildes.

### *Die Säulen der Christenheit*

Allezeit war sich Tauler durchaus bewußt, daß wir Menschen in der Welt leben. Weltablehnung und Weltverachtung kannte er nicht. Er sprach zuweilen recht positiv über das Weltdasein und bejahte das Erdenleben voll und ganz: «Ihr lieben ehrbaren Leute, fürchtet euch nicht; es gibt auch Menschen, und sie leben auch, die Wasser trinken und gutes Gerstenbrot essen. Sie kommen auch an ihr Ziel[145].» Einmal erzählte Tauler von einem «allerhöchsten Freunde Gottes: der ist all seine Tage ein Ackersmann gewesen, mehr denn vierzig Jahre, und ist es heute noch. Der fragte einst unseren Herrn, ob er seine Arbeit drangeben und zur Kirche gehen solle. Da sprach dieser: Nein, das solle er nicht tun[146].» Tauler stellte die Arbeit in der Welt nicht im geringsten in Frage. «Wißt, es gibt manche Frau in der Welt, die

Mann und Kinder hat, und mancher Mann stellt Schuhe her, und sie suchen Gott, indem sie arbeiten, und versuchen dadurch, sich und ihre Kinder zu ernähren. Und mancher arme Mensch im Dorf fährt Mist und gewinnt sein bißchen Brot in harter, saurer Arbeit... Diese Menschen leben in der Furcht Gottes in ihrer Armut, demütig, und folgen in Schlichtheit dem Ruf Gottes[147].» Tauler hatte auch zu den Dingen dieser Welt das richtige, überlegene Verhältnis. Der Mensch empfängt doch die Dinge von Gott und soll dafür Lob und Dank sagen. «Laßt alle Dinge, wie sie sind[148]», führte er aus und meinte nicht, man müsse jede Sache beständig verändern. Der Mensch solle sich nicht mit den Dingen vermengen oder sich an sie heften, sondern «die äußeren, sinnlichen Dinge hinfließen lassen und durch sie hindurchgehen wie durch etwas, was er nicht beachtet[149]». In Taulers Überzeugung ist eine tiefe Weisheit verborgen: die Dinge weder fliehen noch sich an sie binden, sondern sie durch sich hindurchrinnen lassen, dieweil sie kommen und gehen. Trotzdem die Dinge der Welt nicht verachten, denn das rächt sich leicht. Auch sie sind von Gott erschaffen. Das neue Leben «wächst in ihm in wesenhafter Weise in dem geringsten wie in dem größten Ding; denn das größte und das kleinste sind in ihm eins[150]». Tauler vermochte auch von der Natur bejahend zu reden; das Grünen und Blühen hatte es ihm angetan: «Es gibt kein noch so kleines Blümlein, kein Grashälmlein, der große Himmel, die Sterne, Sonne und Mond, alles wirkt darin, und vor allem Gott durch sich selbst[151].»

Freilich, Tauler lebte im Kloster, war aus voller Überzeugung ein Ordensmann und dachte groß von den klösterlichen Ordnungen. Während des Interdiktes erwähnte er die Möglichkeit, daß die Kirche den Nonnen den äußeren Empfang des heiligen Sakramentes nehmen könnte, und bemerkte dazu: «Aber es auf geistliche Weise zu empfangen, das kann uns niemand nehmen[152].» Dies sollten die Klosterfrauen wenigstens einmal des Tages tun, ob sie nun der heiligen Messe beiwohnten oder nicht. Vor allem aber war dem Prediger das Gebet ein zentrales Anliegen. Er legte es den Nonnen ans Herz: «Beten ist die fruchtbarste und liebenswerteste Tätigkeit, die wir auf Erden vornehmen können[153].» Natürlich meinte er nicht, eine Litanei gedankenlos abzuleiern, und auch nicht, Gott als Erfüller unserer egoistischen Wünsche zu betrachten. Beten heißt, sich mit Gott in Verbindung setzen, ihn als höchstes Wesen ansprechen und seine Nähe suchen. Tauler kannte das innere Gebet, das er weit über das äußere Gebet stellte[154]. Aber er warnte vor einem bloß formellen Frömmigkeitsleben. Vor allem wandte er sich gegen Geistliche, die Gott dienten um des Ertrages ihrer Pfründe willen – jeder Christ wird ihm zustimmen. Tauler war auch frei von allem Klerikalismus. Wenn nach kirchlicher Auffassung nur Männer den Altardienst verrichten dürfen, so kann nach ihm «in geistiger Weise also eine Frau dieses Opfer ebenso darbringen wie ein Mann[155]». Im übrigen finden sich bei Tauler überaus tiefsinnige Ausführungen über die Eucharistie, in denen er schreibt, wie Gott Speise wird: «Gott geht in den Menschen ein» – wobei er das Wort Bernhards von Clairvaux erwähnt: «Wenn wir diese Speise essen, werden wir gegessen.»

Dem maßvollen Tauler lag sowohl Unter- als Überschätzung des klösterlichen Lebens fern, und ebenso war ihm persönlich auch der intellektuelle Hochmut unbekannt. Er hat zuweilen recht scharfe Worte über die Gelehrten gesagt: «Laßt die hohen Geistlichen dies studieren und darüber disputieren; in ihrer Unwissenheit mögen sie diese Erlaubnis wohl erhalten[156].» Er lächelte über ihre «vielen Bücher, deren Blätter sie um und um wenden[157]», ohne auch nur etwas vom göttlichen Leben zu empfinden. Nach Tauler können die gelehrten Meister mit all ihrem Scharfsinn nicht zur Liebe gelangen; er stellt ihnen die schlichten Gottesfreunde gegenüber: «Die großen Lehrmeister von Paris lesen in den großen Büchern und wenden die Seiten um: das ist recht gut; aber die Menschen des inneren Lebens lesen das lebendige Buch, darin alles lebt, die durchlaufen Himmel und Erde und lesen dort das wunderbare Werk Gottes[158].»

Aber auf wen kommt es denn an, wenn weder die Klosterleute noch die Gelehrten den Ausschlag geben? Auf diese bedeutsame Frage gab Tauler eine erstaunliche, überaus freudvolle Antwort: Auf die Mystiker! Niemals darf man von den Mystikern sagen, sie würden in ihren Klosterzellen ein ruhiges und im Grunde ein egoistisches Leben führen. Das ist eine grobe Verkennung dieser ernsten Nachfolger des Herrn, ganz abgesehen davon, daß nicht alle Menschen fähig sind, diese Einsamkeit zu ertragen, und sich in einer Klosterzelle oft schwere innere Kämpfe abspielen. Tauler prägte von den Mystikern den lapidaren Satz: «Gäbe es solche Menschen nicht in der Christenheit, so stünde die Welt nicht eine Stunde lang[159].» Wären diese mystisch eingestellten Menschen nicht, würde es um die Christenheit übel stehen. Überaus kraftvoll holt Tauler zu der geheimnisschweren Aussage aus: «Das sind so recht die Säulen, auf denen die Christenheit steht; hielten uns diese Säulen nicht, besäßen wir sie nicht, es könnte uns gar übel ergehen[160].» In der Tat geht es uns auch wegen dieses Fehlens heutzutage nicht gut. Was beinhaltet allein schon das Wort «Säulen der Christenheit»! Unermeßlich ist dieses Gewicht. Jedenfalls bezeugt Taulers Wort eindeutig die große Verantwortung, deren sich die Mystiker allezeit für die gesamte Christenheit bewußt waren. Die Christenheit besteht doch nicht wegen der Bischöfe und Prälaten, wegen der Doktoren und Professoren, sondern einzig und allein weil die Mystiker und die Heiligen für sie bei Gott einstehen. Sie sind gewöhnlich nicht sichtbar, man redet selten von ihnen, und doch bilden sie die kleine Herde, der das Reich geschenkt wird. Sie tragen in aller Stille die Kraft Christi in die Welt hinein, und von den Gebeten dieser einsamen Mystiker wird die Genesung der kranken Kirche ausgehen!

Noch eine letzte Frage: Wie hat die Zuhörerschaft auf Taulers Predigten reagiert? Sie setzte sich vorwiegend aus Nonnen zusammen – allein in der Stadt Straßburg gab es sechs Dominikanerinnenklöster –, aber auch aus Männern, die gelegentlich die Klosterkirchen besuchten. Niemals darf man sagen: O weh, nur Klosterfrauen sammelten sich um seine Kanzel. Frauen sind nie zweitrangige Predigthörerinnen, zumal doch die weibliche Seele auf das Religiöse angelegt ist. Es ist nicht nebensächlich, was man von der Kanzel aus zu den Frauen sagt. Möglich, daß unter Taulers Zuhörerinnen auch Nonnen saßen, die von ihren Angehörigen ins Kloster gesteckt worden waren, damit wenigstens ein Glied für die ganze Familie bete. Aber die meisten von ihnen hatten doch freiwillig den Schleier genommen, stammten aus dem gehobenen Bürgertum und waren beachtliche Frauen, die nach dem Ewigen dürsteten. Auf jeden Fall standen sie weit über jenen Damen, die sich ausschließlich für die neueste Mode interessierten. Sie hatten einen Sinn für das mystische Leben. Die große Theresia von Avila schrieb später über die Nonnen, daß «Gott mystische Gnaden häufiger Frauen mitzuteilen pflege als den Männern. Dies habe ich von dem heiligen Petrus de Alcántara gehört und selbst schon wahrgenommen. Jener sagte, daß weibliche Personen auf dem Wege des Gebetes weiter kommen als männliche[161].» Taulers Zuhörerinnen waren tatsächlich in religiöser Beziehung überaus aufgeschlossen, in christlicher Hinsicht sensibilisiert und hingen förmlich an des Predigers Lippen. Sie spürten mit weiblichem Instinkt das Außerordentliche, das ihnen da von der Kanzel herab gesagt wurde. In diesem Garten der Kirche wuchsen schöne Blumen. Tauler pflegte gelegentlich auch ein deutliches Wort zu sagen. Als einige Nonnen sich bemühten, besonders schön zu singen, meinte Tauler, Gott habe sie nicht als seine Singvögel, sondern als seine Bräute berufen[162]. Einige saßen mit dem Griffel in der Hand in der Kirchenbank, machten Notizen und schrieben nachher in ihren Zellen das Gehörte schnell nieder. Sie wollten Taulers Worte nicht nur einmal hören, sondern sie nachher auch in ihrem Kreise nachlesen und über dieses Labsal ihrer Seele lange nachdenken können. Jedenfalls verdanken wir einzig und allein diesen hellhörigen Frauen die Überlieferung von Taulers Predigten, denn ohne ihre Schreibarbeit würden wir kein Wort dieses Mystikers kennen. Ihnen gebührt unser Dank.

Tauler pflegte seine Predigten mit einer stets ähnlichen Wendung zu schließen: «Daß dies uns allen zuteil werde, dazu helfe uns Gott. Amen.»

## *Etliches fiel auf guten Boden*

Taulers süßes Saitenspiel läßt sich auch mit Jesu Parabel vom Sämann vergleichen. Von seiner Aussaat fiel etliches auf guten Boden. Dieser Same interessiert uns vor allem, und nicht jener, der unter die Dornen fiel. Die von den Nonnen nachgeschriebenen Predigten fielen auf guten Boden. Die Klöster bewahrten sorgfältig die Abschriften und setzten sie auch vielfach in Zirkulation.

Nach der Erfindung der Buchdruckerkunst erschien im Jahre 1498 – also fast hundertfünfzig Jahre nach Taulers Tod – der erste Druck unter dem Titel «Sermon des großgelarten doctoris Johannis Tauleri». Daß so bald nach Gutenbergs Erfindung Taulers Predigten gedruckt wurden, spricht für ihre hohe Schätzung. Anders kann Taulers erste Ausgabe gar nicht gedeutet werden. Nach zehn Jahren schon fand ein Nachdruck statt. Die Nachfrage war offenbar sehr groß; die Leser empfanden diese Predigten als das Manna, dessen sie in diesem Tal der Tränen bedurften. Die Wirkungsgeschichte von Taulers Predigten war ungewöhnlich und mannigfach[163].

Die zweite Druckausgabe fiel Luther in die Hände. Es war zur gleichen Zeit, da der Reformator auch jene von einem anonymen Verfasser stammende Schrift entdeckte, die unter verschiedenen Namen wie «Das Büchlein vom vollkommenen Leben» oder «Der Frankfurter» in die Geschichte eingegangen ist. Luther war davon so angetan, daß er die Handschrift im Jahre 1518 dem Druck übergab und in seiner Vorrede schrieb: «Und daß ich nach meinem alten Narren rühme, ist mir nächst der Biblien und St. Augustin nit vorgekommen ein Buch, daraus ich mehr erlernet hab und noch lernen will was Gott, Christus, Mensch und alle Dinge seien[164].» Natürlich war ihm in dieser geistigen Verfassung auch Tauler hochwillkommen. Er zitierte ihn in seiner «Römerbriefvorlesung»: «Über dieses Erleiden und Ertragen Gottes sieh bei Tauler nach, der vor andern gerade diesen Stoff vortrefflich in deutscher Sprache ans Licht gehoben hat[165].» Freilich hatte der junge Luther – wohl zu unterscheiden vom alten – nicht die Gabe, eine Gestalt in ihrer historischen Reinheit zu erfassen; er las unstreitig seine Rechtfertigungslehre in Taulers Ausführungen hinein. Auch der junge Luther war kein Mystiker im strengen Wortsinn, aber er hatte in dieser Phase Freude an der Mystik, und er hat sie in differenzierter Weise fast bis zu seinem Tode behalten[166]. Er nahm die mystische Sprache auf, wenn sie sich auch nicht nahtlos in seine Ausführungen einfügen ließ. Tauler befruchtete ihn, trug zur Tiefe und Wärme seiner Bibelauslegungen bei, die doch seinen zeitbedingten Kampfschriften vorzuziehen sind. Ängstliche Katholiken glaubten deswegen, vor Tauler warnen zu müssen, als ob er Luther auf die reformatorische Bahn gebracht hätte. Davon kann keine Rede sein. Vielmehr hat man allen Grund, sich über Luthers Zuneigung zu Tauler zu freuen. Wäre doch Taulers Mystik noch stärker in Luther wirksam geworden, er wäre vor seiner polternden Polemik bewahrt geblieben!

Immerhin hatte Luthers einstige Freude an Tauler zur Folge, daß er in der evangelischen Christenheit bekannt wurde. Thomas Müntzer und auch Sebastian Franck haben Tauler rühmend erwähnt. Der Schwenckfeld nahestehende Daniel Sudermann war ein eifriger Sammler von Taulers Predigten, und Johann Arndt bemühte sich, im dritten Buch seines einst weitverbreiteten «Wahren Christentums» dem Elsässer ein neues Heimatrecht im Protestantismus zu verschaffen. Viele evangelische Christen haben durch Arndts Buch Taulersche Gedanken in sich aufgenommen, ohne daß es ihnen bewußt wurde. Auch der mystisch eingestellte Gottfried Arnold gedachte Taulers dankbar in seiner rühmenswerten «Unparteiischen Kirchen- und Ketzerhistorie». Der reformierte Mystiker Gerhard Tersteegen hat in seiner «Kleinen Perlenschnur» das ganze dritte Kapitel Taulers Schriften eingeräumt. Auch Johann Sebastian Bach besaß in seiner Bibliothek die Tauler-Predigten, wozu Albert Schweitzer bemerkte: «Seinem innersten Wesen nach ist Bach eine Erscheinung in der Geschichte der deutschen Mystik[167].» Dies alles beweist, daß Taulers Samen im evangelischen Raum auf guten Boden gefallen ist. Erst im neuzeitlichen Protestantismus redeten einige Theologen übel von der Mystik, weil sie offenbar von ihr nichts verstanden haben.

Auch in der katholischen Kirche vernahm man Taulers süßes Saitenspiel immer wieder. Im Jahre 1543 erschien in Köln eine Tauler-Ausgabe, besorgt von Petrus von Nymwegen. Unter diesem Namen soll sich der Jesuit Peter Canisius versteckt haben, eine Vermutung, die vom englischen Jesuiten James Brodrick in seiner umfassenden Canisius-Biographie in Zweifel gezogen wurde[168]. Wer hinter dem Namen Nymwegen steht, bleibe dahingestellt. Der Satz aus der Vorrede zur Ausgabe von 1543 dagegen besteht durchaus zu Recht: «Darum kann niemand Tauler recht verstehen, er habe ihn denn oftmals ganz durchgelesen[169].» Eine einmalige Lektüre genügt nicht.

Allerdings erinnerte man sich auch, daß Tauler aus der Schule des verurteilten Eckhart stammte, weswegen «der Jesuitengeneral Eberhard Mercurion seinen Ordensangehörigen die Lektüre der Taulerschen Schriften untersagte und die belgischen Kapuziner diesem Beispiel Folge leisteten[170]». Das waren wohl angsterfüllte, kleinliche Geister, die lediglich als vorüberziehende Wölklein zu bewerten sind, jedenfalls vermochten sie die Strahlenwirkung Taulers nicht zu beeinträchtigen.

Der Kölner Kartäuser Laurentius Surius gab eine lateinische Tauler-Übersetzung heraus, die den Mystiker weit über die deutsche Sprachgrenze hinaus bekannt machte[171]. Die erwähnten Ausgaben hatten das Gute, daß Tauler in der katholischen Kirche in bester Erinnerung blieb. Angelus Silesius berief sich in seiner Vorrede zu seinem «Cherubinischen Wandersmann» für seine paradoxen Sinnsprüche auf Taulers Autorität. Schließlich gab Heinrich Denifle eine Blumenlese aus den deutschen Mystikern des 14. Jahrhunderts, «Das geistliche Leben» (1873), heraus, in der Tauler ausgiebig zu Worte kommt, wenn er ihn auch mehr erbaulich als mystisch verstand.

In unserem Jahrhundert veröffentlichten zuerst der evangelische Pfarrer Lehmann und etliche Jahre später der katholische Studienrat Hoffmann Tauler-Ausgaben. Beide Übertragungen in die heutige Sprache verdienen hohe Anerkennung. Es ist wirklich so, wie es «zum Geleit» der Festschrift heißt, die der Dominikanerorden zum 600. Todestag Taulers herausgab: Er sei «den Christen aller Bekenntnisse gleich lieb und wert. Auch heute kann er Brücken zwischen den sich neubesinnenden Konfessionen bauen[172].» Daran halten die Christen fest, die sich an einer wirklichen Versöhnung der Glaubenden und nicht bloß an einem modischen Ökumenismus beteiligen; sie lassen sich auch nicht durch theologische Einschränkungen der Oberen an dieser Zielsetzung irremachen, ist doch die Einheit in der Vielheit viel christlicher als der konfessionelle Hader, der dem Evangelium ohnehin nur schadet.

Tatsächlich übte Tauler auf die denkbar unterschiedlichsten Menschen eine rätselhafte Anziehung aus. Sogar unheimliche Leute beschäftigten sich sonderbarerweise mit ihm. Georges Bernanos läßt in seinem Roman «Der Abtrünnige» Abbé Cénabre an einem Buch über «Das Leben Taulers» schreiben. Abbé Cénabre ist eine der dunkelsten Gestalten in Bernanos' Romanwelt, von der er selbst gestand, «nachdem die letzte Zeile geschrieben war, wußte ich noch nicht, ob der Abbé Cénabre in der Tat ein betrügerischer Heuchler war oder nicht, ich weiß es immer noch nicht[173]». Dieser Priester huldigte dem reinen Intellektualismus und erlitt deshalb die Tragödie eines schweren Glaubensverlustes. Trotzdem fuhr er fort, am «Leben Taulers» zu schreiben. Was er aber über den lichtvollen Mystiker schrieb, verrät Bernanos mit keinem Wort. Wahrscheinlich war es eine rein ästhetische, unverbindliche Darstellung. An dieser Stelle liegt das irritierende Problem, ja das eigentliche Verhängnis: Wie vermag ein Abbé Cénabre mit seiner Zuwendung zu den finsteren Mächten das Leben eines Mystikers zu schildern? Eine Beschäftigung mit Tauler aus bloßer Neugierde kann nur fehlgehen. Die schöngeistige Haltung genügt bei weitem nicht. Das bloße Erkennen reicht hierin nicht aus. Man darf nicht ohne innere Teilnahme über Mystiker schreiben. Deswegen wurde Bernanos' Roman erwähnt. Der Dichter warnte eindringlich: Wehe denen, die, wie Abbé Cénabre, ohne Liebe sich dem Elsässer nähern wollen!

Die richtige Einstellung, mit der man sich Tauler zu nähern hat, ist aus dem Verhalten des Verfassers des «Wandsbecker Boten» zu ersehen, eines Werkes, das selbst heute nur selten gebührend geschätzt wird. Man ordnet Matthias Claudius bei den Sonntagsmalern ein, nennt ihn einen naiven Mann, der es liebte, über schnurrige Dinge zu berichten. Damit wird man dem «Wandsbecker Boten» keineswegs gerecht, der als einer der ersten sich bewußt von der theologischen Fachsprache abwandte und seine tiefsinnige Wahrheit hinter einer spielenden Vorderseite versteckte. Matthias Claudius war neben Johann Georg Hamann der Mann, der wie wenige die Bedrohung seiner Zeit im vollen Ausmaß erkannte und auf die helfende Arznei hinwies. Hinter den scheinbar kindlichen Ausführungen stand ein vom Evangelium getroffener Ernst. Von diesem allseitig bekannten und in seiner hintergründigen Tiefe doch so wenig erkannten Matthias Claudius wird berichtet, er habe am Sonntagabend im Kreise seiner Familie eine Predigt aus Taulerus vorgelesen. Der Berichterstatter erzählt: «Wir sind dann alle ganz stille um den Tisch herum, und Claudius zieht dann, bevor er anfängt, ganz andächtig seine Mütze herunter[174].» Voilà – das ist die gebührende Haltung für eine wirkliche Begegnung mit Tauler: Hut ab vor dem begnadeten Mystiker! Claudius wollte nicht mit dem Käppchen auf dem Haupte Taulers Predigt vorlesen. Dies scheint unbedeutend zu sein, in Tat und Wahrheit aber dokumentiert es schlicht die Ehrfurcht, die man stets den Mystikern schuldig ist. Auch wir lüften vor Tauler unser Käppchen, verneigen uns zudem tief und bekunden damit den ehrerbietigen Respekt, den wir dem Verkündiger der mystischen Lebensweise allezeit entgegenbringen.

# *Heinrich Seuse*

## *Merkt auf, der Seuse will sausen*

Heinrich Seuse stammt aus der schicksalsträchtigen Bodenseegegend. Der Untersee erweckt zwar nicht mehr den weitflächigen Eindruck, den das Schwäbische Meer zwischen Romanshorn und Friedrichshafen bietet. Dafür besitzt der Untersee noch den Hauch einer mittelalterlichen Landschaft; unwillkürlich wird man an ein Aquarell von Dürer erinnert. Die Reichenau-Insel ist mit ihren romanischen Kirchen von einer unmodernen Atmosphäre geprägt. Vom Landschaftlichen her gesehen, liegt der Zauber des Untersees im Zusammenfallen des Lieblichen mit dem Erhabenen; die fernen Berggipfel sind ein symbolhaftes Spiegelbild des Mystikers. In Konstanz, dem wahrscheinlichen Geburtsort Seuses, steht heute noch das Inselgebäude am Ufer des Sees, in dem einst Seuse als Dominikanermönch gelebt hat. Zwar wurde das ehemalige Kloster in ein vornehmes Hotel umgewandelt, in dem elegante Gäste ausgesuchte Speisen zu sich nehmen – die einstige Askese Seuses ist wie weggeblasen. Wenn man auf weichen Teppichen durch den inzwischen verglasten Kreuzgang des Hotels schreitet, fragt man sich unwillkürlich, an welcher Stelle sich wohl Seuses Zelle befunden haben mag. Man weiß es nicht; sie ist durch die erwähnte Umgestaltung des Gebäudes wie entschwunden und ist für den mit dem Mystiker innerlich verbundenen Menschen doch wiederum geheimnisvoll da. Beides trifft auch auf Seuse zu: zeitliche Ferne und unsichtbare Nähe, wie dies für alle Heiligen in der heutigen Zeit gilt.

Natürlich läßt Seuse sich nicht völlig aus der Bodenseelandschaft oder aus seiner Zeit erklären. Es war ein unruhiges Jahrhundert, in das er hineingeboren wurde. Etwas Drohendes kündigte sich im beginnenden Spätmittelalter an.

Beständig lagen Aufstieg und Niedergang miteinander im Kampf. Dazu kamen Seuchen und Hungersnöte. Jedenfalls war die Welt für Seuse «vergreist». Er sprach erschreckend von den «wölfischen Menschen» und war der Meinung, die Welt beginne zu altern und die Minne zu erkalten. Er stand im Gegensatz zu seiner Zeit; er mußte den Widerpart gegen sie übernehmen. Man mag sich fragen, ob ihm seine Gegenwart nicht allzu dunkel erschienen ist, denn auch im 14. Jahrhundert geschah Lichtvolles. Gerade Seuse war ein überaus hellstrahlendes Gestirn am spätmittelalterlichen Himmel. Und er war nicht der einzige. Es gab viele gleichgesinnte Menschen, mochte er auch nicht um sie alle wissen. In jedem Jahrhundert gibt es siebentausend, die ihre Knie nicht vor Baal beugen. Um ihretwillen bleibt die Welt bestehen.

So bedeutsam Landschaft und Zeitalter für das Verständnis Seuses auch sein mögen, als noch aufschlußreicher erweisen sich die Bildnisse in den alten Seuse-Handschriften. Natürlich erheben diese Porträts keinen Anspruch auf Ähnlichkeit, denn sie wurden erst viele Jahre nach seinem Tode gemalt. Es kommt auf sein inneres Bild an, und daher ist die äußere Identität im vorliegenden Zusammenhang nebensächlich. Fast alle alten Seuse-Bilder zeigen ihn mit einem Kranz von weißen und roten Rosen um das Haupt oder mit dem Jesuskind, das von einem Bäumchen Rosen bricht und sie ihm zuwirft. Was bedeuten ihm die Rosen? Offensichtlich ist der Blumenkranz bei Seuse an die Stelle des frommen Heiligenscheines getreten! Die mittelalterlichen Maler durften ihm den Heiligenreif nicht verleihen, weil er damals noch nicht zu den Seliggesprochenen zählte. Zudem war der goldene Heiligenreif zu abgenutzt. Er wurde bei Seuse umgestaltet und durch einen Kranz von Rosen ersetzt, gegen den niemand etwas einwenden konnte. Das Alte muß immer wieder auf eine andere Weise ausgesprochen werden, damit es nicht zu einer bloßen Formel erstarrt. Seuses Rosen duften bezaubernd, ihr Duft ist herrlicher als das verstaubte, erbauliche Schrifttum, das ihn nur langweilig gemacht hat. Auch die streng wissenschaftlichen Ausführungen gehören wahrscheinlich zum verblaßten Heiligenschein. Der Kranz blühender Rosen um sein Haupt führt nicht nur zu einer lebendigeren Erfassung seiner Persönlichkeit, er rührt auch an sein Geheimnis. Warum wurde der Mystiker vom Bodensee mit roten und weißen Rosen in Verbindung gebracht? Das war doch nicht zufällig! Seuse selbst hat den tieferen Sinn angedeutet: «Die Menge der Rosen, das sind die mannigfaltigen Leiden, die Gott ihm zusenden will, die er freundlich von Gott empfangen und geduldig leiden soll[1].» Ja, die Schönheit der Rosen ist mit einer spürbaren Wehmut verbunden, und beides zusammen führt zu einer neuen Begegnung mit Seuse. Der ungewohnte Kranz von Blumen auf dem Haupt des Mystikers geht dem Leser seiner Schriften nicht mehr aus dem Sinn. Eine unerklärliche Erwartung bemächtigt sich seiner, und etwas bänglich fragt er sich: «Geht sie auch in Erfüllung?»

Der später mit Rosen bekränzte Seuse prägte den Satz: «Merkt auf, der Seuse will sausen.» Hat er sich ein Wortspiel geleistet? Vielleicht hat er selbst im ersten Augenblick daran gedacht. Warum auch nicht? Wahrscheinlich aber bedeutete ihm der Ausspruch mehr: «Aufgepaßt, jetzt beginnt etwas ganz Unerwartetes.» Die Leser dürfen sich nicht nur mit neugierigem Interesse dem Konstanzer Mystiker nähern, sondern es gilt vielmehr, die Augen aufzureißen und genau hinzusehen, was bei ihm geschieht. Was geht denn vor sich? «Suso, laß sausen!» Der Name «Seuse» stammt nicht vom Wort «süß», wie das schon angenommen wurde, sondern von «sausen». Sein Sausen ist höchst merkwürdig; es vollzieht sich auf ganz eigene Weise und ist mit keinem anderen zu vergleichen. Man kann es ganz gut überhören. Viele Menschen haben während ihres ganzen Lebens nie auch nur das geringste von diesem Sausen vernommen. Lautlos huscht es an ihnen vorüber, sie hören gar nichts und bleiben immer, was sie sind. Für andere wiederum beginnt es ganz sachte, nur leise bewegen sich die Blätter, und beinahe unmerklich verschwebt es wie ein Hauch. Dann wiederum verstärkt es sich plötzlich und fährt, wie der Föhn auf dem Bodensee, mit Sturmesgewalt dahin. Wenn Seuse wirklich zu sausen beginnt, bläst er den Menschen direkt ins Antlitz, daß ihnen Hören und Sehen vergeht. Mit seinem Sausen kündet sich ein ganz ungewöhnliches Ereignis an, von dem man mit dem Johannes-Evangelium sagen darf, «du weißt nicht, woher es kommt und wohin es geht». Auch mitten im modernen Spektakel mit seinem beständigen Lärm beginnt der Mystiker mit seinem stillen Sausen, das so anders, so viel innerlicher und bedrängender wirkt als alles Gerede. Wann aber wird das Sausen vernehmbar? Vielleicht in der reiferen Jugendzeit, vielleicht bei einem unerwarteten Schicksalsschlag oder auch erst auf dem eigenen Sterbelager. Wie dem auch sei, wahrscheinlich vernehmen es nur wenige, weil es vom ruhelosen Irrsal und Wirrsal der Gegenwart übertönt wird. Ob nun viele oder wenige Menschen aufmerken, ist eine zweitrangige Frage, Hauptsache bleibt, daß Seuse unmißverständlich zu sausen beginnt. Man sehe sich doch vor, daß man seinen Ruf «merkt auf» nicht in den Wind schlägt, sondern sich endlich einmal die Augen reibt und aufwacht. Eines ist jedenfalls unzweideutig klar: Seuse darf nicht verzuckert werden. Die süßliche Erbaulichkeit ist auf alle Fälle fehl am Platze. Unbegreiflich, wie leicht es sich viele Menschen machen, eine Gestalt mit dem hundertmal wiederholten Schlagwort abzutun: «Der weichliche Seuse!» Allzulange wurde der Konstanzer bis zur Unkenntlichkeit verharmlost. Gewiß besaß er eine zart empfindende Seele, aber nie gebärdete er sich wankelmütig. Er war gefühlvoll, in keinem Moment aber sentimental. Bei aller Innigkeit war er ein kraftvoller Schwabe, ein Mensch von ungewöhnlicher Tiefe. Um den wahren Seuse zu erfassen, muß man sich auf allerlei Überraschungen gefaßt machen. Die roten Rosen deuten bei diesem Menschen nicht auf einen Blumenstrauß hin, den man huldvoll einer schönen Dame überreicht; sie sind eindeutig ein Sinnbild, das auf Blut und auf ein geistiges Martyrium hinweist. Mit Seuses Worten gesprochen: «Wohlauf, ihr gefangenen Herzen, heraus aus den engen Banden vergänglicher Liebe! Wohlauf, ihr schlafenden Herzen, heraus aus dem Tode der Sünden! Wohlauf, ihr üppigen Herzen, heraus aus der Lauheit eures trägen lässigen Lebens! Erhebt euch mit einer ganzen freien Hinkehr zum liebreichen Gott: Sursum corda![2]»

Darum noch einmal: «Merkt auf, der Seuse will sausen!»

## *Vom anfangenden, zunehmenden und vollendeten Menschen*

Anders als bei Meister Eckhart und Tauler ist die Nachwelt über das Leben Seuses besser unterrichtet. Es liegt eine Vita über ihn vor, was im Mittelalter keine Selbstverständlichkeit war. Der faszinierende Albertus Magnus etwa mit seinen weit ausgreifenden Interessen hätte doch wahrhaftig eine Vita verdient. Freilich hat es mit Seuses Vita seine eigene Bewandtnis; sie ist nicht «die erste Selbstbiographie in deutscher Sprache», wie schon behauptet wurde. Es verhält sich etwas anders. Sie ist auch nicht streng historisch ausgerichtet, manchmal verliert sie sogar beinahe den Faden, indem nicht mehr Seuses Leben erzählt wird, sondern von seiner geistlichen Unterweisung die Rede ist[3]. Doch hat sie den Vorzug, daß alle Menschen guten Willens sie verstehen und sie ihnen wie der Morgenstern entgegenstrahlt. «Man muß lauschen, um die tiefe Erschütterung der Seele hinter dem einfachen Bericht zu spüren, der keusch und schamhaft mehr verhüllt als enthüllt, was in Seuses Herzen vor sich geht[4].»

Schon ihre Entstehungsgeschichte weist keine Parallele auf. Die schriftstellerisch begabte Nonne Elsbeth Stagel, im Mittelalter Staglin genannt, hatte zunächst in ihrem Kloster zu Töss mit der Vita begonnen. Seuse besuchte sie dort öfters. Elsbeth veranlaßte ihn mit weiblicher List, ihr viel aus seinem Leben anzuvertrauen. Sie hörte ihm bewundernd zu, und kaum war er weggegangen, setzte sie sich hin und schrieb voll heimlicher Freude auf, was sie vernommen hatte. Daraus entstand mit der Zeit eine ansehnliche Lebensgeschichte, die nicht als bloße Materialsammlung gedeutet werden darf. Eines Tages gestand sie Seuse ihr heimliches Tun, ohne zu ahnen, wie unerwartet er darauf reagieren würde. Er begehrte das Geschriebene zu sehen, worauf der sonst gelassene Mann zornschnaubend die Blätter auf der Stelle verbrannte. Dank ihrer fraulichen gefühlsmäßigen Sicherheit hatte Elsbeth ihm aber nicht alle Aufzeichnungen vorgelegt. Nach einiger Zeit beichtete sie ihm, noch weitere Niederschriften zu besitzen. Seuses Temperament hatte sich inzwischen besänftigt, jedenfalls fand er, das Tun der Schwester sei gar nicht so abwegig. Er ließ sich den Rest der Aufzeichnungen geben und vervollständigte sie, indem er auch über Elsbeth schrieb, so daß sie neben ihm die zweite Heldin der Biographie ist. Auf diesem Weg ist die Vita entstanden: Eine Frau schrieb über einen Mann und ein Mann über eine Frau, und so soll es auch in der gegenseitigen Beziehung zugehen: stets miteinander und nie gegeneinander. Die Vita hat demnach sowohl Elsbeth Stagel als auch Seuse zum Verfasser; es ist ein edles Gemeinschaftswerk, wie es in der Geistesgeschichte nicht oft vorgekommen ist. Unmöglich ist es, im einzelnen zu sagen, was von ihr und was von ihm geschrieben ist.

Da Seuses Vita zwei Verfasser hat, darf sie nicht den üblichen Autobiographien zugeordnet werden. Autobiographien sind eine heikle Gattung von Literatur, ihre Verfasser begeben sich aufs Glatteis und fallen gewöhnlich hin. Natürlich gibt es sehr wertvolle Selbstbiographien, daneben aber auch viele von gespreizter Eitelkeit erfüllte Werke, die nur auf eine Selbstrechtfertigung hinauslaufen. Autobiographien bergen beinahe unlösbare Probleme: Völlige Ehrlichkeit ähnelt einem geistigen Exhibitionismus, und jene, die ihm entgehen wollen, verschweigen wichtige Geschehnisse. Wie gut, daß Seuses Vita zwei Autoren hat, denn damit ist sie beiden Gefahren entronnen. Obschon Seuse in der dritten Person von sich schrieb, ist sie doch ein Zeugnis von mittelalterlichem Individualismus.

Wie es bei den Wissenschaftlern nicht anders sein konnte, wurde auch hier die Frage nach der Echtheit aufgeworfen, und es entstand darüber ein Streit. Etliche Forscher verneinten ohne triftige Gründe die Echtheit, andere wiederum bejahten sie. Im Grunde war es ein Streit um des Kaisers Bart. Warum sollte es nicht so zugegangen sein, wie es gleich zu Beginn der Vita berichtet wird? Die beiden Verfasser wußten es doch sicher besser als ihre heutigen Kommentatoren. Nichts Unmögliches steht in der Vita, und selbst aus den gelegentlichen Widersprüchen kann kein ernsthafter Einwand dagegen abgeleitet werden. Kein Menschenleben läuft logisch eindeutig ab, immer finden sich Bruchstellen und Gegensätze darin. Warum balgt man sich mit Nebensachen herum und setzt sich nicht mit dem Inhalt der Vita auseinander? Die in einer Dichtersprache aufgezeichnete Vita liegt vor, und wenn sie nun als unechtes Werk beiseite geschoben wird, verschwindet die Person Seuse im Nebel. Diese Vita ist ihrer Absicht nach ein religiöses und kein streng historisches Werk. Sie will nicht nach Rankes Losung berichten, «wie es wirklich gewesen ist», was man ohnehin nie genau weiß. Man läßt besser den Gelehrtenstreit auf sich beruhen und vertieft sich in die freudvolle Vita. Das Buch «Seuses Leben» ist eine in dichterischer Sprache geschriebene Lebensgeschichte, die überaus wertvolle, oft nicht leicht zu befolgende Anweisungen enthält. Helle Sonnenstrahlen überfluten diese köstlichen Blätter, die wirklich nach Rosen duften. Sie stellen zunächst den unermüdlich suchenden und genial begabten Jüngling dar, zu dem man immer wieder zurückkehren möchte, weil er höchst gehaltvoll vom Frömmigkeitsleben der Christen zu berichten weiß.

Die Vita erzählt die Geschichte einer Seele. Sie ist unter einem ebenso hohen wie seltenen Aspekt komponiert: Vom anfangenden, vom zunehmenden und vom vollendeten Menschen. Diese der deutschen Mystik vertraute Formulierung besitzt den Vorteil, daß sich der Erzähler nicht in allerlei Erlebnisse verliert, die angeblich noch niemand kennt, sondern stets auf den tieferen Sinn hinweist. Er erfaßt das Leben als eine wahrnehmbare Steigerung. Die Lebensbahn fällt nicht in der zweiten Hälfte kläglich ab oder versandet unmerklich im Banalen. Sie steigt beständig empor und strebt langsam, aber unaufhaltsam dem Höhepunkt zu. Seuses wechselvolles Dasein verlief in seltsamen Serpentinen, doch blieb er zielstrebig und wuchs empor, so daß er sich nie anklagen mußte: Was ist auch aus meinem Leben geworden, das so verheißungsvoll begonnen hat? Liegt alles in Scherben da? Nimmt es zuletzt einen unrühmlichen Verlauf? Dann wäre Seuse schweren Herzens gestorben, weil man das Talent nicht vergraben darf. Seuses

Lebensreise ist durch einen Aufschwung gekennzeichnet, nicht als äußerlicher Erfolg verstanden, sondern als «Aufstieg auf der Leiter zum Paradiese», den schon Johannes Climacus mystisch beschrieben hat. Gleich zu Anfang forderte er eindringlich auf, seine Botschaft in den eigenen Tagesablauf hineinzunehmen. Man gelangt ohnehin nur dann in die Nähe des Mystikers. Alles andere ist verfehlt, und mag es noch so mit mittelhochdeutschen Zitaten garniert sein. Der Laie versteht sie nur unvollkommen, und demzufolge spricht für ihn nicht jener Seuse mit dem Rosenkranz auf dem Haupt.

Zunächst verlief das Leben Seuses, wie das der meisten Menschen, in einer unzulänglichen Vorläufigkeit. Er wurde am Benediktustag, am 21. März, in diese «elende Welt» hineingeboren. Das Geburtsjahr ist nicht genau feststellbar, es liegt zwischen 1295 und 1300. Der Vater war ein Ritter Konrad aus dem adeligen Geschlecht der Herren von Berg, einer Ortschaft bei Weinfelden im Kanton Thurgau. Noch vor Seuses Geburt übersiedelte der Vater nach dem nahe gelegenen Konstanz, dem Ort, der als Seuses Geburtsstadt gilt. Die Mutter stammte aus dem benachbarten Überlingen. Seuse nannte sich, was überaus bezeichnend für ihn ist, nach dem mütterlichen Namen Seuse; er war wie Augustinus ein typischer Muttersohn. Während der Vater ein weltlich gesinnter Mann mit einem groben Seelengewebe war, lebte in der feinsinnigen Mutter eine tiefe Frömmigkeit, die sie ihrem Sohn vererbte. Es war ein allzu ungleiches Paar, dem kein harmonisches Zusammenleben beschieden war, jedenfalls konnte man von ihnen nicht sagen, sie seien ein Leib und eine Seele.

Wahrscheinlich haben die wenig erfreulichen familiären Verhältnisse in Seuses Elternhaus dazu beigetragen, daß schon der Dreizehnjährige in das vom Bischof den Dominikanern geschenkte Inselkloster eintrat, obschon das damalige Eintrittsalter fünfzehn Jahre betrug. Ob dies auf Wunsch des unter den häuslichen Umständen leidenden Knaben oder auf Veranlassung der Eltern geschah, ist nicht mehr zu ermitteln. Da das Kloster in eine laxe und eine strenge Richtung gespalten war, verbrachte auch der junge Seuse darin die ersten fünf Jahre in einer gleichgültigen Langeweile. Er strich verloren durch die weißgetünchten Klostergänge, besaß keinen gleichaltrigen Kameraden, und die Mönche kümmerten sich nicht sonderlich um ihn, da sie nicht mit ihm zu reden verstanden. Seuse war eine unbefriedigende Jugend beschieden. Ihm wurde weder geistige Nahrung geboten noch eine Anweisung zum Leben vermittelt. Öde verliefen seine Tage, leer schien ihm das Dasein zu sein, und er empfand die ganze Qual des jungen Menschen.

I

Die Losung vom anfangenden Menschen lautet kurz und bündig: Mach doch im Leben einen Anfang! Es gibt viele Leute, die im Leben überhaupt nie beginnen; sie schieben es immer auf eine spätere Zeit hinaus, und darüber vergeht ihr Leben wie ein Geschwätz. Wer sagt, er fange am nächsten Montag an, der fängt ganz gewiß überhaupt nie an. Es gilt, einen Entschluß zu fassen und den ersten Schritt zu tun. Davon hängt alles ab. Die Entschlußunfähigkeit ist ein Übel, an dem heutzutage viele Menschen leiden. Andere fangen wiederum an, bleiben aber schon bei den ersten Schwierigkeiten stecken und bringen es nicht weiter. Sie kommen nicht über das frühe Tasten hinaus, alles bleibt ein kümmerliches Unterfangen, weil sie ihr Leben nicht wirklich in die Hand nehmen. Das Beginnen ist ein ernstes Problem. Franziskus sprach angesichts des Todes zu den Seinen: «Brüder, laßt uns anfangen, denn bisher haben wir noch sehr wenig getan!»

Seuse hat ganz eindeutig und entschieden angefangen. Warum wurde er überhaupt ein anfangender Mensch? Nun, sein «wildes Herz» fühlte nach fünf Jahren im Konstanzer Inselkloster «ein Unbefriedigtsein[5]». Er kam sich «einsam und liebeleer» vor und hatte «niemand, dem er sein Leid klagen konnte[6]». Der junge Mensch war ratlos und doch voll unbestimmter Sehnsucht, ohne zu wissen, was er wollte. Seuse empfand den unaussprechlichen Schmerz der Jugend. Ein unbekanntes Verlangen erwachte in ihm und nahm die Form eines unklaren Suchens an. Ein dunkler Gottesdurst trieb ihn an und ließ ihn nicht zur Ruhe kommen. Der immer wieder neu einsetzende geistige Hunger weckte in ihm eine heilsame Unruhe. Es gibt kein echt christliches Leben, das nicht vom geistig bewegten Suchen erfaßt worden wäre, denn wer nicht sucht, der findet auch nicht. Seuse war ein eminent starker Sucher, und darum bringen seine Worte noch heute den Leser in ein inneres Schwingen. Er sprach darüber ergreifende Worte zu Gott: «Liebreicher zarter Herr, mein Gemüt hat von meinen Kindertagen an Eines gesucht mit eilendem Durste, Herr, und was das sei, das hab' ich noch nicht vollkommen begriffen. Herr, ich hab' dem manches Jahr heiß nachgejagt, und noch nie konnte es mir recht zuteil werden, denn ich weiß nicht recht, was es ist, und es ist doch etwas, das mein Herz und Seele zu sich zieht, und ohne das ich nimmer in rechte Ruhe versetzt werden kann. Herr, ich wollte es in den ersten Tagen meiner Kindheit in deinen Kreaturen suchen, und je mehr ich suchte, desto weniger fand ich es, und je näher ich ging, desto mehr entfernte ich mich davon. Denn bei einem jeglichen einströmenden Bilde hatte ich, bevor ich es ganz versuchte oder mich mit Ruhe dem hingab, eine Eingebung derart: Das ist nicht das, das du suchst. Und dieses Davontreiben ist mir je und je in allen Dingen vorher zuteil gewesen. Herr, nun wütet mein Herz darnach, denn es hätte es gern, und es hat wohl öfter als einmal empfunden, was es nicht ist, Herr, aber was es ist, darüber ist es noch ohne Weisung. O weh, geliebter Herr vom Himmelreich, was ist es, oder wie ist es beschaffen, das so recht verborgen in mir spielt?[7]» Ja, wenn er es hätte sagen können, dann wäre ihm geholfen gewesen. Da Seuse es jedoch nicht vermochte, trieb ihn das Fragen nach dem Ewigen an den Rand der Schwermut. In seinem «schreienden Herzen und seinen weinenden Augen» meldeten sich Anfechtungen, stiegen düstere Glaubenszweifel auf, und er stand stumm und schmerzerfüllt vor seinen antwortlosen Fragen. Eine ungeordnete Traurigkeit erfaßte ihn immer mehr – doch auch dies gehört zum Leiden der Jugend.

Hätte ihn sein Ewigkeitshunger allein ans Ziel gebracht?

Schwerlich. Aber auf sein beständiges Rufen aus der Tiefe antwortete ihm Gott. Seuse schilderte das Geschehen mit Worten, in denen das ungewöhnliche Ereignis spürbar nachzittert. Es war am Agnes-Tag (21. Januar), als er, sich recht trostlos fühlend, allein in den Chor ging. Ebenso plötzlich wie unerwartet geschah es, daß seine Seele verzückt wurde: «Da sah er und hörte, was allen Zungen unaussprechlich ist: Es war formlos und artlos und hatte doch aller Formen und Arten freudenreiche Lust in sich. Sein Herz war gierig und doch gesättigt, sein Sinn war lustig und wohlgestimmt, sein Wünschen hatte sich gelegt und sein Begehren war vergangen. Er starrte nur in den glanzreichen Widerglast, in dem er seiner selbst und aller Dinge Vergessen trank. War es Tag oder Nacht – er wußte es nicht. Es war vom ewigen Leben eine ausströmende Süßigkeit in gegenwärtiger stillstehender ruhiger Empfindung[8].» Wie lange die Entrückung dauerte, ob eine halbe oder eine ganze Stunde, konnte er nicht sagen. Nur dies kam ihm nachher zum Bewußtsein, daß er einem Menschen glich, der aus einer anderen Welt kam. Wohlweislich verbarg er das visionäre Erleben vor den Augen der Mitbrüder, fürchtete er doch, es würde ihm ansonst verlorengehen. Niemand sah ihm etwas an. Er aber vergaß diese Stunde während seines ganzen Lebens nicht. Er hatte einen Blick in den Himmel getan, war erfüllt davon bis in seine innerste Innerlichkeit und glaubte, er schwebe in der Luft. Damit ist eines ganz klar: Seuse war visionär veranlagt. Immer wieder sah er Gesichte. Wer Visionen als bloße Phantasien bewertet oder sie den Träumen gleichsetzt, wird den Konstanzer nie verstehen. Gewiß sind nicht alle Visionen gleich wertvoll. Unter ihnen gibt es auch bloße Wunschträume, bei denen der Mensch sieht, was er gerne sehen möchte. Aber es gibt auch echte Visionen. Die Bibel erwähnt deren viele. Sie sind Signale aus der jenseitigen Welt, haben sowohl subjektive als objektive Bedeutung und nehmen in der Mystik einen bedeutsamen Platz ein. Seuse war nicht nur in seinen Anfängen ein Visionär, er ist es auch geblieben.

Was da auf sehr unvollkommene Weise geschildert wurde,

nennt man Seuses «Ker», und da sie überraschend und schnell geschah, auch seine «geswinde Ker». Ohne eine seelische Umkehr ist ein mystisches Leben kaum denkbar. Sie ist die große Möglichkeit, die sich im menschlichen Leben vollziehen kann, und das tragische ist, daß sie sich so selten vollzieht. Dies hängt mit dem Problem der Entschlossenheit zusammen. Wer beständig zaudert und sich nie entschließen kann, wer es liebt, in der Ambivalenz zu verharren, erlebt keine Umkehr. Nur der entscheidungsfreudige Mensch erfährt, was es heißt, einen wirklichen Anfang zu machen. Jedenfalls war Seuse eindeutig zu einem anfangenden Menschen geworden, und damit hatte das geistige Abenteuer seines Daseins begonnen.

Nach einiger Zeit widerfuhr Seuse ein zweites visionäres Erlebnis, das an seliger Freude dem ersten nicht nachstand. Es kann nur mit einem Hymnus verglichen werden. Seuse sah eine Menge Jünglinge auf sich zukommen, die ihn «bei der Hand zum Tanz zogen, und sie fingen ein fröhliches Gesänglein an von dem Kindlein Jesus, das lautete also: In dulci jubilo usw. Nun sah er mit Freuden, daß sie die allerhöchsten und allerfreiesten Sprünge machten. Und sangen und tanzten mit jubilierenden Herzen. Dies Tanzen geschah nicht in der Weise, wie man in dieser Welt tanzt. Es war etwa wie ein himmlisches Herauswallen und Wieder-Hineinwallen in den unbegreiflichen Abgrund der göttlichen Verborgenheit[9].» Seuses visionäre Mystik hat einen freudigen Klang. Sie bedeutet geistlichen Gesang und geistlichen Tanz, die dem irdischen Gesang und Tanz ganz unähnlich sind. Beim visionären Tanz springt der Mensch gleichsam aus sich heraus, was die traditionelle Frömmigkeit nicht zuläßt. Ekstatische Erfahrungen darf man nicht mit einer kritischen Analyse zergliedern, man würde sie sonst zerstören, wie dies Goethe in seinem Libellen-Gedicht warnend ausgeführt hat. Jedes mystische Erlebnis ist freudvoll, und nichts reicht daran heran. Seuse will den Leser an der Hand nehmen und ihn fortziehen zum mystischen Reigen, ein Fest besonderer Art, das sich jedoch jeder irdischen Vorstellungskraft entzieht. Wer ihm aber folgt, bekommt eine Ahnung vom «himmlischen Herauswallen und Wieder-Hineinwallen in den unbegreiflichen Abgrund der göttlichen Verborgenheit».

## II

Noch war Seuse weit entfernt vom Ziel, doch zählte er fortan zu den zunehmenden Menschen. Das mystische Leben kennt eine innere Entwicklung. Man darf nicht so bleiben, wie man mit zwanzig Jahren ist, ebenso wie man nicht immer dem Neuesten nachjagen sollte. Stehenbleiben bedeutet rückwärts schreiten, und Treue ist nicht mit Erstarrung zu verwechseln. Ein geistiges Wachstum ist unerläßlich, es gilt weiterzuschreiten, «von Tor zu Tor, von Heer zu Heer, und so für und für[10]». Freilich hatte Seuse als zunehmender Mensch auch seine Probleme. In ihm erwachte das Bewußtsein, sich seiner Entrückung würdig erweisen zu müssen, weshalb er ernsthaft begann, ein asketisches Leben zu führen.

Unter welchem Zeichen dies stehen sollte, zeigte eine seltsame Tat. Sie wurde in ihrer tieferen Bedeutung selten richtig verstanden, geschweige denn gebührend gewürdigt. Im ersten Moment fährt man darob erschrocken zurück und fühlt zugleich, Zeuge eines einmaligen Tuns geworden zu sein, das ein Anrecht darauf hat, vor jedem geschwätzigen Urteil verschont zu bleiben. In einer innerlich bewegten Stunde nahm Seuse einen scharfen Griffel und stach sich damit erbarmungslos ins eigene Fleisch, genau über dem Herzen, stach auf und ab, hin und her, bis er die Buchstaben IHS genau eingeritzt hatte. Man möchte beinahe von einer heiligen Raserei sprechen, denn das Blut floß an ihm herab. Sein liebeswundes Gemüt achtete der Schmerzen nicht sonderlich, wollte er doch ein von Jesus gezeichneter Mensch sein. Es war ein blutig ernster Verschreibungsakt, der keinerlei Nachahmung verträgt. Die unauslöschlichen Buchstaben auf seinem Herzen sind das Siegel für seine immerwährende Zugehörigkeit zu Christus. Die mystische Verbindung mit dem Herrn umfaßte fortan Seele und Leib; der ganze Mensch war daran beteiligt. Der spanische Maler Zurbaran hat mit künstlerischem Instinkt die ungewöhnliche Tat als das zentrale Geschehen im Leben Seuses empfunden und in einem eindrucksvollen Gemälde großartig festgehalten[11]. Ähnliches läßt sich in der christlichen Geistesgeschichte nachweisen. Der allen effektvollen Handlungen abholde Gerhard Tersteegen tauchte seine Feder in das eigene Blut und besiegelte seine Verschreibung an Jesus mit dem roten Saft. Dieser Akt war von einschneidender Wirkung für das Leben des ungewöhnlichen Kenners der christlichen Heiligenwelt. Für Seuse war es lebenswichtig, daß die Initialen des Herrn unmittelbar über seinem Herzen standen. Er wollte damit für sich dokumentieren, daß er Jesus ganz fest in sein Herz geschlossen habe, in der Hoffnung, daß auch Jesus nie mehr aus seinem Herzen scheide. Es ist durchaus eine Herzenstat, die auch nur mit dem Herzen, nicht mit der Vernunft, begriffen werden kann. Fortan nahm er die Wahrheit mit dem Herzen auf, nicht mit dem Kopf. Diese Verschiedenheit weist auf ein unterirdisches Christentum hin, das sich in der Kirche nie ganz durchzusetzen vermochte. Offenbar war es den erwähnten Christen ein Bedürfnis, ihrem entscheidenden Erleben im Verborgenen sichtbaren Ausdruck zu geben. Dabei war sich Seuse ganz klar, daß sich die Umarmung mit dem Göttlichen geistig und nicht körperlich vollzieht; wer das nicht bedenkt, begreift die Subtilität des Vorganges nicht.

Damit war dem Drang Seuses, ein innerlich fortschreitender Mensch zu werden, noch lange nicht Genüge getan. Im seelischen Prozeß des Zunehmens beschäftigte ihn das Problem der Kasteiung auf Jahre hinaus. Zunächst begann er sachte damit. Er verzichtete auf gewiße Lieblingsspeisen, aß über zwei Jahre kein Obst, hüllte sich in tiefes Schweigen und sprach selbst bei Tisch kein Wort. Auch wenn man ihn an die Pforte rief, ließ er sich zu keiner Redseligkeit verlocken. Er beobachtete vier Regeln: «Zum ersten, einen jeglichen Menschen gütig zu empfangen, zum andern, bald abzufertigen, zum dritten, tröstlich zu entlassen, zum vierten, unbeschwert wieder hineinzugehen[12].» Dann rüstete sich Seuse zum schonungslosen Angriff gegen den eigenen Leib. Selbst bei größtem Durst enthielt er sich jeglichen Trankes. Ferner trug er ein härenes Hemd und eine eiserne Kette unter seinem Habit. Er band ein mit spitzigen Nägeln beschlagenes Kreuz auf seinen Rücken, das ihm bei jeder Bewegung heftige Schmerzen verursachte. Es ist nicht nötig, all die Marterwerkzeuge aufzuzählen, die Seuse ersann, um seine Askese beständig zu steigern. Viele Leser seiner Vita haben die größte Mühe, das Kapitel von der Kasteiung des Leibes zu Ende zu lesen; es sträubt sich ihr ganzes Gefieder gegen diese grausame Selbstquälerei.

Warum bereitet es uns eine seelische Schwierigkeit, Seuses Askese in allen Einzelheiten genau zu lesen? Er war doch nicht pathologisch veranlagt, und noch viel weniger litt er an einem verkappten Masochismus. Auch schlägt seine unerbittliche Kasteiung das verbreitete Gerede vom süßlichen Seuse in den Wind. Wer jahrelang eine derart harte Askese gegen sich selbst durchführt, ist nicht von weichlicher Natur. Er bewies damit seine Willenskraft, bekam sich selbst in Gewalt und lernte, um jeden Preis durchzuhalten. Seine asketischen Übungen sollten ihm helfen, die Nachfolge Jesu zu vollziehen, der seine Jünger unmißverständlich aufforderte, ihr Kreuz auf sich zu nehmen und allem abzusagen[13]. Seuse erstrebte nicht nur Christi Bild vor sich zu sehen, sondern auch seine Passionsqualen mitzuerleiden. Jedenfalls überwand Seuse gründlich und konsequent das Gewohnheitschristentum und erlebte die Nachfolge wieder als Heroismus. Damit bewies er den Mut zum Außerordentlichen. Er versuchte mit seiner tiefgreifenden Askese den Schmerz in Freude umzukehren. Seuse vertrat eine bemerkenswerte Leidensmystik, deren Geheimnis darin bestand, das Bittere in eine höhere Süßigkeit zu verwandeln. Der Versuch, den Schmerz in ein Lächeln umzuschmelzen, wurde in der Geschichte der Christenheit immer wieder unternommen, es sei nur an Thérèse von Lisieux erinnert.

Trotz dieser Einsichten wird man über Seuses Kasteiung, die er zu jener Zeit rücksichtslos betrieb, nicht froh. Die Bewertung des Leibes als des größten Feindes der Seele ist ein allzu vereinfachtes Schema. Ein ewiger Krieg zwischen Seele und Körper erstarrt in der Verneinung. Anstelle der Feindschaft gibt es auch eine Harmonie zwischen den beiden Größen, zumal Gott beide erschaffen hat. Der Mensch ist auf Entfaltung, nicht auf Unterdrückung seiner Persönlichkeit angeordnet. Bloße Niederringung des Leibes rächt sich gewöhnlich, weil Druck Gegendruck erzeugt und eine plötzliche Auflehnung bewirkt.

Erfreulicherweise erkannte Seuse selbst, daß er sich mit seiner grausamen Askese in eine Sackgasse verrannt hatte. Es war eine Phase in seinem Leben, wahrscheinlich eine notwendige, aber doch nur eine fragwürdige Phase. Nachdem diese Askese ihn gesundheitlich ruiniert hatte, erschien ihm nach sechzehn Jahren am Pfingsttage in einer Vision «ein himmlisches Gesinde und verkündigte ihm, daß Gott es nicht länger von ihm haben wollte. Da ließ er davon ab und warf es alles in ein fließendes Wasser[14].» Welch eine eindrucksvolle Gebärde! Seuse sah zuletzt selbst auf visionärem Wege die Unzulänglichkeit seiner übertriebenen Askese ein. Sie drang bei aller Radikalität doch nicht zu der Wurzel des Menschen vor, zu jenem Ort, wo die Leidenschaften beginnen, die Phantasie zu verlocken. Auch hier fallen die Entscheidungen im Menschen selbst; man kann das steil auflodernde Gelüsten nicht durch ein Nagelbrett besiegen. Erst in dieser Tiefe erkennt man, daß der Mensch das verzehrende Verlangen im Innern überwinden muß, wofür es anderer Kräfte als der brutalen Askese bedarf. Fortan war Seuse die Reinheit des Herzens wichtiger als alle äußeren Übungen. Entschlossen versenkte er seine Marterwerkzeuge in den Rhein, atmete erleichtert auf und schritt fröhlich neuen Ufern zu.

Die Phase des «zunehmenden Menschen» wäre unvollständig umschrieben, erwähnte man nur Seuses rücksichtslose Askese. Es hat sich in diesem Stadium noch etwas Größeres ereignet, nämlich der Durchbruch zum Dichter. Seuse war Visionär und Dichter, was nicht das gleiche ist, aber die beiden Anlagen sind miteinander verwandt. Zwar war der Konstanzer ein Mönch, trug das dominikanische Habit, und seine Kirchenzugehörigkeit stand stets außer Frage. Unter seiner Kutte verbarg sich aber noch etwas anderes. Der Dominikaner verfügte über eine ganz ungewöhnliche künstlerische Begabung. Er besaß eine außerordentliche Beziehung zur Sprache, ein lyrisches Element wohnte in ihm, und er schrieb die schönste Prosa seiner Zeit. Seuse war der «poesievollste unter allen altdeutschen Mystikern[15]». Der Konstanzer war ein echter Dichter, wenn er auch keine Gedichte geschrieben hat wie Walther von der Vogelweide. Nicht Verse, sondern poetisches Fühlen und Schauen entscheiden darüber, ob von einem Dichter gesprochen werden darf oder nicht. Der Durchbruch zum Dichter geschah nicht um seinetwillen. Seuse wurde zum Dichter, weil man vom Göttlichen nur in dichterischer Sprache reden sollte. Seine dichterische Ader kommt in seiner Sprachgewalt mit ihren sanften und doch lebendigen Rhythmen immer wieder zum Vorschein. Der Dichter lebte von inneren Visionen, und der Visionär kleidete sie in dichterische Gleichnisse. Seuses künstlerische Darstellung mit einer braven Erbaulichkeit zu verwechseln, verrät Mangel an poetischem Verständnis. Seuse schuf sich mit seiner Vita ein Sprachdenkmal von hohem Rang. Wirkliche Dichter erweisen sich als Boten Gottes und tragen zur Erhellung des Daseins bei. Man nannte ihn auch den «Minnesänger in Prosa», dessen Rede oft wie Musik klinge. Nach Reinhold Schneider gehört «sein Werk zum Krongut unserer Sprache; es hat wenig seinesgleichen an Innigkeit und Feuer, Herzlichkeit und Einfalt, Tiefsinn, Schönheit, umschmelzender Gewalt[16]».

Seuse hat mit seinem Leben einen wundersamen Hymnus gedichtet. Er übertrug den Minnedienst des edlen Rittertums auf das religiöse Leben. In einer Versenkung hörte er die Stimme: «Sei Ritter! Du bist bisher Knappe gewesen, und Gott will, daß du mein Ritter seiest[17].» Die innere Beförderung hing mit seinem Dichtertum zusammen. Nur ein echter Poet konnte sie vollziehen. Fortan vertrat Seuse ein geistliches Rittertum, wurde zum Bruder von Don Quijote: Wie der Ritter von der traurigen Gestalt wußte er, daß das Edle in dieser Welt nur in der Form der Lächerlichkeit erscheinen kann. Zuweilen benahm sich Seuse wirklich wie ein Tor, der das Apostelwort «Wir sind Narren um Christi willen» aufs neue bestätigte. Der Gegenwart ging der Sinn für das geistige Rittertum verloren, was einem kulturellen Niedergang gleichkommt. Wenn Seuse Anfechtungen heimsuchten, rief der Ritter in ihm nach «Waffen», was nichts anders heißen sollte als: Aufgepaßt, jetzt mußt du kämpfen, und zwar kämpfen bis zum letzten Blutstropfen. Das geistliche Rittertum stand in ihm in seiner ganzen Hoheit auf. Er wurde zu seinem zeitlosen Sänger, zum Herold der himmlischen Liebe. Auch sein Lied sang von Liebe und Leid, von Scheiden und Meiden.

Der göttliche Minnesänger blickte mit den Augen der Seele in die Natur, die ihn in helles Entzücken versetzte. Nach Wilms' Biographie «läßt er die Geschöpfe nicht zurück, er reißt sich nicht von ihnen los, sondern reißt sie mit sich empor[18]». Aus dem Buch der Natur las er die göttlichen Gedanken heraus und verband auf eine unnachahmliche Weise das Natürliche mit dem Übernatürlichen. «Der Sinn für die Natur, der ihn erfüllt», schreibt Cognet, «verbindet erlesensten Feinsinn mit einem mächtigen kosmischen Empfinden, so wie auch sein Verständnis für das Menschliche Zärtlichkeit und Strenge vereint[19].» Er umfing mit liebendem Gemüt die ganze Schöpfung und fand überall in der Natur Gotteszeichen, zart und empfindsam, wie es sonst nur eine lichte Frauenseele vermag. Wie alle Poeten war auch Seuse ein Gefühlsmensch, doch trotz seiner seelischen Weichheit zerrann sein Gefühl nicht im Unbestimmten. Der zunehmende Mann bändigte und ballte es zu einer dichterischen Aussage. Eine ungewöhnliche Wärme durchströmt seine Prosa. Er hatte die Bedeutung des Dialoges erkannt und hat ihn auch meisterlich gehandhabt. Sein Künstlertum gab seiner Sprache den bewegten Tonfall. Der alte Görres nannte Seuses ganzes Leben «ein großes Epos der Gottesliebe». Tatsächlich jubiliert Seuse, und er läßt den Leser seiner Schriften in leuchtende Augen, in ein lachendes Antlitz und in ein aufspringendes Herz blicken. Dieses Geschenk seines zunehmenden Lebens löst eine helle Freude aus; wer es zu sagen vermag, was in ihm singt und klingt, hat nicht umsonst gelebt. Seuse ist so hoch einzustufen, weil das Dichterische, wenn es zum Göttlichen vorstößt und sich nicht bloß im Diesseitigen erschöpft, stets von höchstem Rang ist.

Seuses Künstlertum hat im Dominikanerorden nur eine Parallele: Fra Angelico, der im Kloster San Marco in Florenz die Klosterzellen mit lichtvollen Engelsgestalten ausgemalt hat. Seuse dichtete gleichsam den Text zu Fra Angelicos Bildern, und jener malte Seuses Dichtung. Sie sind Brüder im Geiste – man könnte sie beinahe vertauschen. Beide beteten vor ihrer künstlerischen Arbeit, so daß ihre Kunst ein Widerschein des Göttlichen wurde. Seuse und Fra Angelico wußten um das Problem von Christentum und Kunst. Es geht nicht an, die beiden Größen in einen feindlichen Gegensatz zu rücken. Zuweilen entsteht eine Spannung zwischen ihnen, die sich jedoch heilsam und anspornend auswirken kann. So bleiben Christentum und Kunst enge Verbündete, weil beide nach dem Bleibenden in der Zeit Ausschau halten. Der echte Künstler ist alles andere als ein Träumer und Schwärmer, geschweige denn ein eingebildeter Ästhet. Weder Dichtung noch Malerei sind ein bloßer Abklatsch der Wirklichkeit. Vielmehr haben beide die Aufgabe, in aller Realität die höhere Realität aufzuzeigen, sie poetisch zu durchleuchten, damit die ewige Schönheit aufstrahlt.

## III

Im dritten Stadium seines Daseins wuchs Seuse zum vollendeten Menschen heran, indem er sein Leben nach dem Wort Jesu «Ihr sollt vollkommen sein[20]» ausrichtete. Dabei ist weder an einen fehlerlosen Menschen noch an einen über dem Alltag schwebenden Olympier zu denken. Zum krönenden Abschluß wurde Seuse die Einsicht geschenkt, daß die Vollendung des Christen vor allem in einer überlegenen Reife bestehe. Der sich bemühende Mensch braucht sich nicht selbst Schmerzen zuzufügen, da das Leben genug Schmerzen enthält. Wiederum in einer Erscheinung tat ihm ein himmlischer Jüngling kund: «Du mußt leiden und viel mehr leiden als viele andere Menschen[21].» Seuse begann zu verstehen, daß seine körperlichen Schmerzen von seelischen Leiden abgelöst werden sollten. Leicht ist ihm diese Einsicht nicht geworden. Er nannte sich selbst einmal «ein erschrockenes Häslein», das vor jedem Leiden ängstlich zusammenzucke. Die visionäre Mitteilung sollte sich nur allzusehr bewahrheiten. Die Frage nach dem Sinn des Leidens nahm in Seuses Leben stets einen breiten Raum ein. Er hatte viel unter der Mißgunst und der Verleumdungssucht «der wölfischen Menschen» zu leiden. Selbst heutzutage wird er oft verkannt.

Das Leidensproblem machte nicht nur Seuse viel zu schaffen, es setzt auch dem Menschen aller Zeiten arg zu. Was viele heutige Menschen an Gott irre werden läßt, ist unter anderem das Meer von Blut und Tränen, in dem sie gleichsam zu ertrinken glauben. Keineswegs sind es nur naive Gemüter, die mit der Frage von Simone Weil: «Das Unglück und die Gottesliebe» nicht zurechtkommen, sondern auch überaus Ernstgesinnte, wie Romano Guardini, Reinhold Schneider, Fridolin Stier usw., tragen schwer an ihr. Stets plagt sie die Feststellung, daß die Menschen und auch die stumme Kreatur oft unsinnig und unvorstellbar leiden müssen, eine qualvolle Frage, auf die sie keine Antwort wissen. Viele zerschellen an der Sinnlosigkeit des Leidens und werden dann als Strandgut stromabwärts getrieben. Auch Seuse wurde von diesem Problem beinahe erdrückt. Im Unterschied zu den modernen Menschen aber hat er nicht nur das Leidensproblem bis zur Verzweiflung an sich selbst erfahren, sondern er hat auf die peinigende Frage auch eine Antwort gefunden. Er hat das Leiden schließlich bewältigt, was seinen Ausführungen einen ungeahnten aktuellen Akzent verleiht: Er gelangte zu einer tiefsinnigen Leidensmystik.

Seuse schaute dem Leiden der Menschen in die Augen. Ja, er erschrak vor ihm und stöhnte zuweilen darob. Trotzdem – er versuchte ihm zu begegnen. Darüber gibt es eine rührende Anekdote: «Da es Morgen ward nach der Messe und er in der Zelle traurig saß und über diese Dinge nachdachte, und ihn fror, denn es war Winter, da sprach etwas in ihm: ‹Tu auf der Zelle Fenster und lug und lerne!› Er tat auf und lugte hin: Da sah er einen Hund, der lief mitten im Kreuzgang und trug ein verschlissen Fußtuch; er warf es empor und warf es nieder und zerrte Löcher hinein. Da sah er auf und seufzte inniglich, und es ward in ihm gesprochen: ‹Gerade also wirst du in deiner Brüder Munde.› Er gedachte bei sich selbst: ‹Kann es anders nicht sein, gib dich darein und sieh, grade wie sich das Fußtuch schweigend mißhandeln läßt, so tu auch du!› Er ging hinab und behielt das Fußtuch viele Jahre als sein liebes Kleinod, und wenn er in Ungeduld auffahren wollte, so nahm er es hervor, damit er sich selbst darin erkannte und gegen jedermann stille schwieg[22].» Die Geschichte mit dem Hund und dem Tuch leuchtet tief in Seuses Seele hinein, und selbst auf den Bildern fehlt das Hündlein mit dem Tuch nicht. Das unscheinbare Vorkommnis zeigt ihn im Brennpunkt seines Lebens, indem er die Lösung fand für das rätselhafte Leiden: das klaglose Entgegennehmen der schweren Schicksalsschläge.

Der Konstanzer Mönch hatte Gottes ewige und unabänderliche Ordnung in der ganzen Natur erkannt: «Was edel und gut ist, das muß sauer erworben werden[23].» Wer es auf bequemem Weg erreichen will, erhält es nicht. Man spürt es Seuses Worten an, wie sehr er unablässig über dieses existentielle Problem nachgedacht hat. «Täte Leiden nicht weh, so hieße es nicht Leiden. Es ist nichts Peinvolleres als Leiden und nichts Fröhlicheres als gelitten haben. Leiden ist ein kurzes Leid und eine lange Lust[24].» Eine tiefsinnige Erkenntnis tat sich vor ihm auf: «Sieh, die edle Seele gedeiht vom Leiden wie die schöne Rose vom süßen Maitau. Leiden bewirkt ein weises Gemüt und einen erfahrenen Menschen. Ein Mensch, der nicht gelitten hat, was weiß der?[25]» Nichts, selbst wenn er vor Gelehrsamkeit triefen würde. Es ist dann alles bloß Lexikonwissen und keine Spur von erfahrener Lebensweisheit. Seuse hat das Leiden als «eine Liebesrute» begriffen und hat zuletzt jenes holde Bild hinzugefügt, das zu seinem Attribut wurde: «Leiden kleidet die Seele mit rosigem Kleide, mit Purpurfarbe; es trägt den Kranz von roten

Rosen[26].» Er sah ein, daß das Leiden von Gottes gütiger Liebe und nicht aus seiner Härte stammt. Liebesgemeinschaft mit Gott heißt Leidensgemeinschaft, eine Erkenntnis, die der vollendete Mensch schluchzend aussprach.

Einst hörte Seuse eine Stimme in sich: «Du mußt den Durchbruch nehmen durch meine leidende Menschheit, sollst du in Wahrheit zu meiner bloßen Gottheit kommen[27].» Damit wurde Seuse auf die Passion des Herrn gelenkt, ohne die niemand Christus versteht. Als Mittelpunkt von Jesu Leben war sie Leiden und nochmals Leiden. Christus hat nicht nur das Leiden willig ertragen, er hat es sogar seliggepriesen und ist unentwegt auf die Passion zugeschritten. Er hat in der Kreuzigung das schmachvolle Leiden auf sich genommen und hat die Erlösung vollbracht. Da vernahm Seuse das gewichtige Wort: «Was sitzt du hier? Steh auf und versenke dich in mein Leiden, so überwindest du dein Leiden![28]» Durch die Versenkung in Christi Passion bemühte sich Seuse, ein nach dem Vorbild Jesu gestaltetes Leben zu führen, indem er fortan bestrebt war, alles Leiden von Gott anzunehmen und es wiederum zu Gott hinzutragen, kurz, leiden zu lernen, wie Christus gelitten hat. Seine Gedanken kreisten von nun an vermehrt um den Schmerzensmann. Erst Grünewald führte beim Malen des Isenheimer Altars diese tiefsinnige Meditation des Leidens weiter. Seuse hatte Sinn und Notwendigkeit des Leidens begriffen; er nahm es bewußt auf sich und begann geradezu nach Leiden zu lechzen: «Ach, zarter Herr, daß Leiden dem Menschen so recht weh tut, und doch geistlich so schön ziert, das ist ein wunderlich Gefüge von Gott![29]» Auch Seuse vermochte sich dies «wunderliche Gefüge» nicht rational zu erklären; es erschließt sich dem Christen nur ein wenig, wenn er es willig und stumm erleidet. Schließlich faßte Seuse seine positive Bewertung in die dreifache, langsam zu lesende und Wort für Wort zu betonende Losung zusammen: «Empfange Leiden williglich … trage Leiden geduldiglich und schließlich, lerne leiden christförmiglich[30].» Damit hatte Seuse eine vorbildliche Leidbewältigung vollbracht; seine leidende Seele wurde zuletzt zu einer lobpreisenden Seele.

Seuse wagte es auch, sich dem Todesproblem zu stellen. Er erlebte es in seiner ganzen, erdrückenden Schwere: «Mir ist geschehen wie einem ergriffenen Vöglein, das unter eines Raubvogels Klauen liegt und vor Sterbensnot besinnungslos geworden ist![31]» Seuse wußte, daß kein Mensch dem Tode entrinnt, weshalb er ganz bewußt versuchte, sich auf ihn vorzubereiten: «O weh, warum lernt ich in all der Zeit nicht sterben? Eya, ihr blühenden Rosen, die ihr eure Tage noch vor euch habt, seht mich an und werdet gewitzigt, kehret eure Jugend zu Gott und vertreibt die Zeit mit ihm allein, damit euch nicht ebenso geschieht[32].» Schließlich wurde ihm der Tod so sehr vertraut, daß er zuletzt bereit war, fröhlich von hinnen zu fahren. Im zweiten Teil seines «Büchleins der Ewigen Weisheit» heißt das 21. Kapitel «Wie man sollte sterben lernen», das als Einzeldruck im Spätmittelalter weiteste Verbreitung fand.

Seuse wäre zu dieser seelischen Leistung nicht fähig gewesen, hätte er nicht zuvor die Gelassenheit erreicht, die ihm im steigenden Maße wichtig war. Die Gelassenheit ist einer der großen Begriffe der deutschen Mystik und gehört zum Inhalt der Gottesfreundschaft. Sie ist keine Lehre, sondern eine Lebensanweisung, die mit Untätigkeit gar nichts zu tun hat, dafür um so mehr mit einer intensiven inneren Verarbeitung des Leidens. Die Gelassenheit hat auch vor Seuses Augen aufgeleuchtet; er hat um sie gerungen, denn von selbst fällt sie niemandem in den Schoß. Zuletzt hat er sie in seinem Dasein verwirklicht: «Eine Gelassenheit über alle Gelassenheit ist: Gelassen sein in Verlassenheit[33].» Nicht eine rigorose Askese, sondern Gelassenheit ist es, was dem menschlichen Herzen die Ruhe und den Frieden gibt. Da Seuse sie in der zweiten Hälfte seines Lebens zu erreichen vermochte, darum, und nur darum, darf er zu den vollendeten Menschen gezählt werden, was gewiß die höchste Anerkennung ist, die man ihm zollen muß.

Seuses Vita ist ein Meisterwerk. Seine Seelengeschichte erschöpft sich nicht im Erzählen von interessanten Begebenheiten, obwohl auch sie nicht fehlen, sondern sie zeigt, daß ein ringender Mensch durch mannigfache Erfahrungen schließlich doch zu seinem Ziel gelangt. Und sie zeigt dies auf eine Weise, die dem Leser hilft, auf seinen eigenen Wegen ebenfalls das Leben zu bestehen.

## *Der heilige Meister*

Nach der Beendigung seines Noviziats wurde Seuse vom Prior dazu bestimmt, das Studium generale auf der Ordensschule in Köln zu absolvieren. Dieser Vorzug wurde nur talentierten Novizen zuteil, zu denen auch Seuse gehörte. Zum ersten Male in seinem Leben verließ er die Stadt am Bodensee und wanderte zu Fuß der rheinischen Stadt entgegen, die schon damals in hohem Ansehen stand. Doch weiß man nichts Näheres über den Eindruck, den Köln mit seinen vielen Kirchen auf den jungen Seuse machte. Das Predigerkloster, in dem Seuse mit seinen Mitstudenten wohnte, lag damals in der Stolkgasse.

Dagegen ist sicher bezeugt, daß ihm in Köln ein tiefes Erlebnis widerfuhr, nämlich die Begegnung mit Meister Eckhart, der damals auf der dominikanischen Lehrkanzel stand. Der große Lesemeister beeindruckte die meisten aufgeschlossenen Studenten und so auch den jungen Schwaben. Zu Füßen Eckharts sitzend, spürte er sogleich die geistesmächtige Persönlichkeit des Meisters und lauschte mit brennendem Herzen seinen Ausführungen über Mystik. Der Thüringer wurde zum Schicksal Seuses, weil er ihm die entscheidende Wegweisung gab.

Eckhart gehörte nicht zu den Professoren, die sich die Studenten möglichst weit vom Leibe hielten. Er nahm sich ihrer teilnehmend an, namentlich dann, wenn sie in innere Schwierigkeiten gerieten. Dies war bei Seuse der Fall. Als seine Eltern ihn als Dreizehnjährigen dem Kloster zur Erziehung übergaben, händigten sie dem Prior ein Geldgeschenk aus als Dank dafür, daß er den Knaben aufnahm, obwohl er das vorgeschriebene Alter von fünfzehn Jahren noch nicht erreicht hatte. Der heranwachsende Jüngling empfand diese Gabe seiner Eltern als eine verkappte Simonie. Sie hatten ein geistliches Gut durch ein materielles Geschenk erkauft. Dies bedrückte die empfindsame Seele Seuses stark, lief er doch über zehn Jahre mit einem schlechten Gewissen herum. Nachdem er mit Eckhart näher bekannt geworden war, klagte er ihm seine schweren Skrupel. «Der half ihm davon, und also ward er erlöst von der Hölle, darin er so lange gewesen war[34].» Natürlich trug diese seelische Hilfe dazu bei, daß sich Seuse Eckhart noch mehr verpflichtet fühlte und zu seinem begeisterten Schüler wurde. Es ist für einen jungen Menschen unendlich bedeutsam, auf der Hochschule nicht nur seinen Wissenssack vollgestopft zu erhalten, obwohl dies auch sein sollte. Viel wichtiger ist es jedoch, daß er einer Lehrerpersönlichkeit mit innerer Autorität begegnet, einem Meister, der keine nachplappernden Papageien heranzüchten will, sondern der ihm hilft, selbständig zu werden.

Mitten in seine enthusiastische Studienzeit, da Seuse jenen Lehrer gefunden, der ihm das vermittelte, was er immer gesucht hatte, schlug wie ein Blitz aus heiterem Himmel die Verurteilung Eckharts ein. Völlig unerwartet brach sie über die Schüler herein, die in ihrer Ratlosigkeit nicht wußten, was sie sagen sollten. Hatten sie sich getäuscht? Hatten sie die heimlichen Irrtümer und Fehler Eckharts nicht bemerkt? Nein, so war es nicht. Verstört, wie sie waren, verhielten sie sich trotzdem nicht so, wie es von den Aposteln nach der Gefangennahme Jesu berichtet wird: «Und sie verließen ihn alle.» Tauler und Seuse hielten treu zu ihrem Lehrer, und zwar nicht nur in den ersten Tagen, sondern während ihres ganzen Lebens.

Natürlich war Seuse, wie die gesamte studierende Jugend in Köln, von der Verurteilung Meister Eckharts in der Tiefe aufgewühlt. Der geliebte Lesemeister war als gefährlicher Irrlehrer gebrandmarkt! Das hieß doch, er war zu meiden und abzulehnen, wie man dies im Mittelalter gegenüber allen Ketzern tat, ja tun mußte.

Ganz gewiß trug Seuse schwer daran, jedenfalls dachte er oft an den so plötzlich dahingerafften Meister. In dieser Trauer half ihm wiederum eine Vision, in der ihm Eckhart erschien und ihn dahin belehrte, daß er sich «in überschwenglicher Herrlichkeit befinde, in der seine Seele rein in Gott vergottet sei[35]». Die Verzückung machte Seuse überglücklich. Mochte man in der Welt Eckhart als einen gefährlichen Verführer verlästern und seinen Namen nicht einmal mehr erwähnen, für ihn stand es fortan über jeden Zweifel fest: Der Meister war ein in Gott lebender Mensch gewesen! Was die blinden Menschen auf Erden verurteilt hatten, das war vom Himmel freigesprochen worden. Das sind doch seltsame Fügungen in der Kirchengeschichte – manchmal verläuft sie anders als die Gottesgeschichte. Seuse wagte es deswegen, ohne einen ohnehin nicht stattfindenden Kanonisationsprozeß abzuwarten, vom «heiligen Meister» zu reden[36]. Dies hat vor und nach ihm kein anderer getan. Damit hatte Seuse die richtige Bezeichnung gefunden. Die neue Sicht rückte Eckhart in ein bis dahin nicht wahrgenommenes Licht: Aus dem angeblichen Ketzer war ein Heiliger geworden! Der Meister hatte sowohl die Gottesgeburt in der Seele erlebt als auch für die Wahrheit eine schwere Passion bestanden, die ihn unter die Heiligen einreihte. Überdenkt man diese Schau in ihrer ganzen Tragweite, wird die Aneignung Eckharts auf eine höhere Stufe gehoben. Seuse hat sie signalisiert, und sie wartet darauf, bis ihr die Eckhart-Liebhaber endlich auf diesem Weg folgen. Seuses Formulierung ist anders, und doch ähnelt sie Taulers Ausspruch: «Er sprach aus der Ewigkeit, und ihr versteht es nach der Zeit.» Mit dem Wort «Heiliger» hat Seuse seinem Lesemeister Eckhart die höchste Anerkennung verliehen. Nach Rudolf Kassner ist «der einzige ganz lebendige Mensch der Heilige[37]». Da der Konstanzer vom «heiligen Meister» schrieb, darf niemand auch nur von entfernt wagen, über Seuses innige Verbundenheit mit seinem Lehrer auch nur den geringsten Zweifel zu äußern. Dabei gibt es verschiedene Heiligkeitsformen, die durch das landläufige Heiligenklischee keineswegs erfaßt werden. Bekanntlich unterscheidet man Heilige der Kontemplation und Heilige der Aktion. In der Kirche wurde besonders die etwas zahme Klosterfrauen-Heiligkeit gefördert. Sie hat gewiß ihre Berechtigung, ist aber keineswegs die einzige Form. Daneben gibt es auch eine kühne Heiligkeit des Geistes, die Meister Eckhart, Thomas Morus, der reife Pascal und auch Henry Newman usw. verkörperten, zumal sie das übliche Ideal der Theologen und Philosophen weit hinter sich ließen. Die Anerkennung der Heiligen des Geistes tut gerade heute not, denn viele wache Christen fühlen sich vor allem zu diesen Seinsgestalten hingezogen, die ihnen auch denkerisch helfen, das Leben zu meistern. Ob nun eine amtliche Billigung erfolgt oder nicht, für uns jedenfalls gehören auch sie zu den wahren Heiligen.

Seuse besaß denn auch den Mut, seine Feder in das Tintenfaß zu tauchen und «Das Büchlein der Wahrheit» zu schreiben, in dem er für seinen verstorbenen Lehrer eintrat. Diese seine erste Schrift umfaßt nur sieben Kapitel und ist nicht leicht zu lesen, weil sie die Kenntnis von Eckharts Verkündigung voraussetzt. «Das Büchlein der Wahrheit» ist in Dialogform geschrieben, in der Absicht, den Einwänden besser begegnen zu können. Obwohl im Büchlein der Name Eckhart nicht ein einziges Mal genannt wird, wußte doch jeder Leser, wer gemeint war. Wenn es auch zur Zeit von Eckharts Verfemung nicht tunlich war, seinen Namen nur zu erwähnen, verteidigte Seuse seinen Meister doch bis aufs äußerste gegen alle Unterstellungen. Mit keinem Wort gibt er zu, daß Eckhart sich geirrt oder mit der christlichen Lehre unvereinbare Anschauungen vorgetragen habe.

Seuse ließ die kühnen Spekulationen absichtlich beiseite, weil seine Leser sie wahrscheinlich doch nicht verstanden hätten. Ihm war daran gelegen, Eckhart gegen den Verdacht des Pantheismus in Schutz zu nehmen. «Und das ist nicht Gottes Wesen, denn der Stein ist nicht Gott und Gott ist nicht der Stein, obgleich er und alle Kreaturen von ihm sind, was sie sind[38].» Seuse legte die Mystik seines Lehrers so dar, daß sie unverdächtig blieb, und er sagte, was man zu jener Stunde sagen durfte, ohne das Eingreifen der Inquisition zu veranlassen. Dabei trug er stets echt Eckhartsche Gedanken vor: «Wenn man die Kreatur in sich selber erkennt, das heißt und ist eine Abenderkenntnis, denn so sieht man die Kreaturen in etlichen unterschiedlichen Bildern; erkennt man aber die Kreaturen in Gott, das heißt und ist eine Morgenerkenntnis, und so schaut man die Kreaturen ohne jeden Unterschied, von allen Bildern entbildet und von aller Ähnlichkeit entähnlicht, in dem Einen, daß Gott selbst in sich selbst ist[39].» Das sind Sätze, die Eckhart beinahe wörtlich gesprochen hat.

Ferner war es Seuse darum zu tun, die Mystik seines Meisters gegenüber den «Brüdern und Schwestern des freien Geistes» abzugrenzen. Diese Bewegung machte damals viel von sich reden und brachte die Mystik in Verruf. Seuse stellte bei ihr eine «ungeordnete Freiheit» fest, während «Gott den Dingen eine gute und rechte Ordnung verliehen hat[40]». Er ließ die Brüder des freien Geistes sich selbst als «das namenlos Wilde» bezeichnen, als solche, die nach der «ledigen Freiheit» streben und die «alles Geordnete verachten[41]». Den Libertinismus, auf den sie sich beriefen, hat Seuse eindeutig als ein Mißverständnis der Lehre des Meisters zurückgewiesen. Seine Abwehr war energisch, denn die Bewegung der Brüder und Schwestern des freien Geistes verwirrte die Menschen verhängnisvoll. Seuse trat mit ganzer Kraft entgegen und duldete keine Verrückung der Grenzen zwischen Gut und Böse, zumal ihm die Reinheit des Herzens unendlich viel bedeutete.

Man wird «Das Büchlein der Wahrheit» nicht überschätzen. Da Seuse äußerst vorsichtig operieren mußte, fehlt der Pfiff darin. Trotzdem sprach es das aus, was zu jener Stunde gesagt werden konnte und mußte. Mehr war damals nicht möglich; die von Mißtrauen geschwängerte Situation erlaubte es nicht. Mit Recht schrieb Conrad Gröber: «Wir bewundern Seuses Zartheit und Treue Meister Eckhart gegenüber um so mehr, als beide doch zuletzt gänzlich verschiedene und fast gegensätzliche Naturen waren. Wo beim Schwaben Seuse das Gefühl aufsiedet und überschäumt, so daß oft die Sprache kaum mehr mitkommt oder nur lallt, herrscht beim gewaltigen Thüringer der vernünftelnde Geist nicht ohne nordische Schroffheit und lehrhafte Trockenheit vor[42].»

Wer im Mittelalter mit der Häresie in Zusammenhang gebracht wurde – und dieses Schicksal war Meister Eckhart zuletzt widerfahren –, der war gleichsam vogelfrei. Ihm stand das Schlimmste bevor, denn damals wurden viele Menschen als Ketzer verbrannt. Es war daher geboten, vom mystischen Leben zurückhaltend zu schreiben. Der Konstanzer hat dies getan und hat damit die Mystik durch eine heikle Gefahrenzone hinübergerettet.

Dazu kommt noch eine weitere Überlegung. Hätte Seuse das gleiche gesagt wie Meister Eckhart, wäre er ein bloßer Schüler geblieben. Verschieden, wie sie waren, vertrat beispielsweise der Konstanzer während langer Zeit eine Askese, die dem Thüringer ganz fremd war. Seuse besaß ein anderes Naturell. Die Gabe der abstrakten Spekulation war nicht seine Sache. Seinem gefühlsstarken Wesen entsprach es, die Mystik dichterisch zu formulieren, so daß sie in ihrer Anschaulichkeit von den Menschen in deren Dasein hineingenommen werden konnte. Er war voll Sorge bemüht, der Mystik eine Form zu geben und gleichzeitig der Inquisition den Wind aus den Segeln zu nehmen. Daß ihm dies gelang, bleibt sein großes Verdienst.

Trotz der weisen Vorsicht, die Seuse im «Büchlein der Wahrheit» walten ließ, weckte es ein unliebsames Aufsehen. Man sah das Erscheinen des Büchleins nicht gerne, und Seuse wurde denn auch vor das Ordenstribunal zitiert, das im Jahre 1330 in Maastricht tagte. Bedrückten Gemütes und kränkelnd begab er sich in die Niederlande. Er schrieb darüber: «Er ward mit zitterndem Herzen vor Gericht gestellt», und man warf ihm vor, «er mache Bücher, in denen stünde falsche Lehre, mit der alles Land mit ketzerischem Unflat verunreinigt würde[43].» Dies war eine ganz schwere Anklage. Obwohl er hart angefahren wurde, verteidigte Seuse sich mutig und geschickt, so daß man nicht weiter gegen ihn vorging. Zwar blieb ein Mißtrauen gegen ihn bestehen, jedenfalls schloß man ihn vom weiteren Studium aus. Ohne Abschluß seines wissenschaftlichen Studiums kehrte er nach Konstanz zurück. Er fühlte sich sterbenskrank, höchstens dazu bereit, einen «Leidensjammergesang» anzustimmen[44]. Seuse hatte in einer seiner schwersten Stunden die Probe bestanden und um der Treue zu seinem Lehrer willen gelitten.

Unfaßlich bleibt, was in unserer Zeit gegen Seuse eingewendet wird. Der Literaturhistoriker Walter Muschg hat unstreitig seine Verdienste, war er doch der erste, der Gotthelf groß gesehen und sich für Barlachs Dramen eingesetzt hat usw. Doch mit unberechenbarem Temperament schrieb er in seiner «Mystik in der Schweiz»: «Seuses Gestalt ist, wie wir sie kennen, ein einziger Verrat an allen entscheidenden Aussagen des Meisters[45].» «Eine ungeheure Verfälschung in der gefährlichsten Form» habe der Konstanzer begangen, und damit wird der Stab über Seuse gebrochen. Donnerwetter, wie kommt man dazu, eine Anklage gegen Seuse wegen Verrates auszusprechen, gegen diesen Mann, der doch wahrhaftig sein Leben für Eckhart aufs Spiel gesetzt hat, während der wohlbestallte Professor auf dem Katheder mit seiner subjektiven Antipathie nicht das geringste riskierte? Wir Historiker haben die Aufgabe, eine Gestalt aus ihrem Innern zu entfalten und sie nicht aus Animosität zu verdammen. Jede verurteilte Persönlichkeit ist gewöhnlich eine nicht verstandene Person. Mit seiner Bemerkung verrät der Literaturhistoriker eine völlige Verkennung der geschichtlichen Situation, in der sich Seuse befand, und maßt sich das Amt des Jüngsten Richters an. Doch ist es nicht den Intellektuellen vorbehalten, das letzte Urteil über eine Gestalt zu fällen, zumal sie selbst in so vielen Lagen versagt haben. Anstatt sich in solch nachträglichen Verleumdungen zu gefallen, wäre es besser, wieder ganz neu zu lernen, sich unter und nicht hochmütig über die Mystiker zu stellen. Seuse war und bleibt ein ehrwürdiger Schüler Meister Eckharts, hat er doch dessen Erbe würdig durch eine heillose Zeit getragen. Sein Einsatz für die deutsche Mystik in bedrohter Stunde bleibt ihm unvergessen und verleiht ihm den Ehrentitel eines Verteidigers der mystischen Wahrheit.

Für Seuse bedeutete Mystik Gottverbundenheit, nicht postulierte oder nur gepredigte, nein, erfahrene Gottinnigkeit. Ihre

Atmosphäre ist erlebbar, und doch erschöpfte sie sich bei ihm weder in einem bloßen Gefühl, noch erstarrte sie zu einem System. Der heutige Mensch ist zu weit abgerutscht von der Höhe der Mystik, so daß sie seinen Blicken beinahe völlig entschwunden ist. Glücklicherweise überfällt sie zuweilen einzelne mit Gewalt. Mystik war für Seuse ein seelisches Beben, ein Verkosten der Dinge von innen im Gegensatz zur äußeren Lebensgier. Die Mystik antwortet nicht auf die augenblicklichen Zeitfragen, doch gibt sie eine Anweisung für den Weg zum ewigen Haus.

## *Der Liebhaber der göttlichen Sophia*

Als Dominikaner war Seuse von Jugend an mit der Heiligen Schrift vertraut. Ganz besonders fühlte er sich von den Weisheitsbüchern im Alten Testament angezogen. Dies ist zunächst verwunderlich, zumal die Sprüche Salomos öfters als hausbackenes Buch geringgeschätzt werden. Seuse dagegen bedeuteten die Bücher der Weisheit eine einmalige Offenbarung und standen deshalb bei ihm in hohen Ehren. Wenn sie im Refektorium bei der Tischlesung an die Reihe kamen, wurde der junge Mann stets sehnsuchtskrank. Er wußte, daß sein weiches Herz ohne eine besondere Liebe auf die Dauer nicht zu bestehen vermochte, und jedesmal dachte er, wenn er diese Weisheit zu seiner Geliebten gewinnen könnte, dann wäre ihm geholfen, denn sie bekennt von sich selbst: «Ich bin die Mutter der edlen Liebe[46].» Damit ist eindeutig gesagt, daß es verschiedene Lieben gibt: eine den Menschen erniedrigende Triebhaftigkeit, die nicht einmal die Bezeichnung Eros verdient, und eine zarte Liebe, die den Menschen adelt und ihn dem Höheren entgegenführt.

Bei einer Tischlesung aus Salomos Schrifttum geschah es, daß Seuses Herz aufs tiefste bewegt wurde. Alle anderen Liebhaberinnen erschienen ihm von diesem Augenblick an nur gefährliche Verführerinnen zu sein. In diesem Moment kam ihm der Gedanke: «Du solltest dein Glück recht versuchen, ob du diese hohe Geliebte, von der ich immer Wunder höre sagen, zum Lieb gewinnen könntest, da doch einmal dein junges wildes Herz auf die Dauer ohne eine besondere Liebe nicht wohl bleiben kann[47].» Die Weisheit, auf griechisch «Sophia» genannt, sollte künftig seine Liebste sein. Seuse wünschte leidenschaftlich, sie zu sehen, und da wurde ihm in einer Sternstunde seines Lebens die Gnade geschenkt, sie mit seinem inneren Auge zu schauen. Er wußte nicht, wie ihm geschah, die Sinne schwanden, und es kam über ihn, so daß er in eine Verzückung geriet: «Da sah er und hörte, was allen Zungen unaussprechlich ist: Es war formlos und artlos und hatte doch aller Formen und Arten freudenreiche Lust in sich. Sein Herz war gierig und doch gesättigt, sein Sinn war lustig und wohlgestimmt, sein Wünschen hatte sich gelegt, und sein Begehren war vergangen. Er starrte nur in den glanzreichen Widerglast, in dem er seiner selbst und aller Dinge Vergessen trank[48].» Mit beinahe hilflosen und doch dichterischen Worten stammelte er: «Sie schwebte hoch über ihm in einem Thron aus Wolken, sie leuchtete wie der Morgenstern und schien wie die blinkende Sonne; ihre Krone war Ewigkeit, ihr Gewand war Seligkeit, ihre Worte Süßigkeit, ihre Umarmung aller Lust Befriedigung. Sie war fern und nah, hoch und niedrig, sie war gegenwärtig und doch verborgen. Sie ließ mit sich umgehen, und doch konnte niemand sie greifen. Sie reichte über den obersten Rand des höchsten Himmels und berührte den tiefsten Grund des Abgrundes[49].» Herzenstraut nannte Seuse die himmlische Sophia; sie war ihm sein fröhlicher Ostertag und der Seele Sommerwonne. Die ewige Weisheit nannte ihn Frater Amandus, das heißt: Bruder Liebtraut. Fortan standen sie solcherart in zarter Verbindung zueinander.

Seuse hat damit ganz elementar ein eindeutiges Sophia-Erlebnis geschildert. In einer Stunde erlebte er zutiefst, woher alle Liebe fließt und daß alle Zartheit, Schönheit und Herzenslust aus dem Urquell der bloßen Gottheit strömt. Begeistert jubelte er: «Wohlauf denn, Herz und Sinn und Gemüt, hinein in den grundlosen Abgrund aller lieblichen Dinge![50]» Mehr gelang ihm nicht zu sagen, denn das durch und durch ungewöhnliche Erlebnis machte ihn fassungslos und beinahe schwindlig. Es war das Tiefste, was Seuse je erlebt hatte. Er ließ auch gleich die ewige Weisheit auf Pergament malen, stellte das Bild in seiner Zelle vor sich hin und trug es mit sich, wenn er sie verließ[51].

Das Erlebnis wurde in der Seuse-Literatur schon mit verschiedenen Worten charakterisiert. Man sprach von Logosmystik[52], von Brautmystik[53], und die Theologen redeten von seiner Christologie. Es ist dies nicht durchaus falsch, nur müßte man sich dabei bewußt bleiben, daß man damit eine von Seuse nicht gebrauchte Begrifflichkeit einführt, die aus der Welt der Theologie stammt. Seuse sprach von einem Sophia-Erlebnis, und wir bleiben bei dieser seiner Bezeichnung. Die westlichen Amtskirchen haben die sophianische Mystik nicht übernommen, vermochten sie auch nicht in ihr dogmatisches Lehrsystem einzubauen. Sie haben sie aber auch nie als Häresie verurteilt, was keine Kirche gewagt hätte. Die sophianische Mystik wurde lediglich nicht mehr mit diesem Namen erwähnt. Bei Seuse trat die sophianische Untergrundströmung unerwartet an die Oberfläche, eine beachtliche Wahrnehmung, die in einen größeren Zusammenhang gehört.

Mochte Seuse vor Freude gleichsam überschäumen, an dieser Stelle ist ein kleiner Einhalt geboten, indem wir fragen: Woher stammt Sophia? Sie ist keineswegs eine dichterische Erfindung Seuses. Schon die Weisheitsbücher des Alten Testamentes enthalten darüber höchst hintergründige Ausführungen: «Sie ist ein Abglanz des ewigen Lichtes... sie ist nur eines und vermag doch alles; sie bleibt, was sie ist, und erneuert doch alle Dinge... denn Gott liebt nur den, der mit der Weisheit vertraut ist... von meiner Jugend an habe ich die Weisheit geliebt und gesucht, ich begehrte, sie als meine Braut heimzuführen, und wurde ein Liebhaber ihrer Schönheit...», so schrieb der von ihr Auserkorene voller Freude[54]. Weitere Andeutungen darüber finden sich bei Paulus und bei einigen Kirchenvätern, aber im großen und ganzen handelt es sich um einen unterirdischen Strom in der Christenheit, der bei Seuse mit innerer Gewalt an die Oberfläche gelangte. Nicht nur bei Seuse trat Sophia wieder herrlich wie am ersten Tag in Erscheinung. Es finden sich darüber auch erlebnismäßige Erfahrungen bei dem vom offiziellen Protestantismus verkannten Jakob Böhme und seinem Schüler Gichtel. Gottfried Arnold, dem auch ein persönliches Sophia-Erlebnis zuteil geworden war, schrieb darüber ein einzigartiges Buch: «Vom Geheimnis der göttlichen Sophia», an dem die Christenheit leider achtlos vorübergegangen ist. In der Ostkirche dagegen blickte die Sophia-Mystik auf eine lange Tradition zurück – die leuchtenden Sophia-Ikonen werden heute noch verehrt. Große Kirchen wurden der Sophia geweiht, es sei nur an die Hagia Sophia in Konstantinopel erinnert, über die Erhart Kästner das Notwendige geschrieben hat[55]. Der Religionsphilosoph Wladimir Solowjew erzählt von drei höchst eigenartigen Sophia-Erlebnissen. Jedenfalls ist die Sophia-Verehrung aus der russischen Frömmigkeit nicht wegzudenken. Die sophianische Mystik ist kein Abstraktum, sondern eine wirksame Kraft, ist das Urbild aller Schönheit und ein unergründliches, Ehrfurcht erheischendes Geheimnis, das nicht rational erfaßbar ist. Nie fügt sich Sophia restlos den Worten. Selbst die besten Sätze sind nur ein unzulängliches Lallen. Sophia erforderte eine gehobene Sprache, im Grunde ist ihrer einzig der Gesang würdig.

Ein Erlebnis, das so verschiedenen Menschen in so verschiedenen Jahrhunderten zuteil geworden war, ist keine bloße Fata Morgana. Es gilt, die sophianische Mystik ernst zu nehmen. Natürlich ist Sophia ein Bild. Wir Menschen können bei aller Betonung der Bildlosigkeit des Göttlichen doch nicht ohne Bilder über das Höchste reden. Bilder sind im irdischen Leben unentbehrlich. Das zweite Gebot verbietet, sich von Gott ein Bildnis zu machen. Da der Allmächtige ein unvorstellbares Wesen bleibt, sandte er Christus in die Welt – er ist für die Menschen das Bild Gottes. Seuse erschien das Göttliche ebenfalls in einem Bild, doch er vergaß nicht, daß alle Bilder vom

Göttlichen nur Abbilder sind und das Urbild sich der menschlichen Vorstellung entzieht.

Für Seuse war Sophia keine göttliche Hypostase. Dies würde dem trinitarischen Glauben des Dominikanerpaters widersprechen. Sophia bedeutete ihm eindeutig eine Chiffre für Jesus, während andere Sophiologen in ihr eine Verleiblichung des Heiligen Geistes sahen. Seuses Deutung läßt sich mit vielen Stellen belegen. Da er jedoch Sophia meistens «sein Lieb» oder «seine Freudenbringerin» nannte, ist das weibliche Element gegeben. Dies war für die abendländische Christlichkeit ebenso bedeutsam wie Bernhard von Clairvaux' Verständnis des Verhältnisses der Seele zu Christus als einer Beziehung zwischen Braut und Bräutigam. Gewiß steht die Gottheit über jeglichem geschlechtlichem Denken, aber das weibliche Element darf im Christentum nicht fehlen, weil es eine ungeahnte Wärme und Intensität in die Beziehung zwischen dem Ewigen und den Menschen hineinbringt. Schon bei Jesus Sirach heißt es von der ewigen Weisheit, daß sie dem Menschen «entgegengehe wie eine Mutter und wie das Weib seiner Jugend[56]». Die Betonung des weiblichen, des bräutlichen und des mütterlichen Elementes bedeutet niemals eine Psychologisierung der Sophia, wohl aber hat sie als Nebenwirkung die notwendige Korrektur der männlichen Einseitigkeit innerhalb der Christenheit zur Folge. Bei aller Zärtlichkeit der Sprache betrieb Seuse keine unangebrachte Vermischung. Sophia blieb das göttliche Wesen; er nannte sich konsequent «ihr Diener der Weisheit» und wahrte den Abstand. Man darf den ewigen Gott nicht vermenschlichen – der Anthropomorphismus ist eine beständige Gefahr im Gottesverhältnis –, aber man darf zwischen Gott und Mensch auch keine solche Kluft aufreißen, daß jede Verbindung ins Leere fällt. Die unendliche Verschiedenheit von Gott und Mensch bleibt bestehen, und doch muß die allernächste Beziehung hergestellt werden. Wenn auch Seuse die göttliche Sophia in einer weiblichen Gestalt erschien, ist bei ihm nicht die geringste erotische Phantasie wahrzunehmen, empfand er doch die mystische Vereinigung immer als ein reines Gottesgeschenk. «Je liebreicher du mich umfängst und je unkörperlicher du mich küssest, desto liebreicher und wonniglicher wirst du in meiner ewigen Klarheit umfangen werden[57]», sprach Sophia zu ihm und deutete damit ihre Andersartigkeit an. Fern aller traditionellen Frömmigkeit glühte er geradezu, wenn die ewige Weisheit ihm sagte: «Es muß Wohl und Weh tragen, wer in der Zeit ein Lieb haben will. Es genügt nicht, daß man mir eine Zeit des Tages gibt, es muß ein ständiges Innebleiben haben, wer Gott innerlich empfinden und seine heimlichen Worte und seine verborgenen Absichten merken will[58].»

Seuse hat einmal davon gesprochen, wie sich das Sophia-Erlebnis im Menschen auswirkt: «Ein gelassener Mensch muß entbildet werden von der Kreatur, gebildet werden mit Christus, und überbildet in der Gottheit[59].» Diese Ausführungen scheinen wie eine Variation des Themas vom anfangenden, zunehmenden und vollendeten Menschen zu sein, und doch trägt die ewige Weisheit sie dem Menschen auf eine andere Art ins Herz. Jedenfalls ist die Formulierung zu entfalten, weil sie den mystischen Weg zu Gott schildert.

Der Mensch «muß entbildet werden von der Kreatur». Diese Entbildung schließt eine offenkundige Weltablehnung in sich, die zwar zu Seuses Naturfreude nicht recht passen will. Nach ihm ist die Welt «ein elendes Jammertal», in dem der Mensch trügt und lügt, das viel verheißt und wenig bietet, das unstet und wandelbar ist, «heute der Liebe viel, morgen Leides ein Herze voll, siehe, das ist der Zeitlichkeit Spiel[60]». Seuse verschärft seine Ausführungen noch, indem er Himmel und Hölle einander gegenüberstellt, daß es dem Leser darob schwer ums Herz wird. Der Konstanzer schrieb etliche Sätze, die dem Menschen helfen sollen, sich von der Kreatur freizumachen. «Führe einen nach innen gerichteten Wandel und wirke nicht gewaltsam nach außen, weder in Worten noch im Wandel[61].» Der Mensch soll «aus dem Ich herauskommen[62]» und nicht sich selbst verwirklichen wollen; er soll «die Natur im Zaume halten» und sich nicht in ihr verlaufen[63]. Dabei erinnerte Seuse auch an die bekannte scholastische Einsicht: «Gott ist nicht ein Zerstörer der Natur, sondern ihr Vollender[64].» Sich von der Kreatur zu entbilden, scheint ein negativer Vorgang zu sein, eine Feststellung, der Seuse unter gewissen Vorbehalten zustimmen würde, verkündete er doch die nachdenkenswerte und zugleich unheimliche Wahrheit: «Im Untergang werden alle Dinge vollbracht[65].» Im ersten Augenblick kann man sich diese tiefe Erkenntnis gar nicht aneignen. Je länger man aber über sie nachdenkt, um so mehr beginnt sie als Wahrheit zu leuchten. Des Menschen Untergang ist sein wahrer Aufgang; daraus ließe sich eine christliche Philosophie entwickeln, die bis jetzt noch nie entfaltet wurde. Ungeachtet aller Vorbehalte steht jedoch fest: «Die Seligkeit beginnt hier, und in jener Welt währt sie ewig.»

Die Entbildung von der Kreatur ist jedoch nur der erste Schritt, der freilich nicht an einem einzigen Tag getan werden kann. Ihm folgt gleich der zweite: «Gebildet werden mit Christus.» Seuse lag nichts an einer bloßen Negation, immer war die bedeutsame Position dicht dabei. Ihm war daran gelegen, daß der Christ mit Christus ganz eng verbunden bleibe, denn er war ganz auf Christus bezogen, man denke nur an seine Verschreibung in jungen Jahren. Der Herr stand ihm stets vor Augen, dabei war Christus für ihn kein bloßer Name, sondern eine Wirklichkeit, die in den Menschen eingeht. Seuse hat die göttliche Sophia mit Christus identifiziert: «Ich, die ewige Weisheit, ward vor Herodes in weißen Kleidern wie ein Tor verspottet[66].» Im Dialog klagt der Diener der ewigen Weisheit: «Ich suche immer deine Gottheit, so bietest du mir deine Menschheit», und erhält von ihr die Antwort: «Meine Menschheit ist der Weg, den man geht, mein Leiden ist das Tor, durch das man gehen muß, wenn man zu dem kommen will, das du suchst[67].»

Nur der mit Christus gebildete Mensch gelangt zur dritten Stufe: «überbildet in der Gottheit». Das Wort «über» ist entscheidend. Seuse wollte über sich hinaus, nicht im hybriden Wahn, sondern «mit Christus». Mit ihm wollte er in das Meer der Gottheit eintauchen. Was er da erlebt hat, entzieht sich der menschlichen Schilderung. Es ist unaussprechlich.

Seuse deutete damit einen ungemein emotionalen Vorgang

an. Ein «Kosen» nannte er es selbst[68] und brauchte dafür auch den Ausdruck «der Liebe Spiel[69]». Mit dem weltlichen homo ludens hat dies jedoch nichts zu tun. Der Liebe Spiel ist nicht mit Spielerei zu verwechseln. Hinter ihr steht ein großer Ernst, aber sie verbirgt ihn gleichsam hinter einem heiteren Lächeln. Schon in den Sprüchen Salomos heißt es von der ewigen Weisheit, sie spiele auf Erden und habe ihre Lust an den Menschenkindern[70]. Spiel, besonders «der Liebe Spiel» zwischen der ewigen Weisheit und dem Diener, ist unstreitig ein Sieg über das Leben. Nie wurde das Thema vom spielenden Menschen tiefer verstanden als von Seuse.

Seuse schrieb über sein Sophia-Erlebnis «Das Büchlein der ewigen Weisheit», das zu seinen poetischsten und wichtigsten Schriften gehört. Er selbst hat ihm in seinem «Exemplar» den zweiten Platz angewiesen. Wenn er Sophia darin als weibliche Gestalt einführt, hat dies gar nichts mit nur schlecht unterdrückter Erotik zu tun. Statt von Verdrängung dürfte man höchstens von Sublimierung reden. Gewiß war Seuse ein vom Eros angehauchter Mensch, was eindeutig ein Vorzug ist. Er zählte zu den großen Liebenden der christlichen Geistesgeschichte. Vom «ewigen Lieb» zu reden, erlaubte Seuse, von Christus in einer gesteigerten Sprache zu sprechen. Man sollte vom Göttlichen nur innig und zärtlich singen, nie aber in abstrakter, kühler Begrifflichkeit reden. Dabei ist die göttliche Sophia ein Bild – ohne Gleichnisse aber kommt man nicht aus. Sophia war für Seuse keine gedankliche Konstruktion, sondern unmittelbares Erlebnis.

Das ist mittelalterlich empfunden und ist zugleich von zeitloser Gültigkeit. Seuse verträgt keine nur pragmatische Darstellung. Es gilt, abwägend zu beurteilen, zuzustimmen oder auch abzulehnen. Gewiß war die reine Jenseitsfreudigkeit so fehl am Platze wie die heutige bloße Diesseitseinstellung. Beides ist einseitig. Man sollte sich bewußt sein, daß die Welt eine Schöpfung Gottes ist, niemals aber ein Daueraufenthalt für den Menschen. Man muß Erde und Himmel in eine Beziehung setzen. Der Mensch lebt auf dieser Welt, um sich zu bewähren.

Immer wieder regt sich in ihm eine Ewigkeitssehnsucht. Alle Erfüllung ist vorübergehender Art; das richtige Weltverständnis ist nie endgültig gegeben, sondern immer wieder neu zu erringen.

Seuse sah den Weg in einer starken Innerlichkeit. Er gab dem Leser seines «Büchleins der Ewigen Weisheit» den Rat: «Halte dich abgeschieden von allen Menschen; halte dich rein von allen Bildern in der Beschauung; befreie dich von alledem, was dir äußerliche Beschwerde, Anhaften ans Irdische und Bedrängnis bringen kann; und richte dein Gemüt zu allen Zeiten auf ein verborgenes göttliches Schauen[71].» Der Diener klagte sich denn auch an: «O weh über meine große Blindheit, in der ich bisweilen gestanden habe! Ich brach die roten Rosen und roch sie nicht; ich ging zwischen den schönen Blumen und sah sie nicht; ich war wie ein dürrer Zweig im süßen Maitau[72].» Da erhielt er von der Ewigen Weisheit die Antwort: «Geziemt diese Frage einem Liebenden? Was habe ich Besseres als mich selbst? Wer sein Lieb selbst hat, wem hat der weiter nachzufragen? Wer sich selbst gibt, was hat der versagt? Ich gebe mich dir und nehme dich dir und vereinige dich mit mir; du verlierst dich und wirst verwandelt in mich[73].» Damit ist die Grenze der Sprache erreicht, darüber hinaus dringt kein erschaffener Geist. Mehr zu sagen ist einfach unmöglich; der Rosenkranz um Seuses Haupt beginnt zu duften.

Es lohnt sich wirklich, Seuses «Büchlein der ewigen Weisheit» mehrfach zu lesen und sich in die tiefen, mystischen Erfahrungen zu versenken. Er hat sie nicht nur schnell notiert, war er doch ein Mensch, der mit dem Leben rang. Der Dominikaner schrieb am Schluß: «Dieses Büchleins, das da heißt der Ewigen Weisheit Büchlein, Zweck ist der, die göttliche Liebe, die in der jüngsten Zeit in manchem Herzen zu erlöschen beginnt, in etlichen wieder zu entzünden[74].» Tatsächlich vermochte Seuse die lauen Menschen wieder aufzurütteln und verstand es, in ihren Seelen eine neue Sehnsucht zu wecken. Wer Seuse auf seusehafte Weise zu lesen beginnt, in dem wird ein Feuer entfacht, das bis an sein Lebensende lodert.

## *Saget, o saget mehr davon...*

Die Dominikaner waren von der Kurie in Rom ausdrücklich beauftragt worden, die dominikanischen Frauenklöster zu betreuen. Auch Seuse hatte sich an dieser Aufgabe zu beteiligen; er war für die Seelsorge an Frauen geradezu prädestiniert. Wie wenige Geistliche in der Geschichte brachte er ein feinfühliges Verständnis für die Seele der Frau auf; die weibliche Psyche war ein Instrument, auf dem er meisterhaft zu spielen verstand.

Seuses Einstellung zu den Frauen spürt man schon aus einer alltäglichen Begebenheit. Er begegnete einmal auf einem Steg einer armen Frau. Seuse wich ihr aus und trat in die Nässe. Darüber war die arme Frau erstaunt und sagte es ihm auch offen, daß sie doch hätte dem Priester Platz machen sollen. Er aber antwortete: «Ei, liebe Frau, meine Gewohnheit ist, daß ich allen Frauen gern Zucht und Ehre biete um der zarten Mutter Gottes vom Himmelreich willen[75].» Um Maria, der Mutter des Herrn willen, ehrte Seuse alle Frauen. Das ist der tiefere Grund seines Verhaltens. Dieser wohl zu beachtende Aspekt in der Marienverehrung zeigt einen neuen Weg, das mariologische Dogma zu erfahren. Von der einzigartigen Magd Gottes strahlt ein Licht auf alle Frauen aus. Maria führt nicht zur Verdrängung der Frau aus dem Blickfeld des Mannes, sondern zur Ehrerbietung. Seuse hatte keine Angst vor den Frauen, befand sich nie auf der Flucht vor ihnen, und noch viel weniger sah er in ihnen nur ein Werkzeug des Teufels, das den Mann zu Fall zu bringen versucht. In zölibatären Kreisen war diese niedrige, disqualifizierende Auffassung allzu lange verbreitet. Die Frauenverachtung ist in keiner Form mit dem Evangelium vereinbar, widerspricht sie doch der gottgewollten Beziehung zwischen Mann und Frau. Seuse hatte das patriarchalische und das matriarchalische Denken durch ein christförmiges Fühlen weit hinter sich gebracht. Zart empfindend, wie er war, fühlte er sich zu den nach dem Göttlichen hungernden Frauen hingezogen, aus dem einfachen Grund, weil «der Umgang mit Frauen das Element guter Sitten ist», wie Goethe in seinen «Wahlverwandtschaften» Ottilie in ihr Tagebuch schreiben läßt[76].

Vielleicht hat auch das Bild seiner überaus geliebten, unglücklich verheirateten Mutter Seuse veranlaßt, sich zu allen Frauen ritterlich zu benehmen. Denn sie, die er «seine heilige Mutter» nannte, erschien ihm nach ihrem Tode «in einem Gesichte und zeigte ihm den großen Lohn, den sie von Gott empfangen hatte[77]». Das Bild der eigenen Mutter begleitete ihn durch sein ganzes Leben. Er hatte sich in seiner Kindheit bei seiner Mutter geborgen gefühlt, ein Empfinden, das er in vornehmer Art stets auf die Frauen übertrug.

Auch die Beziehung zu der leiblichen Schwester verdient erwähnt zu werden. Sie wurde Nonne, erlag jedoch einer erotischen Verführung und lief aus dem Kloster davon. Seuse trug schwer an ihrer Schande, und trotzdem zeigte er ihr keine pharisäische Miene. Er dachte bei sich: «Opfere heute recht deine zeitliche Ehre dem milden Gott, wirf hin alle menschliche Scham und spring zu ihr in die tiefe Lache und hebe sie auf![78]» Großartig, wie Seuse in die Pfütze sprang, mitten in der Gosse bei seiner Schwester stand und ohne Angst war, sich zu beschmutzen. Seuses echte Geschwisterliebe tritt in dieser ungewöhnlichen Situation deutlich hervor. Der Christ gesellt sich zu den Sündern und hegt keine Furcht, sich dabei moralisch bloßzustellen, eine Haltung, die dem Evangelium entspricht. Seuse suchte, wie es einem Bruder geziemt, den Zugang zu der verirrten und verwirrten Seele seiner Schwester zu finden, was ihm auch gelang. Die Schwester sah das Verderbliche ihres Tuns ein, und Seuse sorgte dafür, daß sie in einem anderen Kloster Aufnahme fand. Sie hat sich denn auch dort bis zu ihrem Lebensende bewährt.

Alle die erwähnten Beziehungen zu Frauen wurden von der Freundschaft zwischen Seuse und Elsbeth Stagel überstrahlt. Die alte Frage, ob Freundschaft zwischen einem Mann und einer Frau möglich sei, darf weder vorschnell bejaht noch verneint werden. Denn beinahe unweigerlich schlägt sie in das Gefühl der Liebe um, was nur allzu naheliegend ist. Dennoch ist es weder angebracht noch weise, die Frage grundsätzlich zu verneinen. Im Mittelalter standen geistliche Freundschaften in hohem Ansehen. Aelred von Rieval, ein schottischer Zisterzienserabt, schrieb im zwölften Jahrhundert darüber: «In der wahren Freundschaft ist nichts Unehrenhaftes, nichts Geheucheltes, nichts Unechtes; was immer in ihr ist, ist heilig, ehrlich, wahrhaftig... Der geistige Kuß ist Freunden eigen, die sich unter das verbindende Gesetz der Freundschaft gestellt haben. Ihn schenken sich nicht die Münder, sondern die Herzen. Nicht vereinigen sich die Lippen, sondern die Seelen, gereinigt von Gottes Geist, der sie himmlische Süßigkeit verkosten läßt. Diesen Kuß nenne ich geziemend den Kuß Christi, der ihn schenkt[79].» Seuse und Elsbeth, deren Beziehung von einem leisen Eroshauch umspielt war, sind ein Beweis für diese Möglichkeit. Es blieb alles so zart und edel wie in der Freundschaft zwischen Franziskus und Klara, Franz von Sales und Johanna von Chantal; ihnen stehen Seuse und Elsbeth rangmäßig zur Seite. «Doch nicht alle Nonnen dürfen das», raunt hier Theresia von Avila dazwischen, die selbst eine geistliche Freundschaft mit dem jungen Pater Gracian verband und die dabei wußte, daß nicht jede Klosterfrau zu einer solchen seelisch-geistigen Beziehung fähig ist, weil dazu eine geistige Reife und ein starkes Verantwortungsbewußtsein gehören.

Elsbeth Stagel stammte aus einer zürcherischen Familie, wuchs in der Altstadt auf, am Rindermarkt, wo ihr Vater die Metzgerbank verwaltete und dem Rat von Zürich angehörte. Das aufgeschlossene alemannische Mädchen trat in jungen Jahren in das nahe bei Winterthur gelegene, einst mit Hilfe des Kyburger Grafen gegründete Dominikanerinnenkloster Töss ein. Heute ist leider vom Kloster nichts mehr zu sehen, da ein Industrieller es im vergangenen Jahrhundert verständnislos niederreißen ließ, um auf dem Areal seine Fabrik zu erstellen. Das Kloster beherbergte adelige und bürgerliche Nonnen. Auch Elsbeth befliß sich eines heiligen Wandels und besaß, nach Seuse, ein engelhaftes Gemüt. Zwar war sie von schwacher Gesundheit und bedurfte deshalb einer gewissen Schonung. Sie war schriftstellerisch begabt und darf durchaus Zürichs erste Schriftstellerin genannt werden, wenn sie auch in ihrer Heimatstadt bis zum heutigen Tag schmählich verkannt wird. Kein Denkmal erinnert an die ungewöhnliche Frau, und keine Straße ist nach ihr benannt. Elsbeth Stagel schrieb das Schwesternbuch von Töss, das «gekennzeichnet ist durch Ernst, Geistigkeit, eine oft erstaunliche Gewalt in der Darstellung bedeutender innerer Zustände und Spannungen, vor allem aber durch den Reichtum an großen, einzigartig hohen Frauenpersönlichkeiten, die sich klargestaltet über den Durchschnitt erheben[80]». Es finden sich darin wahre Kabinettstücke von Charakterisierungen, das schönste ist wohl das «Von der seligen Schwester Mezzi Sidwibrin», die zuweilen in großer Minne sagte: «Herr, wärest du Mezzi Sidwibrin und wäre ich Gott, so wollte ich dich doch Gott sein lassen und ich wollt Mezzi Sidwibrin sein[81].» Zärtlicher kann eine Gottesbeziehung kaum ausgedrückt werden. Ebenso gehaltvoll ist, was von Ita von Sulz vermerkt wird; sie wurde zur Kellerin eingesetzt und war darob sehr betrübt. Sie klagte es dem Herrn und wurde von ihm getröstet: «Man findet mich an allen Stätten und in allen Dingen[82].» Diese Nonne wurde von übergroßen mystischen Erlebnissen überschüttet, so daß sie mit lautem Lachen rief: «Höre auf, Herr, hör auf! Ich vermag recht nicht mehr![83]» Die modernen Darstellungen des mittelalterlichen Nonnenlebens zeigen gewöhnlich etwas hochmütig ein Bild allzu verzückter Schwestern, doch fehlt den Verfassern meist das nötige Sensorium dafür. Der Bischof von St. Gallen, C. Greith, vermochte es in seiner Schilderung noch mit der würdigen Ehrfurcht zu zeichnen[84].

Ich idealisiere nicht, weiß durchaus, daß sich in vielen Klöstern auch allerlei Unerfreuliches ereignet hat. Dies aber geschah vorwiegend in deren Verfallszeiten, während das Kloster Töss damals, als Elsbeth dort war, eine Blütezeit erlebte. Seuse war mehrfach als Prediger und Beichtiger in Töss zu Gast. Er befreundete sich in der Folge mit Elsbeth Stagel, was aus Seuses Vita deutlich hervorgeht, an deren Abfassung Elsbeth maßgeblich beteiligt war. Auch entspann sich zwischen Seuse und Elsbeth ein Briefwechsel, der sich jedoch nur zum Teil erhalten hat. Elsbeth war keineswegs nur die passive Zuhörerin, sondern befähigt, anregend zu fragen. Durch ihr geistig liebenswürdiges Wesen inspirierte sie Seuse geradezu, und er gab ihr denn auch seine richtungsweisenden Antworten. Jedenfalls steht sie ebenbürtig an seiner Seite. «Die Vita ist ja als Ganzes nichts anderes als die Darstellung seiner Seelsorge an Elsbeth[85]», womit deren Bedeutung für den Konstanzer nochmals unterstrichen wird.

Elsbeth wurde damals auch mit Meister Eckharts Mystik bekannt, aber sie verstand sie nicht ganz und bat daher Seuse um seine nähere Erklärung. Seuse antwortete ihr: «Gute Tochter, fragst du mich nach den hohen Sachen aus Neugier, so hab ich dir bald mit kurzen Worten davon berichtet: Rechte Seligkeit liegt nicht in schönen Worten, sondern in guten Werken[86].» Seuse hatte nichts übrig für die gesellige Unterhaltung über christliche Fragen, eine üble Gewohnheit, die man damals und heute als religiösen Sport betreibt, aus dem doch nichts Rechtes hervorgeht. Seuse antwortete Elsbeth im gleichen Atemzug: «Fragst du aber nach den Dingen, um sie lebendig zu erfassen, so laß die hohen Fragen noch beiseite und nimm solche Fragen vor, die dir angemessen sind. Du scheinst noch eine junge ungeübte Schwester, darum ist dir und deinesgleichen nützlicher, zu wissen vom ersten Beginn, wie man anfangen soll[87].» Aus diesen Worten geht klar hervor, daß Seuse sich nicht in huldvollen Komplimenten erging, wie Männer sie gebrauchen, wenn sie schöne Damen für sich gewinnen wollen. Seuse bediente sich einer offenen und wahrhaftigen Sprache. Sie allein hilft dem Mitmenschen, und nur dank dieser Ehrlichkeit gedieh die tiefe Freundschaft zwischen Seuse und Elsbeth. Sie antwortete ihm in ebenbürtiger Weise: «Meine Begierde steht nicht nach klugen Worten, sie steht nach heiligem Leben, und ich habe Mut, das recht und redlich durchzuführen, wie weh es immer tun mag, es sei Meiden, es sei Leiden oder Sterben oder was es sei, das mich zum Höchsten bringen mag; das muß ausgehalten werden[88].» Eine hochgemute Seele hatte Seuse geantwortet. Eine geistige Gemeinschaft verband die beiden Menschen, die zur schönsten Zierde ihres Lebens wurde.

Seuse gewährt in zwei Schriften einen Einblick in die zartinnige Seelenfreundschaft. Einmal nahm er Elsbeth in die Blätter seiner Vita auf, die sie begonnen und die Seuse vollendet hatte. In diesem Buch richtet Elsbeth die Frage aller Fragen an ihren geistlichen Freund: «Sagt mir: was ist Gott oder wo ist Gott oder wie ist Gott? Ich meine, wie er einfältig und doch dreifältig sei?[89]» Seuse antwortete ihr: «Weiß Gott, das sind hohe Fragen. Was die erste Frage, was Gott sei, betrifft, so mußt du wissen, daß alle Meister, die je wurden, diese Frage nicht beantworten konnten, denn er ist über alle Sinne und Vernunft. Und doch gewinnt ein fleißiger Mensch durch emsiges Suchen ein wenig Kenntnis von Gott, aber in gar ferner Weise – und darin liegt seine höchste Seligkeit[90].» Elsbeth hatte Seuse in seiner lebendigsten Seelenschicht angesprochen, und er gab seine innersten Gedanken in seinen Antworten preis, so daß die Tösser Klosterfrau in die Worte ausbrach: «Ei, das ist gut zu hören, denn es rührt das Herz, erhebt den Geist, sursum, hoch über sich selbst. Davon saget, lieber Vater, saget mehr davon![91]» In dieser drängenden Bitte steht Elsbeth in ihrer ganzen geistigen Größe da. Hier muß man den Einstieg wählen, wenn man ahnen will, welch inneres Verlangen in dieser sanften Frauenseele lebte und welch hohe Wegleitung sie von Seuse erwartete. Der sehnsüchtige Wunsch, «saget, lieber Vater, saget mehr davon!», der immer noch mehr zu hören begehrt, ist das Seelenband zwischen Seuse und Elsbeth. Sie beide waren von diesem bittenden Gefühl erfüllt bis an den Rand, doch nie kam ihr seelisches Gefäß zum Überfließen. Wenn einmal, so hier, ist genug nicht genug. Seuse sagte denn auch seiner Freundin: «Siehe da, Frau Tochter, nun hast du deinen Gott gefunden, den dein Herz lange gesucht hat. Nun sieh aufwärts mit leuchtenden Augen, mit lachendem Antlitz, mit aufspringendem Herzen ... Sieh, von diesem Betrachten wallt bald in einem empfindlichen Menschen ein herzliches Jubilieren auf; denn Jubilieren ist eine Freude, die die Zunge nicht sagen kann[92].» Dies tat denn auch

Elsbeth, aber da sie noch immer mehr zu hören wünschte, erwiderte sie: «Herr, ich habe nun wohl gefunden, daß Gott ist; aber wo Gott ist, das wüßt ich gern[93].» Innerlich bewegt antwortete ihr Seuse: «Nun tu die inneren Ohren deiner Seele auf und lausche genau... Gott hat kein Wo, er ist alles im All... Er ist allzumal in allen Dingen und allzumal außer allen Dingen. Darum sagt ein Meister: Gott ist wie ein kreisförmiger Ring, dessen Mittelpunkt allenthalben ist und sein Umfang nirgends[94].» Derart köstliche Worte schwebten zwischen ihnen hin und her, und was könnte eine Seelenfreundschaft Schöneres erleben, als solche wundersame Reden aus innerstem Verstehen?

Auch im «Briefbüchlein» läßt Seuse seine Beziehung zu Elsbeth voll Güte aufleuchten. Die kleine Schrift enthält elf Briefe an Elsbeth und an andere Schwestern. Gleich im zweiten Brief schrieb Seuse: «Liebe macht ungleiche Dinge gleich», womit er Elsbeth als gleichwertige Freundin weder über noch unter, sondern eindeutig neben sich stellte[95]. Ihm schien dies der allein ihr zukommende Platz zu sein. Elsbeth nannte sich selbst ein «durstiges Kind» und wollte sogar ein asketisches Leben in aller Strenge führen. Seuse aber, gewitzigt durch eigene Erfahrungen, riet ihr ganz entschieden davon ab, zumal es nicht ihrer «fraulichen Schwachheit und wohlgeordneten Natur» entspreche. Nach Seuse ist der Anfang eines heiligen Lebens verschiedenartig; das gleiche schickt sich nicht für alle. «Wir sind auch ungleich von Natur: was des einen Menschen guter Fug ist, das fügt sich dem andern Menschen nicht[96].» Das ist Psychologie im höheren Chor, eine Psychologie von helfender Kraft. Offenbar wußte Seuse auch um die gelegentliche Labilität von Elsbeths weiblicher Seele, denn er schrieb ihr abermals mit der schon erwähnten Ehrlichkeit: «Es muß noch manch wandelbares Wetter über dich ergehen, bis daß die himmlische Heiterkeit in dir beständig werde[97].» Er wollte Elsbeth zu dieser kostbaren Heiterkeit hinführen, machte ihr aber deutlich klar: «Der Berg ist hoch und der Weg schlüpfrig, es kann mit einem Anhieb nicht erreicht werden; es heißt: Wieder und wieder versuchen, bis es erfochten ist[98].» Um die Schwester nicht mutlos zu machen, erinnerte er sie an das Wort des von ihm hochgeschätzten Bernhard von Clairvaux: «Das ist das einzige Pünktlein, das die Auserwählten von den Nichtauserwählten scheidet: daß die Verurteilten liegen bleiben, während die Auserwählten sich immer wieder aufrichten[99].» Seuse erinnerte Elsbeth an das Vorbild der von einer hoheitsvollen Demut erfüllten Elisabeth von Thüringen, die in den Frauenklöstern zu Recht große Verehrung genoß. In den Briefen wird gelegentlich auch ganz Persönliches erwähnt. Elsbeth bat ihn um das Fußtuch, das Seuse zum Symbol für das Leiden geworden war, damit sie ein greifbares Andenken an ihren Freund besitze. Seuse wollte es ihr auch schenken, und doch brachte er im letzten Moment nicht die Kraft auf, sich von ihm zu trennen. Er hätte es ihr geben sollen, denn in einer Freundschaft erfüllt man solche Wünsche. Dies hätte ihn mehr geehrt, aber offenbar konnte auch er nicht alles lassen, wie er es so oft gefordert hatte. Seuse gab sonst Elsbeth viele wertvolle Ratschläge, die ihr im täglichen Leben halfen. In dieser Richtung bewegte sich die «himmlische Kurzweil» zwischen ihnen.

Diese Freundschaft erlitt nicht das Schicksal, von dem Paulus im Galaterbrief schreibt: «Im Geist habt ihr angefangen, wollt ihr's denn nun im Fleisch vollenden?[100]» Vielmehr blieb sie stets auf der gleichen Höhe, und darum war ihr auch ein gutes Ende beschieden. Elsbeths Tod schmerzte Seuse sehr, meinte er doch einmal, solange Lieb bei Lieb ist, weiß Lieb nicht, wie lieb Lieb ist; wenn aber Lieb von Lieb scheidet, so empfindet Lieb erst, wie lieb Lieb war. Doch brachen beide Menschen nicht in nutzlose Klagen aus. Seuse nannte Elsbeth in seiner Vita «die heilige Tochter», und während ihrer Krankheit schrieb er ihr in seinem letzten Brief: «Nun, wohlan, Tochter, gib der Kreatur Abschied und laß deine Fragen fortan sein, horche selbst, was Gott in dir spreche. Du kannst dich wohl freuen, daß dir zuteil geworden ist, was manchem Menschen vorenthalten wird, wie sauer es dir auch geworden ist; das ist nun alles mit der Zeit dahin. Dir ist nun weiter nichts zu tun übrig, als göttlichen

Frieden in stiller Ruhe zu haben, und fröhlich zu warten der Stunde deiner zeitlichen Entrückung in die vollkommene ewige Seligkeit[101].» Kurze Zeit darauf starb Elsbeth und erschien nach ihrem Tode Seuse in einem «von allem Irdischen gelösten Gesicht, und leuchtete in schneeweißem Gewande wohlgeziert mit lichtreicher Klarheit voll himmlischer Freuden[102]».

Die liebliche Elsbeth war nicht die einzige von Seuse seelisch liebevoll betreute Schwester. Es sind Briefe an andere Schwestern erhalten, die ebensoviel Verständnis für ihre Situation verraten: «Halte Du Dich stille... Etliche Menschen sind so unruhig, daß sie niemals rasten können, und durchlaufen das Kloster mit Unruhe und Gelärm, so daß man sie oft eher hört, ehe man sie sieht. Sanftmütige Gebärde und stille Rede geziemt gar wohl einem seligen Menschen[103].» Einer Subpriorin schrieb er: «Ein ausnehmend vollkommenes Leben liegt nicht im Trosthaben alle Stunden, es liegt in einem Hingeben des Willens in Gottes Willen, es sei sauer oder süß, liegt in der Untertänigkeit unter einem Menschen an Gottes Statt in demütigem Gehorsam[104].»

Offensichtlich war Seuse ein begnadeter Seelsorger, der eine aufmerksame Lektüre verdient. Seelsorge war bei ihm ein wirkliches Charisma und nie bloß eine gelernte Routine. Freilich war Seuse kein Allerweltsseelsorger. Für feine, religiösen Werten aufgeschlossene Frauenseelen war er der denkbar beste Beichtiger, während er bei robusten oder gar gemeinen Frauenzimmern stumm blieb. Von Seuse erzählt eine Legende, man habe nach einer Predigt sein Haupt von einem lichten Strahlenschein umflossen gesehen. Seine seelsorgerliche Betreuung lag im Mitfühlen mit den seelisch leidenden Menschen. Seuse durfte von sich sagen, «daß ich ein mildes Herz gehabt habe alle meine Tage. Ich sah nie einen Menschen in Leid oder Betrübnis, ich hätte dann ein herzliches Mitleid mit ihm, und ich mochte nie gern weder hinter den Menschen noch vor ihnen etwas reden hören, das jemand beschweren könnte. Mit den Weinenden weinte ich, mit den Trauernden trauerte ich, bis daß ich sie mütterlich erlöste... Herr, ich will von der Menschheit schweigen, aber mehr noch: aller Tierlein und Vöglein und Gottes Kreaturlein Mangel und Traurigkeit, so ich des sah oder hörte, so ging es mir ans Herz[105].» Damit ist das wichtigste Wort gefallen: die Menschen mütterlich zu erlösen. In dieser ungewöhnlichen Formulierung ist der ganze Seuse enthalten. Dies war sein tiefstes Anliegen. Der seelisch hilfsbedürftige Mensch spürt es sehr bald, ob man sich in seine Situation hineindenkt und hineinfühlt oder ob man ihn nur moralisch zurechtweisen will. Die Liebe zum Nächsten ist das Eingangstor zu jeder Seelsorge. Seuse war auch befähigt, dem hilfesuchenden Menschen ein wegweisendes Wort von oben zu sagen. Nur im Mitgefühl zu schwimmen, ist keine Hilfe. Es bedarf der Fähigkeit, eine göttliche Anweisung dem verwirrten Menschen weiterzugeben, nur dann ist er auf die Dauer mütterlich erlöst. Dabei darf man nicht übersehen, daß Seuse auch die «Tierlein und Vöglein» erwähnt, war er doch kein gewöhnlicher Tierfreund, sondern hat die stumme Kreatur in die Erlösung einbezogen. Es war nicht aus der Luft gegriffen, daß er auch der «schwäbische Franziskus» genannt wurde, denn in ihm lebte wirklich ein überkosmisches Gefühl.

Da Seuse zu den großen Seelsorgergestalten der Christenheit zählt, ist es begreiflich, daß sich um ihn auch eine Fama bildete. So glaubte man im Volk, «wer ihm gebeichtet, den wolle Gott, so sündig er auch ist, nimmer verlassen[106]». Etwas Schöneres läßt sich über einen Beichtvater gar nicht sagen. Um dieses tröstlichen Glaubens willen ist es durchaus sinnvoll, das Gedenken an Seuse sorgsam zu hegen und zu pflegen.

## *Du wirst noch einen Sang tun*

Es ist nicht leicht zu begreifen, und doch läßt es sich nicht bestreiten: Seuse hatte in seinem Leben viele Gegner. Auch in seinem späteren Dasein machten ihm die «wölfischen» Menschen Mühe. Man sagt es nicht gern, aber offenbar ist es wahr: Es gab zu allen Zeiten Neider. Sie mögen den Mitmenschen eine bessere Begabung oder mehr Glück nicht gönnen, eine häßliche Eigenschaft, unter der Seuse reichlich zu leiden hatte. Schon als er die Novizen unterrichten mußte, ruhten einige Mitbrüder nicht, bis er abgesetzt wurde.

Die schlimmste Geschichte mußte er von einem liederlichen Mädchen erfahren. Es klagte ihm nach der Niederkunft, sein Liebhaber habe sich aus dem Staube gemacht und sie mit seinem Kind schmählich sitzenlassen. Seuse dachte sich in die beklagenswerte Situation des verlassenen Mädchens hinein, sah sich das vaterlose Kindchen an und begann die Mutter nach Kräften zu unterstützen. Das Mädchen führte jedoch sein sittenloses Treiben weiter, und als Seuse davon erfuhr, hörte er mit seiner Unterstützung auf. Das lasterhafte Geschöpf rächte sich mit einer gemeinen Verleumdung, indem es behauptete, der Vater ihres Kindes sei niemand anders als Seuse! Natürlich verbreitete sich das böse Gerücht wie ein Lauffeuer durch die Kleinstadt Konstanz und vernichtete den guten Ruf des Paters. Viele Freunde gaben ihn preis, sogar Heinrich von Nördlingen kündigte ihm die Freundschaft. Das Generalkapitel des Ordens setzt den Konstanzer Prior feierlich ab – «es scheint Suso gewesen zu sein», schreibt Ignatius Klug[107]. Der Konvent legte Seuse nahe, die Stadt zu verlassen; er wanderte nun traurigen Herzens nach Ulm. Erst nach seinem Weggang – man fragt sich, warum nicht vorher? – ordnete der Konvent eine strenge Untersuchung des Falles an, die Seuses völlige Unschuld ergab.

Die Nachwelt ist über seine Ulmer Zeit nicht näher unterrichtet. Er war zunächst Landprediger. Dann aber erinnerte er sich des Leidenjammergesanges, den er nach der Zitierung vor das Ordensgericht in den Niederlanden angestimmt hatte und wie ihm da ein himmlischer Jüngling gar fröhlich sagte: «Du wirst noch einen solchen Sang in deinen Tagen tun, davon Gott in seiner Ewigkeit gelobt und manch leidender Mensch getröstet wird[108].» Hatte er diesen Sang getan? Offensichtlich hatte Seuse die Verheißung ganz vergessen. Jetzt aber besann er sich auf diese Weissagung, und in der sonst verhüllten Ulmer Zeit sollte sie sich denn auch erfüllen. Seuse dachte an seine

Schriften und fragte sich, wie die nachfolgenden Generationen mit ihnen wohl umgehen würden. Würden sie seine Worte stehenlassen oder willkürliche Änderungen anbringen? Er nahm sie sich noch einmal vor und beschloß, ihnen ihre endgültige Form zu geben. An seinem viele Jahre zuvor in lateinischer Sprache geschriebenen «Horologium sapientiae» änderte Seuse nichts; es war eine Vorarbeit zum «Büchlein der Ewigen Weisheit»[109]. Der Titel des Erbauungsbuches erinnert an die Uhr der Weisheit. Anders verhielt es sich mit seinen deutschen Schriften. Seuse setzte sich hin und faßte sie unter der Überschrift «Das Exemplar» zusammen, was soviel wie Meisterbuch heißt. Der Mystiker schrieb keine Sentenzen oder Summen mehr, da ihre Zeit abgelaufen war. Er suchte nach einer neuen Form, die seine Zeitgenossen unmittelbarer ansprach. Immer wieder muß die ewige Botschaft neu gestaltet werden, weil Formen gerne zu bloßen Formeln erstarren. «Das Exemplar» war jedoch nicht nur ein neuer Titel, es enthielt auch einen neuen Inhalt, zumal da Form und Inhalt nie zu trennen sind. Das als «Sang» vorgetragene «Exemplar» umfaßte die überarbeitete Vita, die endgültige Formulierung des «Büchleins der ewigen Weisheit», die Verteidigungsschrift für Meister Eckhart: «Das Büchlein der Wahrheit» und eine Sammlung von Briefen. Wahrhaftig, diese Zusammenstellung ist der große Sang, den Seuse noch in seinen letzten Jahren vollbracht hat und der hell und klar bis in unsere Zeit nachklingt. Er enthält das neue Wort, das den Christen zu sagen Seuse aufgetragen war und das die Möglichkeit in sich birgt, die theologische Fachsprache zu überwinden.

Über Seuses letzte Lebenstage liegen keine Nachrichten vor. Es ist nur bekannt, daß er am 25. Januar 1366 in Ulm starb und in der dortigen Dominikanerkirche in der Nähe des Altars begraben wurde. Später ging die Kirche in den Besitz der Protestanten über und erfuhr mehrere Umbauten. Man suchte nach dem Zweiten Weltkrieg in der stark beschädigten Kirche eifrig nach dem Grab Seuses, fand aber keine Reliquien, sosehr man sich auch bemühte.

In Gerhard Tersteegens «Auserlesenen Lebensbeschreibungen heiliger Seelen», einem geradezu monumentalen Werk, das unverständlicherweise weder von den Protestanten noch von den Katholiken die gebührende Würdigung erfahren hat, weil sein Verfasser als unabhängiger Mystiker in kein konfessionelles Schema hineinpaßte, findet sich auch eine Vita über Seuse. Tersteegen bemerkte dort zu den bereits damals als verloren geltenden Reliquien: «Doch hier sind sie gefunden, tritt nur näher herzu, andächtiger Leser, betrachte, berühre, und ehre ohne Scheu diese wahren heiligen Reliquien von Seuse, die ich dir nicht aus dem toten Moder des Grabes gebe, sondern aus seinen edlen Schriften, die voll Kraft und Leben sind[110].» Tersteegen hat das richtige Wort gefunden: Die Schriften von Seuse sind seine wahren Reliquien, und andere gibt es nicht.

Dank seiner Schriften erfüllte sich die Verheißung über seinen Sang. Seuses Bücher fanden nach seinem Tod eine weite Verbreitung. Im Spätmittelalter gehörte er zu den gelesensten Autoren. Einzig Thomas von Kempen hat ihn mit seiner «Nachfolge Christi» übertroffen. Überaus viele Menschen sahen in Seuses Werk eine einzigartige Anleitung zum seligen Leben.

Die Reformation unterbrach Seuses Lied. Neue Probleme beschäftigten die Menschen, so daß sein Sang für einige Zeit verstummte, obwohl die Christenheit nie ohne Mystik zu leben vermochte. Schließlich besann man sich wieder auf Seuse, und seither blieb die Verehrung im Volke lebendig. Am 16. April 1831 erfolgte durch Papst Gregor XVI. «per viam cultus» die Seligsprechung. Dabei verzichtete man auf einen langjährigen Prozeß. Seuses Gedenktag wird am 2. März gefeiert. Die Seligsprechung geschah ganz unauffällig, was dem Wesen Seuses entsprach. Vom mystischen Dreigestirn hat er allein diese öffentliche Ehrung erhalten, obwohl die beiden andern sie ebenfalls verdient hätten.

Bald darauf nahmen sich seiner die Germanisten an. Sie hörten zuerst wieder Seuses Sang und gaben seine Schriften in mittelhochdeutscher Sprache heraus. In unserem Jahrhundert erfuhr «Das Exemplar» eine Übertragung in die Sprache der

Gegenwart, und zwar von Walter Lehmann und später von Georg Hofmann. Beide Ausgaben sind vorzüglich. Für diese Darstellung habe ich die erstere benützt, weil sie das Seusesche Idiom mehr zu wahren suchte.

War in diesen Ausführungen Seuses ungewöhnliches Sausen zu spüren? Nicht ein Brausen, aber jenes innere Wehen, das beseligend durch die Glieder rieselt, das eine himmlische Sehnsucht entfacht, so daß es dem Menschen wundersam zumute wird, wie er es mit keinem Worte sagen kann. Und wenn ihm dies bei der Lektüre nicht widerfahren ist, wird er es jederzeit fühlen, wenn er sich mit geöffneter Seele in Seuses Schriften vertieft, die von einem christlichen Gehalt erfüllt sind, der aller Zeiten Wechsel überdauert. Seuses Darlegungen enthalten keine Theologie, die in Begriffen denkt, da die Mystik sich in Bildern bewegt, was etwas ganz Verschiedenes ist. Manchmal wurde Seuse im theologischen Sinn verstanden und dabei eben mißverstanden. Er eröffnete mit seiner Mystik eine andere Dimension, jedenfalls denkt dabei der Leser an Bernanos' Wort über den Pfarrer von Lumbres: «Du suchtest meinen Frieden, komm und hol ihn dir![111]»

Was Paulus im 1. Kor. 13 schrieb, was Augustin in den «Konfessionen» ausführte, was Franziskus im «Sonnengesang» jubelte und was in Seuses «Exemplar» steht – immer war es ein Sang, der nicht verhallte, ein eindeutiger Lobgesang Gottes. Und dies will etwas heißen. Nicht alle Menschen verstehen Gott wirklich zu loben. Dem Verfasser des 103. Psalmes war es beschieden, ein einzigartiges Loblied zu singen, das sich der Menschheit unvergeßlich eingeprägt hat. Auch Seuse war diese Gabe verliehen, und er hat davon überaus eindringlichen Gebrauch gemacht. Er war ein göttlicher Sänger von hohen Gnaden. Sein reines Loblied stärkte gar viele angefochtene Seelen nicht nur damals, sondern auch heute noch. Der dem Herzen wohltuende Sang klingt bis in die Gegenwart, wenn ihn auch die breite Masse nicht hören mag: Die dem Geschwätz der Medien, die der Polemik der Politiker und dem Feilschen der Händler Ohr und Herz leihen, vernehmen ihn nicht. «Ein liebeleeres Herz kann eine liebereiche Sprache so wenig verstehen wie ein Deutscher einen Welschen», meinte Seuse. Es braucht viel feinere Ohren, um Seuses Cantus firmus aus dem Lärm der heutigen Zeit herauszuhören. Doch werden die stillen, verborgenen Menschen ihn wieder leise singen, weil er den Liebhabern der Mystik die Freude, die vollkommene Freude schenkt.

# *Anhang*

# *Quellen und Anmerkungen*

## MEISTER ECKHART

Werke:

Meister Eckhart, Gesamtausgabe, hrsg. im Auftrag der Deutschen Forschungsgemeinschaft, 1936ff.
Erste Abteilung: Die deutschen Werke = Eckhart, Deutsche Werke.
Zweite Abteilung: Die lateinischen Werke = Eckhart, Lateinische Werke.
Meister Eckehart, Deutsche Predigten und Traktate, ed. Josef Quint, 1955 = Quint
Meister Eckharts Schriften und Predigten, ed. Hermann Büttner, 1917 = Büttner
Meister Eckharts Deutsche Predigten und Traktate, ed. Friedrich Schulze, o. J. = Schulze
Kurt Ruh: Meister Eckhart, 1985 = Ruh
Meister Eckhart der Prediger. Festschrift zum Eckhart-Gedenkjahr, ed. Udo M. Nix. O. P. und Raphael Oechslin O. P., 1960 = Festschrift.

### *Der Mann, dem Gott nie etwas verbarg*

1) Quint, S. 139 2) Jacob Burckhardt: Weltgeschichtliche Betrachtungen, 1928, S. 260 3) Albert Hauck: Kirchengeschichte Deutschlands, 1920, Bd. V, S. 271 4) Vgl. Josef Koch Festschrift, S. 1–21 5) Margareta Porete: Der Spiegel der einfachen Seelen. Übertr. und mit einem Nachwort von Louise Gnädinger, Zürich 1987 6) Erich Seeberg: Meister Eckhart, 1934, S. 8 7) Karl Bornhauser: Meister Eckhart, S. 33 8) Eckhart, Lateinische Werke, Bd. III, S. 3 9) Vgl. Leopold Ziegler: Gestaltwandel der Götter, 1922, S. 351, und vgl. M. Schneider: L. Ziegler, 1978, S. 70 10) Große Mystiker, ed. Ruhbach/Sudbrack, 1984, S. 159 11) Kunisch: Vgl. Festschrift, S. 108 12) Mk. 13, 32 13) Schulze, o. J. S. 390/91 14) Quint, S. 235 15) Quint, S. 199 16) Quint, S. 412 17) Quint, S. 421 18) Walter Muschg: Die Mystik in der Schweiz, 1935, S. 181

*Ungewöhnliche Tischgespräche am Abend*

19) Vgl. Eckhart, Deutsche Werke, 1936, Bd. V, S. 137ff. 20) Quint, S. 53 21) Quint, S. 53 22) 1. Sam. 15, 22 23) Phil. 2, 8 24) Quint, S. 55 25) Quint, S. 57 26) Quint, S. 57 27) Micha, 6, 8 28) Quint, S. 58 29) Quint, S. 60 30) Off. Joh. 21, 22 31) Jer. 7, 4 32) Quint, S. 59 33) Quint, S. 203 34) Quint, S. 60 35) Quint, S. 200 36) Quint, S. 356 37) Jos. Bernhart: Meister Eckhart, 1914, S. 22 38) Quint, S. 61 39) Quint, S. 72 40) Quint, S. 77 41) Röm. 10, 8 42) Quint, S. 79 43) Quint, S. 92 44) Quint, S. 93 45) Ruh, S. 37

*Es kann seine Predigt niemand verstehen*

46) Büttner, Bd. I, S. 84 47) Ruh, S. 99 48) Quint, S. 160 49) Quint, S. 138 50) Quint, S. 153 51) F. Schulze: S. 406 52) Quint, S. 303 53) Quint, S. 309 54) Quint, S. 273 55) Jer. 20, 9 56) Quint, S. 292 57) Quint, S. 400 58) Quint, S. 302 59) Quint, S. 223 60) 2. Kor. 12, 2 61) Quint, S. 358 62) Mt. 11, 25

*Der Gott allen Trostes*

63) Quint, S. 320/21 64) Hiob, 13, 4 65) Quint, S. 106 66) Quint, S. 107 67) Quint, S. 107 68) Quint, S. 120 69) Quint, S. 134 70) 2. Kor. 7, 10 71) Quint, S. 104 72) Quint, S. 115 73) Ps. 91, 15 74) Quint, S. 131 75) Quint, S. 131 76) Quint, S. 109 77) Quint, S. 168 78) Quint, S. 183 79) Quint, S. 228 80) Quint, S. 359 81) Quint, S. 176 82) Quint, S. 68

*Martha und Maria*

83) Lk. 10, 38–42 84) Quint, S. 281 85) Quint, S. 281 86) Quint, S. 283 87) Quint, S. 285 88) Quint, S. 286 89) Quint, S. 288 90) Quint, S. 45 91) Quint, S. 288 92) Quint, S. 124 93) Quint, S. 67 94) Vgl. Eckhart, Deutsche Werke, 1936, Bd. V, S. 221 95) Quint, S. 303 96) Mt. 5, 3 97) Quint, S. 304 98) Quint, S. 303

*Vom Adel des Menschen*

99) Eckhart, Deutsche Werke, Bd. II, S. 528ff. 100) Quint, S. 195 101) Quint, S. 229 102) Quint, S. 250 103) Quint, S. 341 104) Quint, S. 344 105) Quint, S. 206 106) Quint, S. 377 107) Quint, S. 84 108) Quint, S. 140 109) Quint, S. 271 110) Quint, S. 178 111) Quint, S. 184 112) Quint, S. 207 113) Quint, S. 71 114) Quint, S. 110 115) Joh. 10, 34

## *Abenderkenntnis und Morgenerkenntnis*

116) Quint, S. 365 117) Schulze, S. 401–404 118) Quint, S. 62 119) Quint, S. 166 120) Quint, S. 333 121) Quint, S. 197 122) Quint, S. 311 123) Quint, S. 348 124) Quint, S. 396 125) Ps. 104, 26 126) Schulze, S. 286 127) Schulze, S. 384 128) Ps. 2, 4 129) Quint, S. 329 130) Quint, S. 340 131) Quint, S. 125 132) Quint, S. 180 133) Quint, S. 187 134) Quint, S. 371 135) Angelus Silesius, ed. Held, 1924, Bd. III, S. 52, Nr. 289 136) Quint, S. 146 137) Quint, S. 394 138) Jes. 45, 15 u. 7

## *Vom Gang in die Abgeschiedenheit*

139) Eckhart, Deutsche Werke, Bd. II, S. 528ff. 140) Hammarskjöld: Wegmarken S. 58 141) Quint, S. 94 142) Quint, S. 356 143) Quint, S. 353 144) Quint, S. 420 145) Quint, S. 430 146) Quint, S. 435 147) Quint, S. 54 148) Quint, S. 300 149) Büttner, Bd. I, S. 18 150) Büttner, Bd. I, S. 14 151) Quint, S. 384 152) Bei R. Otto: West-östliche Mystik, S. 295

## *Die Gottesgeburt in der Seele*

153) Quint, S. 212 154) Quint, S. 170 155) Quint, S. 180 156) Erhart Kästner: Zeltbuch von Tumilat, 1949, S. 5 157) Quint, S. 195 158) Quint, S. 273 159) Quint, S. 272 160) Quint, S. 273 161) Quint, S. 273 162) Quint, S. 408 163) Quint, S. 331 164) Quint, S. 407 165) Quint, S. 357 166) Quint, S. 260 167) Kunisch: Festschrift, S. 117 168) Quint, S. 261 169) Quint, S. 269 170) Quint, S. 242 171) Quint, S. 316 172) Joh. 3, 3 173) Gal. 4, 19 174) Vgl. Ruh, S. 140ff. 175) Quint, S. 415 176) Angelus Silesius, o. c., Bd. III, S. 19 177) Quint, S. 265 178) Quint, S. 259

## *Passion*

179) Joh. 15, 20 180) Ruh, S. 171 181) Ruh, S. 172 182) Quint, S. 139 183) Bei Ruh, S. 171–180 184) Ruh, S. 182 185) Festschrift, S. 106 186) Quint, S. 169 187) Quint, S. 214 188) Quint, S. 242 189) Quint, S. 264 190) Angelus Silesius, Bd. III, S. 12, Nr. 8 191) Das Leben der heiligen Katharina von Siena, ed. A. Schenker, O. P. 1965, S. 148 192) Quint, S. 162 193) Ruh, S. 186 194) Vgl. Quint, S. 449ff. 195) Vgl. Seppelt: Geschichte der Päpste, Das Papsttum im Spätmittelalter und in der Renaissance, 1957, Bd. IV, S. 117/18 196) Welte, S. 252ff. 197) A. Lübke: Nikolaus von Kues, 1968, S. 393 198) Vgl. Stadelmann: Vom Geist des ausgehenden Mittelalters, 1929, S. 102 199) Vgl. W. Zeller: Theologie und Frömmigkeit, Bd. II, 1978, S. 55ff. 200) Jakob Böhme: Der Weg zu Christo, Kap. IX, in Werke, ed. Peuckert, 1960, Bd. 4, S. 144 201) Franz von Baader: Sämtl. Werke, 1857, Bd. 15, S. 159 202) Ibid., S. 457 203) Vgl. Gottfried

Fischer: Geschichte der Entdeckung der deutschen Mystiker Eckhart, Tauler und Seuse im 19. Jahrhundert, 1921 204) Louis Cognet: Gottes Geburt in der Seele, 1980, S. 37 205) Gestalten der Kirchengeschichte, Bd. 4, S. 131 206) Schulze: ibid., S. 395 207) Festschrift, S. 137 208) Festschrift, S. 148 209) Quint, S. 444/45

# JOHANNES TAULER

Werke:
Johannes Tauler, Predigten, ed. G. Hofmann, 1961 = Hofmann
Johannes Tauler, Predigten, ed. W. Lehmann, 1923 = Lehmann
Johannes Tauler, Gedenkschrift zum 600. Todestag, ed. Filthaut, 1961 = Gedenkschrift
Carl Schmidt: Johannes Tauler, 1841 = Schmidt
H. Denifle: Taulers Bekehrung, 1879 = Denifle
Conrad Gröber: Der Mystiker Heinrich Seuse, 1941 = Gröber
G. Siedel: Die Mystik Taulers, 1911 = Siedel
Jg. Weilner: J. Taulers Bekehrungsweg, 1961 = Weilner
Deutsche Mystikerbriefe des Mittelalters, ed. W. Oehl, 1931 = Mystikerbriefe
L. Cognet: Gottes Geburt in der Seele, 1980 = Cognet

## *Der liebste Mensch auf Erden*

1) Gedenkschrift, S. 436–479 2) Preger, Geschichte der deutschen Mystik im Mittelalter, 1881, S. 279 3) Mechthild von Magdeburg: Das fließende Licht der Gottheit, ed. Margot Schmidt, 1955, S. 263 4) Christine Ebner: Das Büchlein von der Gnaden Überlast, ed. Oehl, 1924, S. 70 5) S. Kierkegaard: Unwissenschaftliche Nachschrift, ed. Junghans, 1957, Bd. I, S. 179

## *Er hat das Erdreich angezündet*

6) Hofmann, S. 189 7) Hofmann, S. 242 8) Hofmann, S. 537 9) Hofmann, S. 361 10) Hofmann, S. 537 11) Hofmann, S. 370 12) Hofmann, S. 427 13) Hofmann, S. 506 14) Hofmann, S. 369 15) Siedel, S. 6 16) Cognet, S. 111 17) Gedenkschrift, S. 33 18) Weilner, S. 51 19) Hofmann, S. 103 20) Hofmann, S. 112 21) Gedenkschrift, S. 61 22) Mystikerbriefe, S. 330 23) Vgl. Denifle: Taulers Bekehrung, 1879 24) Lehmann, Bd. I, S. XXV 25) Tersteegen: Leben heiliger Seelen, ed. Gossner 1815, Bd. I, S. 540 26) Mt. 25, 6 27) Gedenkschrift, S. 66 u. 69 28) Hofmann, S. 313 29) Hofmann, S. 136 30) Hofmann, S. 432 31) Gedenkschrift, S. 325 32) Phil. 3, 12 33) Julien Green: Œuvres Complètes, Bd. IV, 1975, S. 1448 34) Lk. 12, 49 35) Hofmann, S. 323 36) Mystikerbriefe, S. 353

## *Das süße Saitenspiel*

37) Hofmann, S. 274 38) Hofmann, S. 147 39) Hofmann, S. 282 40) Hofmann, S. 538 41) Hofmann, S. 538 42) Hofmann, S. 41 43) Hofmann, S. 412 44) Hofmann, S. 240 45) Hofmann, S. 205 46) Hofmann, S. 375 47) Apostelgeschichte

24, 14 48) Hofmann, S. 554 49) Hofmann, S. 427 50) Hofmann, S. 273 51) Hofmann, S. 501 52) Hofmann, S. 514 53) Hofmann, S. 344 54) Hofmann, S. 281 55) Hofmann, S. 175 56) Hofmann, S. 200 57) Hofmann, S. 442 58) Hofmann, S. 225 59) Hofmann, S. 291 60) Cognet, S. 105 61) Hofmann, S. 93 62) Hofmann, S. 90 63) Hofmann, S. 317 64) Vgl. Zu dir hin, ed. W. Böhme, 1987, S. 78ff. 65) Hofmann, S. 197 66) Hofmann, S. 385 67) Hofmann, S. 555 68) Hofmann, S. 533 69) Hofmann, S. 530 70) Hofmann, S. 139 71) Hofmann, S. 135 72) Hofmann, S. 230 73) Hofmann, S. 230 74) Hofmann, S. 419 75) Hofmann, S. 336/37 76) Ps. 42, 8 77) Hofmann, S. 405 78) Hofmann, S. 106 79) Hofmann, S. 461 80) Hofmann, S. 435 81) Hofmann, S. 490 82) Hofmann, S. 363 83) Hofmann, S. 423 84) Hofmann, S. 485 85) Hofmann, S. 384 86) Hofmann, S. 101 87) Hofmann, S. 479/80 88) Hofmann, S. 277 89) Hofmann, S. 498 90) Hofmann, S. 442

*Festlich von Gott singen*

91) Lehmann, Bd. I, S. 60 92) Hofmann, S. 402 93) Hofmann, S. 449 94) Hofmann, S. 462 95) Hofmann, S. 530 96) Hofmann, S. 579 97) Hofmann, S. 548 98) Hofmann, S. 199 99) Hofmann, S. 84 100) Gal. 4, 22ff. 101) Franz Overbeck: Christentum und Kultur, 1919, S. 89 102) Hofmann, S. 217/18 103) Hofmann, S. 78 104) Hofmann, S. 43 105) Hofmann, S. 41 106) Hofmann, S. 201 107) Hofmann, S. 339 108) Hofmann, S. 613 109) Hofmann, S. 521 110) Hofmann, S. 612 111) Hofmann, S. 243 112) Hofmann, S. 13 113) Hofmann, S. 516 114) Hofmann, S. 517 115) Hofmann, S. 255 116) Gedenkschrift, S. 77–92 117) Vgl. A. Goes: Christuswege, 1934, S. 13

*Der gelassene Mensch*

118) Hofmann, S. 269 119) Hofmann, S. 491 120) Hofmann, S. 499 121) Hofmann, S. 565 122) Hofmann, S. 349 123) Hofmann, S. 401 124) Hofmann, S. 566 125) Hofmann, S. 361 126) Hofmann, S. 203 127) Hofmann, S. 286 128) Hofmann, S. 280 129) Hofmann, S. 450 130) Hofmann, S. 512 131) Mt. 11,29 132) Hofmann, S. 145 133) Jer. 6, 14 134) Hofmann, S. 606 135) Hofmann, S. 536 136) Hofmann, S. 464 137) Hofmann, S. 486 138) Hofmann, S. 552 139) Hofmann, S. 310 140) Hofmann, S. 583 141) Hofmann, S. 410 142) Hofmann, S. 340 143) Hofmann, S. 273 144) Hofmann, S. 342

*Die Säulen der Christenheit*

145) Hofmann, S. 276 146) Hofmann, S. 364 147) Hofmann, S. 507 148) Hofmann, S. 384 149) Hofmann, S. 555 150) Hofmann, S. 403 151) Hofmann, S. 299 152) Hofmann, S. 497 153) Hofmann, S. 296 154) Hofmann, S. 298

155) Hofmann, S. 497 156) Hofmann, S. 193 157) Hofmann, S. 263 158) Hofmann, S. 532 159) Hofmann, S. 287 160) Hofmann, S. 581 161) Sämtliche Schriften der Theresia von Jesu, ed. Altkofer, 1933, Bd. I, 415 162) Hofmann, S. 453

### *Etliches fiel auf guten Boden*

163) Vgl. Gedenkschrift, S. 341–421 164) Das Büchlein vom vollkommenen Leben, ed. H. Büttner, 1920, S. 90 165) Luther: Vorlesung über den Römerbrief, ed. Ellwein 1927, S. 310 166) Vgl. Alois Haas: Sermo mysticus, 1979, S. 274 167) A. Schweitzer: J. S. Bach, 1922, S. 153 und 155 168) Brodrick: Petrus Canisius, 1950, Bd. I, S. 55/56 169) Weilner, S. 42 170) Weilner, S. 31 171) Gedenkschrift, S. 341–407 172) Gedenkschrift, S. 5 173) Bernanos: Haus der Lebenden und der Toten, 1951, S. 111 174) Urban Roedl: Matthias Claudius, 1969, S. 252

## HEINRICH SEUSE

Werke:

Heinrich Seuses deutsche Schriften, ed. Walter Lehmann, 2 Bde. 1922 = Lehmann
H. Seuse, Studien zum 600. Todestag, ed. Filthaut, 1966 = Studien
Conrad Gröber: Der Mystiker Heinrich Seuse, 1941 = Gröber
Alois Haas: Sermo mysticus, 1979 = Haas
Deutsches Nonnenleben, ed. M. Weinhandl, 1921 = Nonnenleben
Greith: Die deutsche Mystik, 1861 = Greith
Joseph Bühlmann: Christuslehre und Christusmystik des Heinrich Seuse, 1942 = Bühlmann
Deutsche Mystikerbriefe, ed. W. Oehl, 1931 = Oehl
P. Wilms: Der selige Heinrich Seuse, 1914 = Wilms
L. Cognet: Gottes Geburt in der Seele, 1980 = Cognet

### *Merkt auf, der Seuse will sausen*

1) Lehmann, Bd. I, S. 88 2) Lehmann, Bd. I, S. 25

### *Vom anfangenden, zunehmenden und vollendeten Menschen*

3) Studien, S. 135ff. 4) W. Mahrholz: Deutsche Selbstbekenntnisse, 1919, S. 17 5) Lehmann, Bd. I, S. 7 6) Lehmann, Bd. II, S. 7 7) Lehmann, Bd. II, S. 7 8) Lehmann, Bd. I, S. 10 9) Lehmann, Bd. I, S. 19 10) Martin Buber: Legende des Baalschem, 1916, S. 200 11) Gallego und Gudiol: Zurbaran, 1977, 288/89 12) Lehmann, Bd. I, S. 33 13) Lk. 14, 27 und 33 14) Lehmann, Bd. I, S. 34 15) W. Oehl, S. 367 16) Bei Klug: Heinrich Seuse, 1953, S. 10 17) Lehmann, Bd. I, S. 47 18) Wilms, S. 90 19) Cognet, S. 145 20) Mt. 5, 48 21) Lehmann, Bd. I, S. 28 22) Lehmann, Bd. I, S. 49 23) Lehmann, Bd. II, S. 47 24) Lehmann, Bd. II, S. 48 25) Lehmann, Bd. II, S. 49/50 26) Lehmann, Bd. II, S. 50 27) Lehmann, Bd. I, S. 29 28) Lehmann, Bd. II, S. 53 29) Lehmann, Bd. I, S. 55 30) Lehmann, Bd. I, S. 126 31) Lehmann, Bd. II, S. 76 32) Lehmann, Bd. II, S. 75 33) Lehmann, Bd. II, S. 34

### *Der heilige Meister*

34) Lehmann, Bd. I, S. 53 35) Lehmann, Bd. I, S. 20 36) Lehmann, Bd. I, S. 85 37) R. Kassners Werke, Bd. VIII, S. 28 38) Lehmann, Bd. II, S. 119 39) Lehmann, Bd. II, S. 131 40) Lehmann, Bd. II, S. 120 41) Lehmann, Bd. II, S. 136

42) Gröber, S. 47 43) Lehmann, Bd. I, S. 58 44) Lehmann, Bd. I, S. 58 45) W. Muschg: Die Mystik in der Schweiz, 1935, S. 243

*Der Liebhaber der göttlichen Sophia*

46) Jesus Sirach 24, 18 47) Lehmann, Bd. I, S. 11 48) Lehmann, Bd. I, S. 10 49) Lehmann, Bd. I, S. 13 50) Lehmann, Bd. I, S. 13 51) Lehmann, Bd. I, S. 89 52) Studien, S. 212/13 53) Haas, S. 297 54) Weisheit Salomos, Kap. 7 und 8 55) Vgl. Erhart Kästner: Aufstand der Dinge, 1982, S. 53 56) Jesus Sirach, 15, 2 57) Lehmann, Bd. I, S. 16 58) Lehmann, Bd. II, S. 36 59) Lehmann, Bd. I, S. 146 60) Lehmann, Bd. II, S. 38 61) Lehmann, Bd. I, S. 142 62) Lehmann, Bd. I, S. 142 63) Lehmann, Bd. I, S. 143 64) Lehmann, Bd. II, S. 26 65) Lehmann, Bd. I, S. 145 66) Lehmann, Bd. II, S. 10 67) Lehmann, Bd. II, S. 10 68) Lehmann, Bd. II, S. 3 69) Lehmann, Bd. II, S. 36 70) Sprüche Salomos, 8, 30/31 71) Lehmann, Bd. II, S. 81 72) Lehmann, Bd. II, S. 88 73) Lehmann, Bd. II, S. 90 74) Lehmann, Bd. II, S. 111

*Saget, o saget mehr davon...*

75) Lehmann, Bd. I, S. 42 76) Goethes Werke, Gedenkausgabe, ed. Beutler, 1949, Bd. 9, S. 174 77) Lehmann, Bd. I, S. 21 78) Lehmann, Bd. I, S. 60 79) Aelred von Rieval: Über die geistliche Freundschaft, 1978, S. 35 u. 37 80) Nonnenleben, S. 111 81) Nonnenleben, S. 158 82) Nonnenleben, S. 145 83) Nonnenleben, S. 236 84) Greith, S. 289–456 85) Bühlmann, S. 141 86) Lehmann, Bd. I, S. 84 87) Lehmann, Bd. I, S. 84 88) Lehmann, Bd. I, S. 84 89) Lehmann, Bd. I, S. 149 90) Lehmann, Bd. I, S. 149 91) Lehmann, Bd. I, S. 149 92) Lehmann, Bd. I, S. 150 93) Lehmann, Bd. I, S. 153 94) Lehmann, Bd. I, S. 153 95) Lehmann, Bd. II, S. 147 96) Oehl, S. 378 97) Lehmann, Bd. II, S. 148 98) Lehmann, Bd. II, S. 149 99) Lehmann, Bd. II, S. 149 100) Gal. 3, 3 101) Lehmann, Bd. I, S. 167 102) Lehmann, Bd. I, S. 168 103) Oehl, S. 382 104) Oehl, S. 392 105) Lehmann, Bd. I, S. 72 106) Lehmann, Bd. I, S. 68

*Du wirst noch einen Sang tun*

107) I. Klug: Ringende und Reife, 1955, S. 172 108) Lehmann, Bd. I, S. 59 109) W. Zeller: Theologie und Frömmigkeit, 1971, S. 22–23 110) Tersteegen: Auserlesene Lebensbeschreibungen heiliger Seelen, 1789, Bd. III, S. 55 111) Georges Bernanos: Unter der Sonne Satans, 1927, S. 355

Von Walter Nigg liegen im Artemis Verlag vor:

HEIMLICHE WEISHEIT
Mystisches Leben in der evangelischen Kirche
2. Auflage. 408 Seiten.

«Heimliche Weisheit kann man ohne Einschränkung als einen religionsgeschichtlichen ‹Klassiker› bezeichnen. Dieses Buch enthüllt uns den Reichtum protestantischer Spiritualität, den mystischen Untergrund des evangelischen Christentums, der gerade im deutschen Sprachraum weit über den kirchlichen Raum hinausgewirkt hat.» *Die Welt*

DAS BUCH DER KETZER
6. Auflage. 468 Seiten.

«Das Buch der Ketzer liest sich wie ein spannender Roman. Mit einer Einfühlungsgabe, wie sie schöner an einem Biographen nicht gefunden werden kann, schält Nigg den wesentlichen Kern an seinen von ihm so geliebten Ketzergestalten heraus.»
*Luzerner Neueste Nachrichten*

GROSSE HEILIGE
10. Auflage. 540 Seiten.

«Das Werk des reformierten Theologen Walter Nigg ist von solch feinem Verständnis für die katholische Askese und Mystik erfüllt, daß es Katholiken und Protestanten gleicherweise anspricht und jeder Konfession einen Dienst tut. Nicht zuletzt aber ist es geeignet, dem modernen, dem Christentum entfremdeten Menschen einen gegenwartsnahen Zugang zu vermitteln.»
*Bücherei und Bildung*